Deset klíčů ke svobodě

Rozhovor s Garym M. Douglasem a Dr. Dainem C. Heerem

ACCESS CONSCIOUSNESS
PUBLISHING

Originální název: The ten keys to total freedom – A conversation with Gary M. Douglas and Dr. Dain C. Heer

Copyright © 2012 Gary M. Douglas a Dr. Dain Heer
Access Consciousness Publishing
www.accessconsciousnesspublishing.com

Deset klíčů ke svobodě
Copyright © 2023 Gary M. Douglas a Dr. Dain Heer
ISBN: 978-1-63493-618-7
Access Consciousness Publishing

Z angličtiny přeložil Vratislav Morda

Obsah

Úvodem

Původně se Deset klíčů nazývalo Desatero přikázání. Bylo to myšleno jako vtip, ne vážně, ale lidé i tak protestovali, proto jsme název změnili na *Desatero přikázání a mnoho dalších věcí*. Ani tento název se ale nikdy neujal.

Teď se kniha jmenuje Deset klíčů ke svobodě, což je docela dobrý název.

Ten vtip – název Desatero – se nám stále líbí, protože, koneckonců, jsou to přikázání. Jsou to přikázání nebo požadavky, které si musíte klást, pokud si chcete skutečně vytvořit úplné vědomí a svobodu. Jediné, o co nám jde, je mít naprosté vědomí. Na ničem jiném nezáleží.

Zde je tedy Deset klíčů ke svobodě, které vám mohou otevřít dveře k úplné svobodě a úplnému uvědomění. Těchto deset klíčů vám pomůže rozšířit schopnost vědomí, abyste si byli více vědomi sami sebe, svého života, této reality i dalších věcí. S větším uvědoměním můžete začít vytvářet život, o kterém jste vždy věděli, že je možný, a dosud jste ho nevytvořili.

Kniha je postavena na sérii telecallů nebo rozhovorů, které jsme vedli během deseti týdnů s řadou facilitátorů Access Consciousness® a s dalšími lidmi z celého světa. Líbí se nám forma rozhovorů, protože lidem umožňovala klást otázky na témata, která jim nebyla jasná, a každý, kdo rozhovor poslouchal, si z otázek ostatních lidí odnesl mnoho zajímavého.

Použili jsme také spoustu clearingů a lidé nám říkali, že to změnilo jejich pochopení klíčů a schopnost aplikovat je ve svém životě.

Doufáme, že vám tyto rozhovory pomohou vnést Deset klíčů i do vašeho života.

Velké díky patří Marilyn Bradfordové a Donnielle Carterové za to, že si přečetly rukopis této knihy a ukázaly nám, co v ní chybí.

1

Vybrala by si tohle nekonečná bytost?

Gary: Ahoj všichni. Vítejte na našem prvním rozhovoru o Deseti klíčích ke svobodě.

Dnes večer budeme mluvit o prvním klíči: Vybrala by si nekonečná bytost skutečně tohle? Vyzýváme vás, abyste si tuto otázku kladli mnohokrát denně v reakci na situace, které se ve vašem životě objevují. Připomene vám to, že máte vždy na výběr, protože jste nekonečná bytost.

Začněme tím, že si řekneme, co je nekonečná bytost.

Dain: Většina lidí nemá ponětí, co je nekonečná bytost. Nechápou tento koncept, ani když ho vysvětlujeme, protože, kde v této realitě vidíte nekonečnou bytost? Nikde. Proto to nejlepší, co můžete udělat, je vytvořit si vlastní představu o tom, co nebo jaká by nekonečná bytost byla. Ale to není to, co nekonečná bytost je – takže když nevíte, jaká nekonečná bytost vlastně je, nemáte možnost si vybrat, zda jí chcete být.

Gary: Já osobně jsem nekonečné bytí pochopil, když jsem meditací zjišťoval, jak daleko mimo své tělo mohu jít všemi směry. Zpočátku jsem si myslel, že být nekonečnou bytostí znamená, že jsem mimo své tělo, a to mě přivedlo k myšlence, že nekonečná bytost tělo vůbec nemá.

Mnoho lidí si myslí, že nekonečná bytost nepotřebuje tělo, ale tak to není. Musíte pochopit, že vy jako nekonečná bytost jste se rozhodli mít tělo. Rozhodli jste se být vtělení. Od počátku věků jste se rozhodli být ztělesněni. Vybrali jste si, že budete mít takové tělo, jaké máte, a vybrali jste si vše, co se ve vašem životě děje.

Nekonečná bytost je tím, kdo si vybírá. Vy si stále myslíte, že nekonečná bytost by si toto vtělení nevybrala, protože předpokládáte, že nekonečná bytost by neměla tělo. To není správné. Jste nekonečná bytost a zvolili jste si, že budete mít tělo. Proč jste se rozhodli mít tělo?

Dain: Zaprvé, s tělem můžete dělat spoustu skvělých věcí, které bez něj dělat nemůžete. Právě teď vezměte pravou ruku, položte ji na levou paži a lehce se jí dotkněte. Kdybyste neměli tělo, tohle byste nemohli udělat. Kdybyste neměli tělo, nemohli byste vlézt do vany a cítit na kůži horkou, nádhernou vodu a nemohli byste cítit slunce na tváři. Nemohli byste mít sex.

Gary: Nemohli byste si sahat na prsa, do rozkroku, ani dělat další zábavné věci. Co byste museli dělat místo toho? Museli byste stát venku a na všechno se dívat. Většina lidí si myslí, že nekonečné bytí stojí venku a jen se dívá. Ne, tak to není. Nekonečné bytí znamená být si všeho vědom a mít nekonečné možnosti volby.

Dain: Je to uvědomění si všeho. Být nekonečnou volbou a přijetím úplného vtělení jako radosti. Být velikostí vtělení, které je možné.

Gary: Kolik máte definic toho, co je nekonečná bytost, což není to, čím doopravdy je? Všechno, co to je, godzilionkrát, zničíte to a přetvoříte? Right and wrong, good and bad, POD and POC, all 9, shorts, boys, POVADs and beyonds.[*]

Dain: Jaké představy o tom, co je nekonečná bytost, jste si vytvořili tak reálné, že je ani tváří v tvář naprostému uvědomění nemůžete a nechcete změnit, vybrat si je nebo poupravit? Všechno, co to je, godzilionkrát, zničíte to a přetvoříte? Right and wrong, good and bad, POD and POC, all 9, shorts, boys, POVADs and beyonds.

---

[*] Na konci knihy je vysvětlení čisticího procesu.

Gary: Dain a já jsme se touto oblastí zabývali a uvědomili jsme si, že důvod, proč dochází k reinkarnaci, proč se musíte vracet a dělat to znovu a znovu, je ten, že máte úhel pohledu, že jste se nikdy nereinkarnovali správně. Přijímáte myšlenku, že existuje správný a špatný způsob, jak být nekonečnou bytostí. Pak se rozhodnete, že to vždycky uděláte špatně. Na základě čeho jste reinkarnaci nezvládli správně? Na základě nějaké myšlenky, které jste uvěřili.

To je důvod, proč se reinkarnujeme. Pokud se nechcete reinkarnovat, musíte pochopit, že ve vtělení je velikost spočívající v uvědomění si této reality.

Bohužel, takhle lidé žijí a přemýšlejí. To je to, co se jim honí hlavou. „Mám pravdu. Mýlím se. Mám pravdu. Mýlím se; proto mám pravdu, takže proto se mýlím. Ale pak mám pravdu. Ale já se mýlím, že mám pravdu." Lidé se těmito bláznivými úhly pohledu přivádějí k šílenství. Mohli byste se toho všeho vzdát?

Kolik správných a špatných způsobů, jak být nekonečnou bytostí, jste si špatně vyložili, zatímco se snažíte mít pravdu, zatímco odmítáte mít pravdu, abyste se mohli mýlit, abyste věděli, že se mýlíte v tom, co je správné, a máte pravdu v tom, co je špatné, abyste měli pravdu tam, kde se mýlíte, protože se mýlíte v tom, co je správné, a ve všem? Všechno, co to je, godzilionkrát, zničíte to a přetvoříte? Right and wrong, good and bad, POD and POC, all 9, shorts, boys, POVADs and beyonds.

To hlavní, co musíte pochopit, když jste nekonečnou bytostí, je, že byste si nevybrali soud. Kdekoli si vybíráte soud, nevybíráte si z nekonečného bytí. Když jste skutečně vědomí, vidíte, že vše je ve vědomí a v jednotě. Vše je přijímáno (včetně soudu) a nic není souzeno (ani soud). To je znak nekonečného bytí.

Nejde o snahu eliminovat soudy. Jde jen o to, abyste si uvědomili, kdy kdokoli, včetně vás, soudí.

Otázka: Ptám se sama sebe: „Opravdu by si tohle vybrala nekonečná bytost?" a dostávám „Ne." V mém logicky myslícím, názorově vyhraněném a soudícím vesmíru to vypadá jako paradox. Jak se člověk vypořádá s odpovědí na tuto otázku a jak přijme nebo jak si dokonce zamiluje přítomnost na denní bázi?

Gary: V každém okamžiku každého dne máš nějaký důvod nebo zdůvodnění, proč si vybíráš to, co si vybíráš. Zkus se zeptat:

* Opravdu by si tohle vybrala nekonečná bytost?
* Pokud by si to nekonečná bytost nevybrala, proč si to vybírám já?
* Opravdu si tohle potřebuji vybírat?
* Chci si tohle vybírat?
* Jaký je smysl toho, že si to vybírám?

Dain: Otázka, „Jaký je smysl toho, že si to vybírám?“, tě vyvede ze slepé volby něčeho, co nemusí vycházet z nekonečného úhlu pohledu, a posune tě to do nekonečného úhlu pohledu, do vědomí, kdy si řekneš: „Počkejte chvíli, je tu něco, čeho se snažím dosáhnout, tím, že si tohle vybírám.“

Jakmile si uvědomíš, že se můžeš zeptat: „Dosáhnu touto volbou skutečně tohoto cíle?“, často zjistíš, že nikoli.

Otázka: Pokud člověk neví, nevnímá nebo necítí, že je nekonečnou bytostí, jakým způsobem byste ho vedli k tomu, aby získal zkušenost poznáním a začal vnímat to, že je nekonečnou bytostí jako svou pravdu?

Gary: Nejlepší způsob, jak poznat, že jste nekonečná bytost, je zavřít oči a vnímat své vnější okraje. Zjistíte, že kamkoli se podíváte, tam jste, protože nekonečná bytost nemá žádná omezení. Jako nekonečné bytosti máme schopnost vše vnímat, poznávat, vším být a vše přijímat.

Neustále se snažíte definovat, co můžete vnímat, znát, být a přijímat ve vztahu k této realitě a svému tělu, ale to není ono.

Otázka: Jestliže nekonečná bytost může být libovolnou energií podle své vůle a volby a chce prožívat každou stránku svého bytí, co by si nevybrala? Neumožňuje vám například prožívání smutku mnohem hlouběji si uvědomit úžasnou stránku bytí? Dokonce i odstřižení se od vědomí je volba. Má to zajímavé důsledky.

Gary: Ne, tady děláš závěr. První část dotazu: „Jestliže nekonečná bytost může být libovolnou energií podle své vůle a volby a chce prožívat každou stránku svého bytí, co by si nevybrala?“ je správná. Otázka však zní: „Vybrala by si toto nekonečná bytost?“. A pokud by si to nekonečná bytost nevybrala, proč ty ano? Takto se na to musíš dívat. Opravdu bys chtěla zažívat smutek? Vybrala by si nekonečná bytost smutek? Ptáci jsou nekonečné bytosti. Volí si smutek?

Dain: Probudí se někdy peřím nahoru a mají špatný den? Dneska nebudu zpívat, protože jsem naštvaný na červy.

Gary: Musíš se na to dívat z úhlu pohledu: „Ok, co jsem ochotná tady mít. Co tady nejsem ochotná mít?" Je to o volbě. Nekonečná bytost si volí.

Dain: Vyžaduje to širší perspektivu, než je tato realita. Dává ti smutek větší vědomí nekonečného bytí? Ne nutně. Zmínila jsi myšlenku, že chceš prožívat všechny stránky sebe sama. Jaký je rozdíl mezi tím to prožívat a mezi tím mít vědomí toho, že to není volba, kterou bys ráda udělala nebo kterou musíš udělat, děkuji velmi pěkně?

Gary: Na této planetě máme zvláštní **úhel pohledu**, že musíme něco zažít, abychom to poznali. Ne, to není pravda. Věci můžeme poznat, aniž bychom je kdy zažili.

Dain: Musela by nekonečná bytost něco zažít, aby to poznala a uvědomila si to?

Gary: Řekla jsi: „*I odstřižení se od vědomí je volba. Má to zajímavé důsledky.*" Je zajímavé, že máme úhel pohledu, že něco vzniká jako důsledek rozhodnutí odříznout se od vědomí. Proč by se nekonečná bytost rozhodla odříznout své vědomí, aby mohla ocenit, jaké to je, když své vědomí neodřízne? Musela by nekonečná bytost odříznout vědomí, aby ocenila, že má vědomí? Nemyslím si!

Otázka: Co jsou pochybnosti? Lze je odstranit? Jsou spojeny s jakýmsi ověřením vědomí nebo skutečnosti? Zakotvil jsem v rozhodnutích, která jsem udělal, protože byla správná, a teď se přistihuji, že je část mého života, kde bych rád udělal jiná rozhodnutí. Jak se mohu vymanit z okovů povinností, společenského tlaku a myšlení, aniž bych se zcela odcizil a ublížil druhým? A co situace, kdy jsme ve vztazích, zaměstnáních nebo situacích, které vznikly na základě dlouholetých rozhodnutí?

Gary: Především pochybnosti jsou tím, co používáš k odstranění vědomí a všeho, co znáš. Proč by sis to vybíral?

Zeptej se: „Opravdu by se nekonečná bytost rozhodla pochybovat o sobě samé?" Ne. „Tak sakra, proč o sobě pochybuji já? Co kdybych byl ochotný vědět všechno, co vím?"

Tak by to mělo fungovat. Vybrala by si nekonečná bytost „správnou" věc, nebo by si vybrala to, co by vytvořilo větší vědomí?

Musíš se také zeptat: „Jsou povinnosti, společenský tlak a způsob myšlení něčím, co by si nekonečná bytost vybrala? Nebo je to něco, co by si vybrala konečná bytost?"

A proč předpokládáš, že jako nekonečná bytost, která se rozhodla zpřetrhat pouta povinností, společenských tlaků a způsobů myšlení, bys ses odcizil a ublížil ostatním? Možná, že neodcizil. Nevíš to, protože ti mohu garantovat, že ses tak ve skutečnosti nerozhodl.

Rozhodla by se nekonečná bytost zvolit si trvale na celou věčnost? To je to, o čem mluvíš, když mluvíš o vztazích, zaměstnáních nebo situacích, které vznikly na základě dlouholetých rozhodnutí. Mluvíš o myšlence, že je v tom všem nějaký konečný smysl.

Dain: Kdyby sis měl položit otázku: „Vybrala by si nekonečná bytost vztah, který jsem si vybral já?", můžeš se na to podívat a říct: „Dobře, v tomto vztahu jsou určité aspekty, které by si nekonečná bytost vybrala jako potvrzení nekonečného bytí. Byly přínosem bytí. Kdybych fungoval z nekonečného bytí, zbytek bych si pravděpodobně nevybral, ale co kdybych to teď mohl mít opravdu všechno?"

Podíváš se na to a zeptáš se: „Jaké by to bylo, kdybych si to všechno vybral z úrovně nekonečné bytosti? Jaké možnosti bych měl nyní k dispozici?" Volba z úrovně nekonečné bytosti se v této realitě většinou neděje, ale je to něco, co se buduje. Když jako nekonečná bytost děláš svou první volbu, je to „Jé, nevím, jestli to zvládnu". Zhruba po 100 možnostech se to změní na „Počkat, tohle je něco, co skutečně můžu udělat. Je to něco, co si můžu doopravdy vybrat. Je to něco, co je pro mě dostupné. Není to něco, co je mi cizí." Proto vedeme tento rozhovor, aby se to pro vás stalo skutečností. Nemáte pocit, že mluvíme řecky, když mluvíme o fungování z nesouzení nebo o fungování z nekonečného bytí. Pokud neposuzujete to, co jste si vybrali, vyjmete to ze souzení, a už to není součástí rovnice.

Gary: To je vlastně důvod, proč máme tento klíč – abychom ze všech našich rovnic odstranili soudy.

Dain: Hmm…vztahuje se to i na mojí nevlastní matku? Jak to funguje? Vybrala by si nekonečná bytost mít mou nevlastní matku? To je moje otázka. Netuším.

Gary: Otázka zní: „Fungoval jsi jako nekonečná bytost, když jsi dovolil svému otci, aby měl tvou nevlastní matku?"

Dain: Myslíš, že jsem to mohl úplně zastavit?

Gary: Ano, mohl.

Dain: Mohl jsem udělat Stop! Tak to ne. Tohle se nestane!

Gary: Ano.

Dain: Pane jo. To je zajímavé.

Gary: Ale ve tvém životě ti nebylo dovoleno mít takovou kontrolu nebo moc, a protože ti to nebylo dovoleno, myslel sis, že ji nemáš. Je velkou chybou myslet si, že když ti něco není dovoleno, že to nemůžeš mít. Ne ne, můžeš mít všechno, pokud to mít chceš.

Otázka: Nekonečnou bytost si představuji jako beztvarou a rozšiřující se. Nepotřebuje jídlo, práci ani nic, co může tento svět nabídnout. Když si tedy v různých situacích položím tuhle otázku, odpověď pro mě vždy zní ne. Kdybych byl nekonečnou bytostí, nemusel bych se takto rozhodovat. Řídím se pocitem, jaké by to bylo být nekonečnou bytostí. Už by se nic nedělo a tělo by už samozřejmě nebylo potřeba. Jsem masér a je pro mě stále těžší motivovat své tělo k fyzické práci. Často pociťuji nechuť k tělesnému pohybu a k tělesné práci nebo tréninku.

Gary: To je opět jen fantazie, že nekonečná bytost nemá nic z toho, co sis vybral. Soudíš, že každá volba je nějakým způsobem špatná.

Všechno, co jsi udělal, aby se tvé volby staly špatnými, zničíš to a přetvoříš? Right and wrong, good and bad, POD and POC, all 9, shorts, boys, POVADs and beyonds.

Musíš pochopit, že neexistuje nic takového jako potřeba. Potřeba je vytvořený konstrukt této reality. V této realitě existuje mnoho konstruktů, které nejsou skutečné. Vytváříme je, abychom ospravedlnili rozhodnutí, která děláme, nebo abychom dokázali, že byla správná. Konečná bytost používá „potřebu", aby ospravedlnila to, co si není ochotna zvolit. Pokud zastáváš názor, že ve tvém životě existuje nějaká potřeba, vytváříš realitu, která ve skutečnosti neexistuje.

Když někdo zemře, myslíme si, že „musíme" být nešťastní. To je další konstrukt. Co když je to někdo, kdo se trápí už rok nebo dva? Je těžké litovat člověka, který po roce bolestí nakonec zemře. Úleva pro něj a jeho tělo je mimořádná. Neměli byste být rádi, že už netrpí bolestmi?

A co potřeba pracovat? Potřebovala by nekonečná bytost pracovat? V této realitě jste si zvolili ztělesnění. Kdybyste nežili v realitě, jejíž součástí je práce, potřebovali byste pracovat? Ne, ale vy jste si vybrali tuto realitu, a práce je součástí toho, co tato realita obnáší. Proč byste tedy nemohli být v práci skvělí? Proč byste ji nemilovali, místo abyste ji nenáviděli? Nekonečná bytost si nevybírá věci nenávidět!

Jako nekonečná bytost jste ochotni přijmout vše. Potřebovali byste jíst? Ne nutně. Musíte být ochotni uznat možnost volby. Potřebujete jíst? Ne. Potřebujete pracovat? Ne. Potřebujete něco, co tento svět nabízí? Ne, ale z nějakého důvodu jste se rozhodli být tady. Rozhodli jste se sem přijít, jste tu, tak proč se nenaučíte žít jako nekonečná bytost ve volbách, které jste udělali, místo abyste si mysleli, že nemáte na výběr?

Práce je tvorba a generování. Důvodem, proč pracujete, je něco v životě tvořit a generovat. Stále se snažíte najít důvod, proč nevytvářet a negenerovat něco většího, než co v současnosti máte. Proto si myslíte, že nekonečná bytost by nic z toho nedělala. Proč předpokládáte, že by už nic k tvoření nebylo? Nekonečná bytost je tvůrčí a generující. Nekonečná bytost by mohla a byla by schopna dělat cokoli.

Jakou fantazii o práci jste si vytvořili natolik skutečnou, že ji ani tváří v tvář naprostému uvědomění nemůžete nebo nechcete změnit, vybrat si nebo poupravit? Všechno, co to je godzilionkrát, zničíte to a přetvoříte? Right and wrong, good and bad, POD and POC, all 9, shorts, boys, POVADs and beyonds.

Špatně chápete význam pojmu nekonečná bytost. Nekonečná bytost je ta, která si může vybrat, že bude dělat cokoli, prožívat cokoli, mít cokoli, tvořit cokoli a generovat cokoli.

Dain: Nekonečná bytost miluje něco dělat. Nekonečná bytost dělá spoustu skvělých věcí. Bez soudů. Prostě jen: „Ach, co dalšího mohu udělat? Co dalšího mohu udělat?"

Gary: Například by nekonečná bytost mohla zabíjet. Je to volba, kterou chcete? Musíte být ochotni se na to podívat a uznat: „Ok, mohu zabíjet." Před lety po mně šel jeden muž a já se probudil s jeho rukama v kalhotách. Řekl jsem: „Okamžitě ze mě sundej ty pracky, nebo tě zabiju."

„Ne!" řekl.

Já na to, „Ok," a začal jsem ho škrtit. Škrtil jsem ho, dokud neomdlel. V ten okamžik jsem si řekl: „Ok, nyní mám 10 vteřin, dokud neumře. Chci uklízet po něm ten brajgl? Ne, nechci se tím zabývat. Myslel jsem si, že se vyhnu vězení? Samozřejmě, ano, proč by ne? Můžu se vyhnout čemukoli. Jsem nekonečná bytost." Chtěl jsem se ale zabývat vším dalším, co by to vytvořilo? Ne.

Při rozhodování si musíte být vědomi toho, jak daná volba ovlivní vás i všechny kolem vás. Zabíjel bych jen tak pro zábavu? Ne, proč bych zabíjel? Protože bych mohl, ale to můžete i vy.

Otázka: Můžete říct víc o energii zabíjení a o soudním systému, který máme v této realitě za to, pokud někdo někoho zabije?

Gary: Energie zabíjení je o tom uvědomit si, že „Tenhle člověk je zcela nevědomý, zcela anti-vědomý. Chová se jako naprostý sráč. Chtěl bych ho zabít? Ano. Zabila by ho nekonečná bytost? Ano. Mohlo by mi to snadno projít? Počkat, to je moc práce, nevadí."

Musíte být ochotni mít energii zabíjení a uvědomit si, že pokud budete zabíjet, budete se muset v této realitě vypořádat s věcmi, se kterými se vám možná nebude chtít vypořádat. Jako nekonečná bytost budete vědět, že mít energii zabíjení a být ochoten zabíjet nevyžaduje, abyste zabíjeli, pokud se nechcete vypořádat s následky toho, že jste zabili.

V této realitě panuje představa, že smrt je špatná a udržování lidí naživu je správné. Vezmou lidi, kteří někdy zabíjeli, a zavřou je navždy do vězení. Nebudou je zabíjet. To by měl být trest. Zajímavá realita. Mění se lidé tím, že jsou ve vězení? Ano. K lepšímu, nebo k horšímu? Většinou k horšímu. Proč? Protože ve vězení se naučí lépe chovat jako zločinci. Dáte všechny zločince do stejné školy. Všichni se naučí to samé. Dejte je tam všechny, aby se naučili dělat lépe všechno, co dělají špatně. Pak se divíme, že náš justiční systém nefunguje. Opravdu by se nekonečná bytost změnila na základě pobytu ve vězení? Ne. Co by změnilo nekonečnou bytost? Změnil by je pouze jiný úhel pohledu.

Při použití otázky: „Vybrala by si toto nekonečná bytost?", se začnete zabývat skutečností, že byste si mohli vybrat cokoli. Máte nekonečně mnoho možností. Ptám se: „Když si vyberu tohle, jaké budu mít výsledky? Jak se budou věci vyvíjet?"

Vybírám si někdy se rozčílit? Ano. Držím se toho? Obvykle ne. Proč? Protože to nepřináší nic dobrého. Moje rozčilování může ve světě ostatních pouze ospravedlnit správnost toho, že se rozhodli neudělat to, o co jsem je požádal.

Funguje to, nebo ne? Vůbec ne! Podívejte se na lidi kolem sebe. Řekněme, že jste na letišti. Nastal problém s letadlem a let byl zrušen. Lidé chodí a křičí na paní za přepážkou, jako by za to mohla. Ona za nic nemůže, nic neudělala. Je to jen chudák, který musí řešit změnu letu.

Chovají se lidé, kteří na ni křičí, jako nekonečné bytosti, nebo jako naprosto rozmazlení spratci? Naprosto rozmazlení spratci. Já jsem na tu paní milý a dostávám různé možnosti pomoci. Ona se dívá na lidi, kteří na ni křičí, a řekne si: „Promiňte, pane, ale vám já nepomůžu."

Vstávám a říkám: „Co pro vás mohu udělat, abych vám usnadnil život? Vidím, že máte špatný den."

„Co?", řekne.

Chovám se jako nekonečná bytost, která ví, že za problém není zodpovědná a že jediná možnost, jak dosáhnout toho, co chci, je, že jí budu ochoten pomoci překonat jakýkoli problém. Pokaždé to funguje.

Dain: Vyžaduje to jinou úroveň uvědomění, než na jaké je většina lidí ochotna fungovat. Je to uvědomění si toho, co přinese lepší výsledek pro všechny. Zpočátku se možná budete chtít rozčílit, ale opravdu by si to vybrala nekonečná bytost? Ne. Vytvoříte výsledek, který je zcela odlišný od všech ostatních – a váš život se stane jednodušším.

Gary: To je důvod pro tento klíč. Usnadní vám život. Opravdu by se nekonečná bytost zlobila na své dítě? Ano, sakra, radši bych... na deset vteřin a pak mě to přejde. Protože si uvědomím, že moje rozčilování nic nezmění.

Dain: Máte deset vteřin na to, abyste prožili zbytek života. Tady máte dvě možnosti. Vezměte pravou ruku a uhoďte se do oka – nebo si vyberte něco jiného. Co jste si vybrali? Proč jste se uhodili do oka? Výsledek se vám nebude líbit.

Gary: Už teď chcete vědět, jaký bude výsledek. Bouchnout se do oka bude bolet. Myslím, že to asi neudělám.

Musíte si uvědomit: „Počkat, už to, že tuto otázku pokládám, začíná probouzet všechna místa, kde pro mě nekonečná bytost skutečně existuje." To je důvod, proč si otázku pokládáte. To je důvod, proč tu je. To je důvod, proč je považována za jeden z Deseti klíčů.

Otázka: Jakou roli hraje smysl v tom, co si nekonečná bytost vybere? Zvolila by si nekonečná bytost na své cestě k vědomí nepohodlí?

Gary: Smysl je to, co si myslíš, že musíš mít, abys měla důvod se rozhodnout. Tak to ale nefunguje. Nemusíš mít k volbě důvod, stačí, když si vybereš.

Nekonečná bytost by si na cestě k vědomí nevybrala nepohodlí, ale vy si nepohodlí vybíráte stále. Co si tedy skutečně vybíráte? Vybíráte si vědomí, nebo si vybíráte, že své vědomí zmenšíte, abyste mohli trpět? V této realitě stojí utrpení vedle zbožnosti, což je další konstrukt této reality. Myslíte si, že jediný způsob, jak získat božství, je trpět a udělat volbu obtížnou a zraňující. Děláte nekonečné bytí tvrdým. Je to jako myslet si, že život by měl být penis. Jediný okamžik, kdy má hodnotu, je tehdy, když je tvrdý.

Otázka: Přemýšlím, proč si nekonečná bytost zvolila vytvořit ve svém životě dva báječné muže a jakou otázku by si položila ohledně následující situace, kterou vytvořila: Jeden muž je fantastický otec a ten druhý je fantastický milenec. Oba jsou hezcí, chytří, zábavní, zdraví, laskaví, úspěšní humanoidé*. Zeptala se svého manžela na jejich vztah, ale jediné, co jí odpověděl, bylo „Co chceš?" Ví, že ho nemůže požádat, aby se změnil, ale může pro něj být pozvánkou, aby se změnil, což se zatím nestalo, a tak by jí zajímalo, co dělat.

---

* Viz slovníček pojmů.

Gary: Zaprvé, nekonečná bytost by se nedefinovala jako ona. Za druhé, proč bys nemohla mít ve svém životě dvacet pět báječných mužů místo pouhých dvou? Děláš z toho, co sis vybrala, něco špatného? Za jakého důvodu by sis jako nekonečná nevybrala dva báječné muže?

Rozhodla jsi se soudit, že jsi nějak špatná, když máš ve svém životě vícero věcí. Už máte dvě nebo tři děti. Máš víc dětí než jen jedno. Proč bys nemohla mít více všeho? Když máš tři děti, neměla bys mít tři otce? Snažíš se posuzovat nekonečnou bytost podle měřítek této reality.

Všechno, co to je godzilionkrát, zničíš to a přetvoříš to? Right and wrong, good and bad, POD and POC, all 9, shorts, boys, POVADs and beyonds.

Pokud jde o to, že se tě manžel ptá, co chceš, je to muž. Co má dělat? Rozhodl se přijít jako muž, což znamená otázka: „Co ode mě chceš?". To je všechno, co může říct: „Co ode mě chceš?". Nic jiného není možné. Proč tomu tak je? V této realitě je muž svérázný živočišný druh. Už je prostě takový. Chce vědět, co má dělat, aby tě, ženu, potěšil.

Všechno, co to je godzilionkrát, zničíš to a přetvoříš to? Right and wrong, good and bad, POD and POC, all 9, shorts, boys, POVADs and beyonds.

Můžeš ho požádat o co chceš. Pokud se rozhodne, že to neudělá, pak je to jeho volba. Pokud ho požádáš, aby se změnil, musí se změnit? Ne. Je to jeho volba, že se změní? Ano. Většina z vás zastává názor, že si nikde v životě nemůžete říct o to, co chcete. Copak by si nekonečná bytost neřekla o to, co chce? Očekávala by nekonečná bytost, že jí někdo jiný dodá to, co chce? Nebo by si to dokázala dodat sama? Stále si myslíte, že nemůžete požádat, protože kdybyste to udělali, o něco byste přišli. Proč se prostě nezeptáte: „Co tady chci skutečně vytvořit?"

Všechno, co to je godzilionkrát, zničíte to a přetvoříte to? Right and wrong, good and bad, POD and POC, all 9, shorts, boys, POVADs and beyonds.

Otázka: Jsou v této realitě lidé, kteří neustále fungují jako nekonečná bytost?

Gary: Já. Dain. Jako nekonečná bytost jste stále v otázce. Nikdy nejste v odpovědi. Když dojdete k závěru nebo se snažíte dospět k odpovědi, musíte dojít k soudu. Musíte vycházet z úplně jiné reality.

Tady je příklad. V určitém období mi všichni říkali: „Musíš přestat své dceři tolik dávat. Rozmazluješ ji." Zeptal jsem se: „Rozmazlovala by se nekonečná bytost?" Ne. Nekonečná bytost nemůže být rozmazlována.

Dain: Gary se ptá pokaždé, když zvažuje, že jí něco dá. Zvýší se tím možnosti v jejím životě a světě? A pokud je odpověď kladná, je to vše, co nekonečnou bytost zajímá.

Položením otázky získáte možnost vytvořit něco většího, než je tato realita. Kdykoli si budete chtít něco vybrat, zeptejte se: „Vytvoří to větší možnosti?". Tuto otázku použijte, ať už si kupujete auto, vybíráte si milence, navazujete vztah, máte práci nebo cokoli jiného. Je to:

- Vytvoří to větší možnosti?
- Bude to přínosem?

Gary: Nedělejte z toho tuto realitu. Jde o to, co si můžete vybrat, abyste si vytvořili a vygenerovali jinou realitu. Tato realita pro vás nikdy nemůže být lepší. Můžete si to zkusit. Mám vás moc rád, ale jste bláhoví.

Dain: Dokud si vybíráte z této reality nebo skrze tuto realitu, nemůžete ji vytvořit jako lepší. Vybírejte z jiného místa, kde si položíte otázku: „Vybrala by si skutečně tohle nekonečná bytost?". Položte si jen tuto jedinou otázku.

Pokud si tuto otázku položíte, nechte energii, aby se projevila, a pak si vyberte. Otevře vám to dveře k tomu, abyste si mohli vybrat. Prosím, neodsuzujte se za to, že nemáte přístup k tomu, co by si nekonečná bytost vybrala v těchto deseti sekundách. Začněte si klást otázku a dejte si šanci naučit se, jak na to.

Gary: Jaké by to bylo, kdybyste si mohli vybrat to, co rozšíří váš život? Nejlépe to mohu popsat v následujících termínech této reality. Máte na výběr. Můžete jít do McDonald's a dát si Big Mac, hranolky a kolu, nebo můžete jít do vedlejší restaurace, kde podávají paštiky, kaviár, šampaňské, palačinky a další všemožné úžasné věci k jídlu.

Můžete si dopřát chuťovou lahůdku nebo si dát obyčejné jídlo této reality. Musíte si prostě vybrat, kam chcete jít.

A není to situace buď, anebo. Půjdu do McDonald's? Když budu v Austrálii a budu si chtít dát hranolky, ano, půjdu do McDonald's. Ale to je všechno, co si u McDonald's kdekoli na světě dám – kromě toho, že mám rád jejich ledový čaj. Nepůjdu do nejdražšího podniku na světě, kde mají mangový ledový čaj, protože mi mangový ledový čaj nechutná. Rozhodla by se nekonečná bytost nepít mangový ledový čaj? Pouze pokud se tak rozhodne. Já si vybírám, co mi vyhovuje. Musíte být ochotni rozpoznat, co vám vyhovuje, a vybrat si to. Nejde o to, že by byl McDonald's špatný. Jde o to, že máte obyčejné jídlo a omezenou nabídku, nebo máte neomezenou nabídku s neomezenými možnostmi a chutnými věcmi k jídlu. Kde chcete žít? To je to, co musíte hledat.

Otázka: Zdá se, že se této realitě spíše bráním, než abych se s ní smířila. Můžeš o tom něco říct?

Gary: To je v podstatě to, z čeho všichni vycházejí. Snažíte se vytvořit lepší verzi této reality nebo se této realitě bráníte, místo abyste se ptali: „Dobře, co v této realitě funguje pro mě? Co pro mě nefunguje? Jakou mám možnost volby, aby pro mě všechno fungovalo?".

Můžete se také zeptat: „Jak to mohu využít ve svůj prospěch?" Například jsem chtěl přivést své kostarické koně na Slavnost španělských koní. Utratil jsem deset tisíc za to, abych koně na dvě a půl minuty vyvezl na tuto akci, abych mohl vytvořit a navázat komunikaci s lidmi, kteří by o ně mohli mít zájem. Našel jsem spoustu lidí; někteří z nich měli zájem, někteří nereagovali a někteří ano. Nyní mám dva zájemce o tyto koně. Vytvořilo to jinou možnost. Pořízení dvou komunikačních linek mě stálo 10 000 dolarů. Stálo to za to? Mám na to nějaký soud? Ne, nemám na to žádný soud a nedávám tomu žádnou cenu ani hodnotu. V této realitě se snažíme přikládat hodnotu tomu, co si vybíráme, jako by to mělo rozhodovat o tom, co si vybereme. Ve skutečnosti jde o to, díky čemu to pro vás bude všechno fungovat.

Jednou jsem šel s Dainem nakupovat, když si chtěl pořídit novou tiskárnu. Prohlédl si všechny tiskárny v obchodě a řekl: „Nevím, kterou si mám vybrat."

Dain: Nejdříve jsem si chtěl pořídit tiskárnu za 500 dolarů, protože jsem si myslel, že chci tu nejdražší. Pak se mě Gary zeptal: „Kterou by sis vybral, kdybys mohl mít jakoukoli? Kdyby nezáleželo na penězích, jakou by sis vybral?" Odpověděl jsem: „Vybral bych si tu, která by fungovala nejlépe a měla by funkce, které bych si přál." Nezáleželo by na tom, jestli by to stálo hodně nebo málo.

Hned za rohem za tiskárnou za 500 dolarů jsem našel tiskárnu za 150 dolarů, která splňovala vše, co jsem hledal. Řekl jsem si: „Páni! Kdyby nešlo o peníze, vybral bych si tuhle!". Koupil jsem ji, odnesl si ji domů a byl jsem opravdu rád, že jsem si ji vybral, protože tiskárna za 500 dolarů by byla příliš velká na to, aby se mi vešla kamkoli do kanceláře. Jsem rád, že jsem neřešil peníze, protože bych stejně tu drahou tiskárnu musel vrátit a pořídit si tu za 150 dolarů.

Gary: Vybírejte z prostoru: „Co pro mě bude nejlepší? Co mi dá to, co bych opravdu chtěl mít?" Když to uděláte, nakonec si koupíte to, co vám nejlépe vyhovuje. Peníze nejsou problém.

Proto se ptáte: „Zvolila by si nekonečná bytost skutečně tohle?" Tato otázka zahrnuje všechno ostatní, co je s vámi ve spojení. Není to tak, že byste jako nekonečná bytost byli oddělení od všeho ostatního. Musíte být zapojení do všeho. Když si Dain koupil tiskárnu za 150 dolarů, fungovalo to, protože do jeho rozhodnutí byl zahrnut celý vesmír. Proto se mu vešla do kanceláře.

Znám lidi, kteří si v obchodě koupí raději tu nejdražší láhev vína než tu, která jim bude nejvíc chutnat. Vybrala by si nekonečná bytost vždy to nejdražší?

Před lety jsem byl s kamarádem na ochutnávce vína. Večer jsme začali lahví vína za 25 dolarů a on si pak objednal druhou láhev, o které si myslel, že stojí 25 dolarů. Ukázalo se, že stála 125 dolarů. Nejdřív byl zděšený, pak se rozhodl, že si udělá osobní ochutnávku. Nechal každého, aby se trochu napil jeho vína. Bylo to velmi zajímavé. Mezi lahví za 25 dolarů a lahví za 125 dolarů byl jen minimální rozdíl. Láhev za 125 dolarů byla asi o deset procent lepší.

Vybrala by si nekonečná bytost to, co jí víc chutná? Vybrala by si nekonečná bytost to, co má dobrou cenu a dobře to chutná? Nebo by si nekonečná bytost vybrala vždy to nejlepší? Předpokládáme, že coby nekonečná bytost v této realitě dostanete to nejlepší, protože jako nekonečná bytost můžete mít cokoli, co chcete.

Dain: Ale to je vidění z pohledu této reality. Nekonečná bytost by si vybrala to, co by fungovalo nejlépe a mělo ten největší výsledek. Je to Království Nás. Když si vybíráte jako nekonečná bytost, zahrnujete do svých rozhodnutí všechno a všechny.

Gary: Celá myšlenka tohoto klíče spočívá v tom, že vás zbaví posuzování a přivede vás k vědomí. Nesnažíte se dospět k „nejlepší" nebo „správné" volbě.

Řekněme, že si jdete koupit černé šaty. Jak určíte, které černé šaty si vyberete? Vyberete si ty, které vám nejvíce sluší, ty, ve kterých se cítíte nejlépe, ty, které stojí nejméně? Nebo si vyberete ty, které se budou hodit na více příležitostí, než na kterou je kupujete? A to bude skvělé. Šaty se stanou něčím, co bere v úvahu všechny aspekty vašeho života.

Otázka: Často se zlobím na svého syna, protože je nevděčný. Před pár dny jsem ho vezla na jednu akci *a vůbec mi nebyl vděčný. Pomyslela jsem si: „Ty malý hajzlíku!"* Málem jsem zastavila auto *a řekla: „Dobře, vystup si." Pak jsem si řekla: „Takhle jsem ho vychovala. Nemá vůbec žádný vděk." Neustále* mě štve, že mě bere jako samozřejmost. Jak se mám přestat rozčilovat?

Gary: Kdykoli se rozčílím, vždycky vím, že to není nekonečné bytí. Vím, že je to soud.

Jsi naštvaná na syna – nebo jsi naštvaná na sebe? Zeptej se: „Na koho jsem naštvaná? Jsem naštvaná na něj, nebo jsem naštvaná na sebe?" Možná jsi naštvaná na sebe, že tě to štve.

V polovině případů, kdy jsem naštvaný, je to proto, že se snažím zaujmout úhel pohledu, který mi rodiče ohledně výchovy dětí vnutili.

Přestávám se rozčilovat, když si uvědomím, že se snažím vytvořit něco, v co ani nevěřím. Snažím se vytvořit si život na základě reality někoho jiného. Ptám se: „Tvořila by nekonečná bytost ze stejného místa, odkud tvořím já? Vytvoří naštvání to, co bych tu chtěl skutečně vytvořit?". Ano, nebo ne? Je to jednoduché.

Děti vám vždycky dají to nejhorší a všem ostatním dají to nejlepší. Když tu s námi tvůj syn pobýval, byl za všechno vděčný. A vděčný bude i vůči ostatním lidem, jen tobě nikdy vděčný nebude. Ty jsi máma a máma nic nevyžaduje. Máma je jako kus nábytku, na kterém se sedí a chodí se po něm. Mámy jsou rohožky, sorry.

Někde vzadu věřím, že když mu řeknu: „Chováš se jako nevděčné hovado,“ že se změní. Asi tomu věřím, když to říkám. Tuhle, když jsem ho vysadila, jsem na něj nakonec několik minut vykřikovala, že je nevděčný, v naději, že mu to dojde. Cítím se tak nedoceněná.

Gary: Proč plýtvat dechem? Rozčílím se a pak si uvědomím, že nezáleží na tom, kolika způsoby to řeknu, jak to řeknu nebo jak moc o tom budu mluvit. Nezmění se to.

Cítila by se nekonečná bytost nedoceněná? Nebo by byla nekonečná bytost ochotná říct: „Dobře, můj syn je nevděčný malý parchant,“ a jít dál? Musíš se podívat na to, co máš před sebou. Můj nejmladší syn chodíval pořád pozdě. Pokaždé, když se to stalo, rozčiloval jsem se a vztekal.

Jednou se na mě moje dcera Grace podívala a zeptala se: „Proč se tím zabýváš, tati?“

„Co tím myslíš?“ zeptal jsem se.

„Opravdu si myslíš, že se změní?“ zeptala se.

Řekl jsem: „To je dobrá poznámka, vlastně mi to nevadí,“ a přestal jsem se o to starat.

Když mi příště syn řekl, že se chce sejít, zeptal jsem se: „V kolik hodin se sejdeme?“ Řekl mi čas a já řekl, že dobře. Byl jsem s Dainem na nákupech, když nastal čas našeho setkání, a řekl jsem Dainovi: „Máme ještě 45 minut. Nikdy nechodí včas.“

Za 45 minut jsme dorazili, čekal tam, podrážděný jako čert. Poklepával nohou o zem přesně tak, jak jsem to dělával já, když se opozdil.

Pomyslel jsem si: „To je legrační!“

Musíte si uvědomit, co se druhá osoba chystá udělat. Přišla by nekonečná bytost vždycky pozdě? Byla by nekonečná bytost vždycky nevděčná? Ne. Ale lidé nefungují jako nekonečné bytosti; fungují jako konečné bytosti. Změníte konečnou bytost v nekonečnou? Tam by zaznělo ne.

Devadesát procent toho, co dáváte, nikdo neocení. To je v pořádku. Z jakého důvodu by nekonečná bytost přestala dávat?

Otázka: Pokud víte, co pro vás funguje a co ne, může to být omezení?

Gary: Vybrala by si nekonečná bytost vždy to samé? Vybrala by sis vždycky jídlo v McDonaldu – nebo bys chodila i jinam? V životě máte ve všem více možností, ale chováte se, jako by jediná možnost, kterou máte, byla jen dobrá nebo špatná volba. Nekonečná bytost by měla nekonečně mnoho možností. Jak velkou část svého života fungujete na základě toho, nemít na výběr?

Otázka: Pokud děláme stále stejnou chybu, je to proto, že si vytváříme představy?

Gary: Ano, díky představám se stále dopouštíme chyb. Pokaždé, když si o čemkoli vytvoříme představu, zcela odřízneme své povědomí o budoucnosti a připustíme pouze výsledek, který bude našim fantaziím odpovídat.

Kolik představ o Deseti klíčích jste si vytvořili tak reálných, že je ani tváří v tvář naprostému vědomí absolutně nezměníte, nevyberete si je, ani nijak nepoupravíte? Všechno, co to je godzilionkrát, zničíte to a přetvoříte? Right and wrong, good and bad, POD and POC, all 9, shorts, boys, POVADs and beyonds.

Vyzkoušela jsem už tolik věcí a moje představa je, že ani Access Consciousness nebude fungovat.

To není představa; to je absolutní realita.

Že to nebude fungovat?

Ano. Nebude to fungovat. Access Consciousness nefunguje, ale *ty* ano. Co to je, co nechceš nechat pracovat? Access Consciousness, nebo sebe?

Byli byste jako nekonečná bytost schopni věci vyřešit a zařídit, aby pro vás fungovaly? Budete schopni zajistit, aby pro vás fungovalo cokoli, co jste ochotni zařídit.

Všechny představy, které vám brání v tom, abyste pro sebe pracovali, zničíte je a přetvoříte? Right and wrong, good and bad, POD and POC, all 9, shorts, boys, POVADs and beyonds.

Jakou představu jste si o Deseti klíčích ke svobodě vytvořili tak reálnou, že ji ani tváří v tvář naprostému vědomí nemůžete změnit, vybrat si ji nebo ji poupravit? Všechno, co to je godzilionkrát, zničíte to a přetvoříte? Right and wrong, good and bad, POD and POC, all 9, shorts, boys, POVADs and beyonds.

Otázka: Opravdu mě zasáhlo, když jsi mluvil o tom, že když se pro něco rozhoduješ, musíš se podívat, jak se to bude vyvíjet, nebo vidět důsledky toho, co z toho vyplyne. Když se to týká druhých, jsem v tom skvělá, ale pro sebe to nedělám.

Gary: To je důvod, proč si musíš položit otázku: „Zvolila by si nekonečná bytost skutečně tohle?".

Dain: Otázka otevírá dveře, takže jimi můžeš vejít. Právě teď ve svém životě nevidíš, kde se nacházejí dveře, kterými se tam můžeš dostat. Jakmile položíš otázku, uvidíš dveře možností, které jsou k dispozici. Vždycky tam byly. Jako nekonečná bytost bys tyto dveře mohla vidět pro jiné lidi, ale nikdy bys je neviděla pro sebe, protože nikdy nevidíš sebe jako nekonečnou bytost.

To je dobré. Budu si s tím hrát.

Gary: Ano, prosím. Nechápeš, jakou máš hodnotu. Pořád se na sebe díváš jako na méněcennou. Nekonečná bytost by nikdy nebyla méně než kdokoli jiný, je to tak? Vždycky by byla jen jiná.

Dain: Ve své praxi, když pracuješ s lidmi, jsi ochotna vidět je větší, než jsou oni sami ochotni vidět sebe? Víš, že to je pravda?

Ano, vždycky.

Dain: To je jeden z důvodů, proč k tobě lidé přicházejí, protože jsi v nich ochotna vidět něco většího, než jsou ochotni vidět oni.

Gary: To je to, co tě dělá dobrou.

Dain: To je to, co tě dělá skvělou v tom, co děláš. Je možné, že bys byla ochotná věnovat si každý den pět až patnáct minut sezení, jako bys přišla na sezení sama k sobě, a prostě tam se sebou byla? Dělej, jako bys k sobě přišla na sezení, a podívej se na sebe tak, jak vidíš své klienty.

To můžu udělat.

Gary: Nakupujeme spoustu blbostí od rodiny, vrstevníků a lidí kolem nás. Vždycky je to o tom, že jsme lepší nebo horší. Co kdybyste nebyli ani lepší, ale pouze jiní? To jste vy, stejně jako nekonečná bytost; jste jiní. Ne lepší, ne horší, ne více, ne méně, jen jiní. Proto je nekonečná bytost tak důležitá. Díky ní je v pořádku být jiný a také vám dává prostor, kde si začnete uvědomovat, že se nemusíte soudit.

Dain: Začnete si uvědomovat, jak se díky této odlišnosti může váš život projevit jinak. Odlišnost, kterou jste, vytvoří váš život odlišným od života ostatních lidí. Odlišný od bolesti a utrpení, traumat a dramat, které všichni ostatní považují za tak cenné. Položení této otázky je jedním ze skvělých způsobů, jak otevřít dveře k tomu, abyste se k nekonečné bytosti dostali.

Gary: Jaké představy o tom, že nejste nekonečnou bytostí, kterou jste, jste si vytvořili natolik reálné, že je ani tváří v tvář naprostému uvědomění absolutně nechcete změnit, vybrat si je nebo poupravit? Všechno, co to je godzilionkrát, zničíte to a přetvoříte? Right and wrong, good and bad, POD and POC, all 9, shorts, boys, POVADs and beyonds.

Otázka: Na kurzech pracuji s velkými skupinami lidí. Před kurzem sice expanduji, ale častěji se po něm cítím, jako by mě přejel náklaďák. Cítím se jako cokoli, jen ne jako nekonečná bytost. Jak se přes to dostanu?

Gary: Děláš si představy o tom, že tě přejede náklaďák? Nebo o tom, kolik energie je zapotřebí k pořádání kurzu?

Kolik představ o tom, že se cítíš, jako by tě přejel náklaďák, sis vytvořila tak reálných, že je ani tváří v tvář naprostému uvědomění nemůžeš nebo nechceš změnit, vybrat si je nebo poupravit? Všechno, co to je godzilionkrát, zničíš to a přetvoříš? Right and wrong, good and bad, POD and POC, all 9, shorts, boys, POVADs and beyonds.

Variaci tohoto procesu jsem provedl sám na sobě. Pořád jsem byl unavený. Říkal jsem Dainovi: „Jsem tak unavený!".

Dain se zeptal: „Z čeho jsi unavený?" Vyjmenoval jsem mu dlouhý seznam věcí, které mě unavují, ale nic se nezměnilo.

Zeptal jsem se: „Dobře, co mi tu chybí?" Pak jsem se jednoho dne zeptal: „Vybrala by si nekonečná bytost, že bude unavená? Ne! Tak proč jsem sakra unavený já?"

Zeptal jsem se dál: „Jaká představa mě tu unavuje?" Uvědomil jsem si, že jsem dospěl k závěru, že pokud pracuji tak tvrdě, jak pracuji, pak musím být unavený. Začal jsem si spouštět proces o představách, že jsem unavený, a najednou moje únava zmizela.

Včera jsem se po čtyřech dnech velmi intenzivní výuky cítil, jako by mě přejel nákladʼák Mack. Tak jsem se zeptal: „Dobře, kolik představ mám, když tohle vytvářím jako realitu?". Najednou jsem se začal cítit lépe. Pak jsem se zeptal: „Opravdu by si nekonečná bytost vybrala, že ji přejede kamion? Vybrala by si nekonečná bytost, že se bude cítit unavená? Musela by se nekonečná bytost cítit špatně?" Představy jsou to, co si vytváříte, abyste uskutečnili rozhodnutí a volby, které jste učinili.

Musíte se na tyhle dvě věci podívat. Uvědomit si, že mohou jít ruku v ruce. A že je můžete změnit, protože jste nekonečná bytost. Když budete chtít, můžete změnit úplně cokoli.

Otázka: Byla jsem na kurzu, který jsi právě zmínil, a od té doby mě nesmírně rozčiluje, jak jsou všichni pomalí – v autě, v supermarketu a všude, kam jdu. Jsem podrážděná jako nikdy předtím. Lidé jsou pomalejší, než jsem si kdy všimla.

Gary: Já vím, tvůj základní pohled na věc je: Z jakého důvodu by se nekonečná bytost pohybovala tak pomalu? Jděte mi z cesty!

Přesně takhle mi to přijde!

Gary: Jak se stáváš více vědomou, začínáš si uvědomovat, jak pomalu svět funguje. Může to být až neuvěřitelně iritující. Dobrou zprávou je, že přijde chvíle, kdy tvé vědomí překoná tvé dovolení. Právě teď tvé vědomí překonalo tvé dovolení.

Ano, potřebuji víc dovolení.

Gary: Potřebuješ víc dovolení a víc zajímavých úhlů pohledu.

Nedávno jsme s Dainem letěli domů z kurzu v Austrálii a já byl tak strašně podrážděný, že jsem všechny nenáviděl. Řekl jsem: „Chci všechny v tomhle letadle zabít."

Dain se zeptal: „Páni, o co tady vlastně jde?"

Řekl jsem: „To nevím, ale pro nikoho tady nemám dovolení. Všichni jsou kreténi." Obvykle míváme při dlouhých letech opravdu milé letušky. Tentokrát jsme měli jednu, která byla nevrlá, ošklivá mrcha, a byla tak zatraceně povýšená a protivná, že jsem měl chuť vyskočit ze židle a uškrtit ji. Cokoliv řekla, mě rozčilovalo.

Dain se zeptal: „Takže tvé dovolení bylo překročeno tvým vědomím?"

Řekl jsem: „Ano! Dobře, musím rozšířit své dovolení." Budete procházet fázemi, kdy budete muset rozšířit své dovolení, protože vaše vědomí přesáhne úroveň dovolení, kterou jste ochotni být.

Pomáhá nechat si spustit Barsy*. To pomáhá hodně – ale nemusí to stačit. Musíte rozšířit úroveň dovolení, a pak to pomůže.

Většinu času jsem v dovolení v takové míře, že je to až neuvěřitelné, a když se dostanu na jedno z těch míst, kde je dovolení pryč, je to „Ups! Co teď budu dělat?" Pokud mi nepomůže spuštění Barsů, vím, že moje vědomí překročilo úroveň mého dovolení a musím přejít do zajímavém úhlu pohledu.

Jedním z důvodů, proč se o tom bavíme, je, že jsem si všiml, že lidé nechápou, jak Deset klíčů aplikovat do svého života. Proto se vám snažím dát příklady toho, jak je v životě používám.

Čím více budete tento klíč používat, tím dříve začnete fungovat jako nekonečná bytost, kterou jste, aniž abyste se museli ptát. Ale na začátku je vždycky otázka: „Zvolila by si nekonečná bytost skutečně tohle?"

Řekněme, že jste student a musíte chodit do školy. Proč musíte chodit do školy? Protože se chcete vzdělávat. Proč se chcete vzdělávat? Protože víte, že vám to nějakým způsobem pomůže. Jak to víte? Prostě to víte. Chodíte do školy a nesnášíte testy. Opravdu by se nekonečná bytost rozhodla nenávidět testy? Ne. Tak co tu sakra dělám, když nenávidím testy? Musíte se na to podívat a zeptat se: „Dobře, jak to změním? Co mohu udělat jinak? Jak jiný mohu být, aby se to změnilo?"

Jestliže si tyto otázky položíte, zejména otázku „Zvolila by si tohle nekonečná bytost?", začnete si uvědomovat, že fungujete jako konečná bytost.

Ptáte se: „Jak to mohu změnit?" Účelem tohoto rozhovoru je povzbudit vás, abyste rozpoznali, kdy fungujete jako konečná bytost, a abyste se mohli rozhodnout fungovat z jiného místa. Můžete si zvolit něco jiného.

---

* Viz slovníček pojmů.

Těchto deset klíčů nepředstavuje pravidla, kterými byste se museli řídit. Můžete si s nimi hrát, abyste se dostali tam, kde jste spoluhráčem vědomí. Chcete přece spoluhráče, nebo ne? Jediný způsob, jak si vytvoříte z vědomí spoluhráče, je, že se stanete tím, kdo si chce s vědomím hrát. Nevznikne to tím, že se budete snažit, aby to bylo správně nebo špatně.

Dain: Prosím, nevybírejte si mezi správným a špatným. Nevybírejte si ze souzení. Vybírejte si z „S čím si tu ještě mohu pohrát, aby byl můj život takový, jaký bych ho chtěl mít?". Začněte si spouštět proces o představách a ptejte se: „Kolik představ mám, které to drží na místě?". Jsou to právě vaše představy, které vám neumožňují skutečně vidět budoucnost a snadno něco změnit.

2

Všechno je jen zajímavý úhel pohledu

Gary: Dobrý den všem. Dnes se budeme bavit o druhém klíč, který zní: Vše je jen zajímavý úhel pohledu.

Nejprve si řekněme něco o *úhlu pohledu* a o *vědomí*. Úhel pohledu je pozice, ze které něco pozorujeme; je to určitý způsob pohledu na něco. Úhel pohledu se odlišuje od vědomí.

Vědomí znamená vidět to, co vidíte, a nemít na to názor. Jinak se můžete snažit vytvořit něco, co nemusí existovat.

Dain: Definice úhlu pohledu je obsažena ve slovním spojení *„úhel pohledu"*. Je to bod, z něhož se na něco díváte, což znamená, že v každém okamžiku můžete zaujímat pouze jedno místo ve vesmíru. Nemůžete být na více místech.

Jakmile zaujmete úhel pohledu, eliminujete prostor a stlačíte ho do jednoho bodu, čímž si vytvoříte omezení, protože si nemůžete uvědomit žádnou jinou volbu, možnost nebo přínos. Nefungujete na základě otázky.

Gary: V knize Roberta A . Heinleina *Stranger in a Strange Land* se objevili lidé, jimž se říkalo spravedliví svědci, kteří byli vyškoleni, aby přesně vypovídali o tom, co viděli a slyšeli, bez jakýchkoli extrapolací nebo domněnek. Spravedliví svědci měli zakázáno vyvozovat závěry o tom, co pozorovali.

Někdo se spravedlivého svědka zeptal: „Jakou barvu má tento dům?"

Spravedlivý svědek z místa, kde stál, viděl na dvě strany domu, a tak řekl: „Na této straně je tato barva a na této straně je tato barva. Nemohu zaujmout stanovisko k tomu, jakou barvu mají ostatní strany."

Na rozdíl od spravedlivých svědků většina z nás ve svém životě vychází z domněnek. Díváme se na dvě strany něčeho a předpokládáme, že ty ostatní jsou v souladu s tím, co jsme již viděli. Je to úhel pohledu, ke kterému se sami nutíme, jako by předpoklad, že to tomu odpovídá, byl vědomím. Není to vědomí!

Zaujmete-li nějaký úhel pohledu, nemůžete mít všeobjímající vědomí. Můžete mít jen úhel pohledu.

V této realitě se můžete přizpůsobit a souhlasit s určitým názorem, což je pozitivní polarita, nebo se mu můžete bránit a reagovat na něj, což je negativní polarita.

Obojí – buď vaše ztotožnění se a souhlas, nebo vaše obrana a reakce – vás dostane do proudu traumat, dramat, rozčilení a intrik ostatních a necháte se jimi pohltit. Nevnímáte a nepřijímáte to, co je.

Řekněme, že na ulici potkáte bezdomovce, který vás požádá o peníze. Pokud se s ním ztotožníte a souzníte s ním, můžete si říct: „Ach, ten nešťastný chudák! Je hrozné, že je na ulici. Možná bych mu měl dát nějaké peníze."

Pokud budete v odporu a reakci, můžete si říct: „Podívejte se na toho chlapa! Je to flákač! Najdi si práci, kámo!"

Jste-li zajímavým úhlem pohledu, ani se s ním neztotožňujete a nesouhlasíte s ním, ani se mu nebráníte a nereagujete na něj. Viděli byste bezdomovce a řekli byste si: „No, to je zajímavá volba." To je zajímavá volba. Nenecháte se strhnout traumatem a dramatem. Jste Gibraltarskou skálou, která udržuje pořádek ve všem kolem vás.

Coby zajímavý úhel pohledu se na vás proud života valí a obtéká vás a vy jste stále sami sebou. (A bezdomovec po vás obvykle nechce peníze.) Když nejste v zajímavém úhlu pohledu, jste chyceni v proudu této reality a ta vás pohltí. Úplně ztratíte sami sebe.

Před časem se objevila zpráva, že newyorský kongresman Weiner zveřejnil na svém účtu na Twitteru obrázek svého penisu. Všichni se kvůli tomu rozčílili, a nakonec ho donutili odstoupit. Můj pohled na věc byl: „No, zajímavý úhel pohledu. Co to má společného s prací? Znamená snad to, že musí ukazovat svůj penis, že není schopen vykonávat svou práci? Kdyby tomu tak bylo, neměli bychom žádné politiky. Všichni musí ukazovat své penisy, ať tak či onak." Je to jen zajímavý úhel pohledu.

Někdo mi řekl: „Snažím se být v zajímavém úhlu pohledu, ale moc nechápu, jak to mám dělat, protože zajímavý úhel pohledu mám jen na věci, o kterých jsem se už rozhodl, že zajímavé jsou."

Nejde o to, o čem jste se *rozhodli*, že by mělo být zajímavým úhlem pohledu, ale o každou vaši myšlenku, pocit a emoci! Všechno je jen zajímavý úhel pohledu – protože žádný z těch úhlů pohledu není na začátku ani váš.

Musíte mít zajímavý úhel pohledu na každý jednotlivý úhel pohledu, ne posuzovat, který z nich je správný, které nesprávný, který je dobrý, který špatný, který se vám líbí a který ne.

Jste ochotni být zajímavým úhlem pohledu, u něčeho, o čem jste se rozhodli, že se vám to nelíbí, ale nejste ochotni být zajímavým úhlem pohledu, u něčeho, o čem jste se rozhodli, že se vám to líbí, a proto vlastně nikdy nemůžete dosáhnout zajímavého úhlu pohledu.

Jaké představy a bytí používáte k utlumení a potlačení kvantových zapletení*, které by vám umožnily být zajímavým úhlem pohledu? Všechno, co to je godzilionkrát, zničíte to a přetvoříte? Right and wrong, good and bad, POD and POC, all 9, shorts, boys, POVADs and beyonds.

Dain: Měla by nekonečná bytost vůbec nějaké úhly pohledu? Pokud začnete fungovat ze „to je zajímavý úhel pohledu, že mám tento úhel pohledu", můžete se dostat na místo, kde nemáte žádnou pevnou představu o čemkoli, co se objeví. Jinými slovy, místo toho, než abyste se kvůli něčemu cítili v emocích, může to být jen „Ok, to bylo zajímavé".

---

* Viz slovníček pojmů.

Místo toho, abyste se něčeho báli, je to „To je zajímavé". Místo abyste se kvůli něčemu zlobili, je to „Aha, to je zajímavé". Nakonec začnete *být* zajímavým úhlem pohledu. Můžete jím být, pokud si začnete vybírat zajímavý úhel pohledu.

Zajímavý úhel pohledu mají malé děti. Je to způsob, jakým fungují, a je to přesně to, jak jsme byli učeni, abychom *nebyli*. Zajímavý úhel pohledu je protikladem všeho, co jste se od malička učili. Byli jste přirozeně zajímavým úhlem pohledu, a proto jste se museli učit, abyste jím nebyli.

Všechny představy a bytostnost, které máte, abyste nebyly zajímavým úhlem pohledu, zničíte a přetvoříte to všechno? Right and wrong, good and bad, POD and POC, all 9, shorts, boys, POVADs and beyonds.

Zveme vás k něčemu, co pro vás vytvoří zcela jiné možnosti. Ale musíte to používat. Proto vedeme tyto rozhovory o Deseti klíčích, abyste je mohli použít, dělat je, stát se jimi a žít je, místo toho, abyste měli pocit, že jsou něčím mimo vás, co děláte jen někdy nebo vám to nejde nebo tomu nerozumíte.

Každý z těchto deseti klíčů se týká jiného způsobu bytí ve světě. Liší se od všeho, co vás na této planetě učí.

Gary: Jsou to klíče k absolutní svobodě. Ti z vás, kteří facilitujete, se při práci s lidmi z devadesáti procent setkáváte s Deseti klíči.

Devadesát procent všeho ve vašem životě souvisí s jedním z Deseti klíčů.

Dain: Devadesát devět a více procent omezení, která lidé vytvářejí, pochází z toho, že nefungují ze zajímavého úhlu pohledu. Devadesát devět celých devět, devět, devět, devět procent toho, co vytváří potíže ve vašem životě, je tam, kde jste nebyli schopni nebo ochotni fungovat ze zajímavého úhlu pohledu.

Gary: Jak můžete být dobrým facilitátorem, když nejste zajímavým úhlem pohledu? Nemůžete! Abyste byli skvělým facilitátorem, musíte být zajímavým úhlem pohledu, protože pokud budete zastávat nějaký úhel pohledu, budete člověku, kterého se snažíte facilitovat, vnucovat něco, co není pravda ani pro něj, ani pro vás.

Jaké představy a bytostnost používáte k utlumení a potlačení kvantových zapletení, která by vám umožnila být zajímavým úhlem pohledu? Všechno, co to je godzilionkrát, zničíte to a přetvoříte? Right and wrong, good and bad, POD and POC, all 9, shorts, boys, POVADs and beyonds.

Gary: Důvod, proč se mi tento klíč tak osvědčil, je asi ten, že mě nezajímají představy; zajímá mě plné vědomí. Pokud nefungujete na základě „chci plné vědomí, bez ohledu na to, co to obnáší", nemůžete tohle dělat. Může se stát, že nemůžete žít Deset klíčů, protože stále fungujete z nějaké představy nebo z nějaké bytostnosti, jako by vás to mělo dostat tam, kam chcete, nebo vám dát to, co chcete mít.

Dain: To je zajímavé, protože mě zajímaly představy. Zároveň jsem se ale zajímal i o celkové vědomí a vědomí nakonec zničilo většinu mých představ. A život se zlepšuje.

Jestliže se ohlédnu zpět, vidím, kde všude jsem se zajímal o představy, zejména pokud jde o ženy a vztahy. To byla oblast, kde se mi to odehrávalo. Kdykoli jsem nevěděl, co jiného dělat, což bylo často, čerpal jsem ze zajímavého úhlu pohledu.

Rozhodl jsem se tam sedět, být s energií, která se objevila, bez ohledu na to, co to bylo, a být zajímavým úhlem pohledu, že mám tento úhel pohledu. Když jsem to udělal, vše, cokoli bylo v představách a / nebo bytostností, a cokoli se mi na tom zdálo cenné, se rozptýlilo. Čím více jsem byl zajímavým úhlem pohledu, tím více jsem cítil, že mohu být v přítomnosti čehokoli a nenechat se tím pohltit.

Pokud nepoužíváte zajímavý úhel pohledu, pokud nejste zajímavým úhlem pohledu, pak každý úhel pohledu, který se objeví a který by vás mohl zajímat, vás vlastní. Způsobí, že se dostanete do odporu a reakce.

Pokud vám záleží na tom, abyste mohli být přítomni jakémukoli úhlu pohledu, který má kdokoli, dokonce i úhlu pohledu, který zřejmě všichni na celé planetě sdílí, a přitom neztratit sami sebe, tohle je cesta, jak toho dosáhnout.

Gary: Právě teď myslete na něco, co vás trápí, od čeho se nemůžete oprostit. Vím, že něco máte. Mohou to být hloupí, pomalí lidé. Může to být něco, co souvisí s penězi.

- Podívejte se na tento úhel pohledu a řekněte: Zajímavý úhel pohledu, že mám tento úhel pohledu.
- Znovu se na to podívejte: Zajímavý úhel pohledu, že mám tento úhel pohledu.
- Podívejte se na to ještě jednou a řekněte: Zajímavý úhel pohledu, že mám tento úhel pohledu.
- Je to tam stále nebo se to změnilo?

Otázka: Snažím se získat více klientů pro své podnikání. Připojila jsem se k několika skupinám a podnikla jsem několik dalších věcí, abych se seznámila s lidmi a navázala nové kontakty, ale ve svém vlastním vesmíru jsem hodně frustrovaná. Nedokážu v tom zaujmout zajímavý úhel pohledu. Ani nevím, jak to dát do slov.

Gary: Nacíť si emoci té frustrace. Teď řekni: Zajímavý úhel pohledu, že mám tento úhel pohledu. Udělej to ještě jednou. Dostaň se do emocí té frustrace a řekni: Zajímavý úhel pohledu, že mám tento úhel pohledu. A ještě jednou: Zajímavý úhel pohledu, že jsem frustrovaná.

Jak to teď cítíš? Pociťuješ tu frustraci stejně nebo jinak?

Je to jiné. Zlepšuje se to a začínám si uvědomovat, že ji nechci mít.

Gary: Ok, dobře. Jsem vděčný, že jsi to zmínila. Abyste se mohli cítit frustrovaní, musíte zaujmout úhel pohledu, že jste frustrovaní. Jakmile zaujmete stanovisko, že můžete být frustrovaní, tak můžete.

Příklad pocitu frustrace by vám měl pomoci pochopit, že tento nástroj můžete použít u čehokoli, co je pro vás významné nebo cenné. Máte-li ve svém světě frustraci nebo když se cítíte bezmocní či zdrcení nedostatkem peněz nebo tím, že jich máte příliš mnoho, prostě udělejte: Zajímavý úhel pohledu, že mám tento úhel pohledu.

Uvědomuji si, že jsem přešla do frustrace, protože mi to dává pocit, že se situací, ve které jsem, něco dělám. Když budu jen sedět a odpočívat, budu mít pocit, že se ten problém nezmění.

Gary: A jedná se o problém?

Je to situace, ze které jsem právě teď velmi frustrovaná. Dělám lidem Barsy, ale nevidím, že by docházelo k nějaké skutečné změně. Určitě dochází k větší změně, než si uvědomuji, ale nepřijde mi to...

Gary: Pokud spouštíš lidem Barsy ze zajímavého úhlu pohledu, mohou se změnit. Pokud však děláš Barsy z pohledu, že chceš, aby se změnili, není to zajímavý pohled. Musíš lidem umožnit, aby přijímali cokoli, ať už to přijímají jakkoli. Neměla by sis přát, aby se někdo změnil.

Jediné, co si musíš přát, je, abys lidem umožnila, aby se pro ně věci otevřely a děly tak, jak sami chtějí. Účelem Barsů je umožnit lidem jakoukoli změnu. Pokud se změní, tak se změní, a pokud ne, je to jejich volba.

Frustrace se objevuje pouze tehdy, když vycházíš z pevného úhlu pohledu. To je důvod, proč se vás snažíme přivést k zajímavému úhlu pohledu. Pokud někomu děláš sezení a nemáš na něj jen zajímavý úhel pohledu, nemůže se změnit. Bráníš jim v tom, aby se změnili. Uvízla jsi s nimi v „nezajímavém úhlu pohledu", jako by to byl způsob, jak je přimět ke změně.

Dain: Je to jako by sis myslela, že je s nimi něco špatně, místo aby sis uvědomila, že na všem, čím v tuto chvíli jsou, je něco správného. Na všem je něco správného, ale ne ve smyslu „správné" nebo „špatné". Je to prostě volba, kterou učinili. Pokud k práci s nimi přistoupíš ze zajímavého úhlu pohledu, je úžasné, co se může stát.

Když po tobě někdo chce, aby ses změnil, Gary, co uděláš?

Gary: Já? Změním se.

Dain: Hah! Když někdo chce, aby se humanoid změnil, co uděláme? Řekneme: „Jdi do pr...! Já se nezměním, kdepak. Jen proto, že to po mně chcete, se měnit nebudu."

Gary: Říkáme: „Nemůžete mě k tomu nutit."

Dain: Jestliže chcete, aby se někdo změnil, vlastně do jeho světa vnášíte energii, která říká: „Měl by ses změnit. Měl bys být jiný. Měl bys mít lepší život, o kterém vím, že je pro tebe možný, hlupáku."

A oni říkají: „Ne, já se vůbec nezměním, protože mě do toho nutíte."

Musíte si uvědomit, že „zřejmě máte zájem na tom, aby se tito lidé změnili. Je zajímavý úhel pohledu, že mám úhel pohledu, že by se měli změnit."

Gary: A co kdyby váš zajímavý úhel pohledu byl: „Dobře, je to jejich volba. Pokud chtějí být nemocní a zemřít, žádný problém. Jestli chtějí dělat, co dělají, je to jejich věc."

Nedávno mi řekl a jedna žena: „Můj kamarád umírá, ale já nechci, aby umřel."

„Trpí hodně?" zeptal jsem se.

Řekla: „Ano. Nesnesu, když trpí, a nechci, aby zemřel."

Řekl jsem: „Ty dva pevné úhly pohledu, které jsi zaujala, upevnily jeho snahu zůstat kvůli tobě. Musí trpět ještě víc, protože ty nejsi ochotná, aby trpěl on. Co když dělá právě tohle, aby se odsud dostal? Musíš se na to dívat ze zajímavého úhlu pohledu."

Když pracuji s lidmi, vidím, že jim něco nefunguje, a oni také vidí, že jim to nefunguje, ale nedaří se mi je přimět, aby...

Gary: Především předpokládáš, že to skutečně chtějí změnit.

Dain: A také docházíš k závěru, že ať už dělají cokoli, nefunguje jim to. Nevíš, co se pro ně děje.

Gary: To, že se nemění, pro ně nějakým způsobem funguje.

Dain: Stejné je to s tvou frustrací. Svým způsobem tvá frustrace pracuje pro tebe. Jinak by sis ji nevybrala.

Tahle frustrace na mě nefunguje.

Dain: Ano, ale jakmile jsi tento nástroj začala používat, uvědomila sis: „Páni, chtěla jsem, aby to tam bylo. Chtěla jsem být frustrovaná. Vlastně to vytvářím."

Gary: Možná vytváříš lidi, kteří se ve skutečnosti nechtějí změnit, aby sis udržela frustraci.

Říkáte, že přitahuji lidi, kteří se nechtějí změnit?

Gary: Lidé se na tebe podívají a vidí, že máš v ruce peníze. Řeknou: „Chci mít to, co ona." To znamená, že chtějí mít tvoje peníze. Myslíš si, že chtějí změnit stav, ve kterém se nacházejí, ale tak to není. Chtějí to, co už máš, což jsou peníze.

Existuje spousta lidí, kteří zastávají názor, že pokud nevydělají peníze, nakonec jim dáš část svých. Stává se mi to neustále. Vždycky mi přijde zajímavý úhel pohledu, že si lidé myslí, že jim dám peníze.

Dain: A protože to má jako zajímavý úhel pohledu, nijak ho to neovlivňuje. Jinými slovy, prostě si řekne: „Dobře, to je zajímavé." Nemusí jim dávat peníze, pokud nechce, a nemusí se cítit špatně, když jim peníze nedá, protože myšlenka, že by to měl udělat, je prostě zajímavý úhel pohledu.

Tady je další příklad. Měl jsem románek s jednou ženou. Po nějaké době mi zavolala, že má hrozný problém, který musí vyřešit. (Měla rakovinu.) Řekl jsem: „Dobře, dám ti deset sezení, abychom zjistili, jestli to zvládneme." Na každém sezení místo o řešení problému mluvila o tom, jak k sobě patříme. Říkala, že bychom měli být spolu, až do konce života. Vůbec ji nezajímalo, jak se vypořádat s rakovinou. Zajímal ji soucit, trauma a drama, které nás z jejího pohledu sblíží. Spousta lidí si myslí, že se s druhými sblíží tím, že mají velký problém, který se nedá vyřešit.

Musíš se tedy ptát: „Snažím se vyřešit problém, který tenhle člověk vyřešit nechce? O co tu vlastně jde?" To je celá myšlenka zajímavého úhlu pohledu. Když použiješ tenhle nástroj, můžeš se podívat, co se vlastně děje. Pokud nemáš zajímavý úhel pohledu, zvolíš si úhel pohledu, který eliminuje povědomí o tom, co se vlastně děje. Jestliže to uděláš, můžeš se dívat pouze z tohoto jednoho úhlu pohledu; nemůžeš vidět, co se skutečně děje.

Gary: Když mi lidé zavolají a říkají: „Potřebuji pomoc," zeptám se: „Co se děje?"

Řeknou: „Já nevím."

„Chtěl jsi pomoc? Proč chceš pomoc?"

„No. Nejsem si jistý. Myslím, že mám otázku."

„Dobře, a jaká je tvá otázka?"

„Nejsem si jistý. Můžeš mi říct, jaká je moje otázka?" Lidé chtějí, abych jim řekl, co je s nimi špatně, aby zvládli to, co jim řeknu, že je špatně, místo aby se podívali na to, co je pro ně pravda, a zjistili, co pro ně bude fungovat. To je důvod, proč každý hovor začínám otázkou: „Dobře, co se děje? Co pro tebe můžu udělat?" Když začínám sezení, nepředpokládám, že někomu pomůžu. Můj pohled nikdy není takový, že by se chtěli změnit. Můj pohled nikdy není takový, že by si skutečně přáli to, co říkají, že si přejí. Výsledkem je, že můžu být v zajímavém úhlu pohledu, a to funguje.

Něco lidi přitahuje a oni přijdou na Bars sezení. Nechtějí nutně změnu, chtějí jen...

Gary: Chtějí mít to, co máš ty. Z jejich úhlu pohledu, pokud mohou mít to, co máš ty, bude jejich život dobrý.

Jak to změním?

Dain: Můžeš udělat: Zajímavý úhel pohledu, že mám tento úhel pohledu – 5x pokaždé, když se to objeví.

Gary: A můžeš udělat: Zajímavý úhel pohledu, že tahle osoba jde za mnou pro něco jiného než jen, aby se na mě podívala.

Dain: Pokud se ti to podaří, pak se může stát něco jiného než to, co ses rozhodla nebo usoudila, že se stane. Měla bys k dispozici jinou volbu.

Gary: Opakovaně jsem viděl, že když se Dain zapletl se ženami, musely s ním mít soukromá sezení a on s nimi absolvoval deset, dvanáct, patnáct nebo dvacet soukromých sezení, dvacet hodin práce. Vlastně jen chtěly vědět, že mají s Dainem spojení. Nic víc nehledaly.

Můžeš být neuvěřitelně senzibilní a zachytit jejich úhel pohledu. Stále si myslíš, že s přijatým názorem musíš něco udělat. Ne, stačí, když budeš jen zajímavým úhlem pohledu. Pokud to uděláš, žádný úhel pohledu se na tebe nemůže nalepit – ani jejich, ani tvůj ani nikoho jiného.

Otázka: Snažím se žít podle Deseti klíčů, ale zdá se, že mi to nejde. Něco mi v tom brání, nevím co, snad jen to, že jsem si je ještě nevybrala.

Gary: Pokud budeš po dobu šesti měsíců postupně plnit jednotlivé klíče, budeš svobodná. Každý klíč navazuje na ostatní a umožňuje ti žít jako Deset klíčů. Začni tam, kde jsi, a proveď zajímavý úhel pohledu způsobem, který jsme popsali. Nakonec to všechno začne fungovat. Všechno se začne spojovat.

Nebo si vezmi klíč, kterému se nejvíc bráníš, a ten dělej jako první.

Otázka: Zdá se, že nás nejvíc drží úhly pohledu, o kterých ani nevíme, že je máme. Jak se dostaneme k úhlům pohledu, o kterých ani nevíme, že je máme? Je to: Je to zajímavý úhel pohledu, že mám úhel pohledu, o kterém nevím, že ho mám?

Gary: To by tak také mohlo být. Tady je ale něco, co zajímavý úhel pohledu není: Když se na něco podíváte, například na auta, a říkáte si: „Aha, myslím na Fordy. Zajímavý úhel pohledu, že myslím na Fordy. To musí znamenat, že mám rád Fordy. Myslím, že není špatné mít takový úhel pohledu na Fordy." Tohle není zajímavý úhel pohledu.

Musíte se podívat na svůj úhel pohledu a říct: „Mám rád BMW. Zajímavý úhel pohledu, že mám rád BMW."

Trávím svůj život přemýšlením o BMW? Ne. Vzpomenu si občas na BMW? Obvykle ne, protože pokud ano, řeknu si: „Zajímavý pohled, že mám takový úhel pohledu," a najednou si uvědomím, že se mi dostává úhlu pohledu člověka, který řídí BMW a je tak strašně šťastný, že řídí své auto a říká: „Miluju své BMW!" A já, jakožto senzibilní Sponge Bob vesmíru, to zachytím.

Zajímavý úhel pohledu používám u každé své myšlenky, pocitu a emoce, ať už je to myšlenka moje nebo někoho jiného.

Otázka: Nepřivádělo tě k šílenství všechno, co se objevilo, když jsi poprvé začal používat zajímavý úhel pohledu?

Gary: První věc, která se stala, byla, že jsem si začal uvědomovat, že žádný z mých úhlů pohledu není můj.

Dain: Včetně úhlu pohledu, že mě to přivádí k šílenství. To je docela legrační, protože se nad tím člověk zamyslí a pak si řekne: „Zajímavý úhel pohledu, že mám úhel pohledu, že se zblázním".

Gary: Je zajímavý úhel pohledu, že si myslím, že se zblázním. Vybrala by si nekonečná bytost zešílet? Ne. A vy? Ano.

Udělejme si proces:

Jaké představy a bytostnost používáte k utlumení a potlačení kvantových zapletení, která by vám umožnila být zajímavým úhlem pohledu? Všechno, co to je godzilionkrát, zničíte to a přetvoříte? Right and wrong, good and bad, POD and POC, all 9, shorts, boys, POVADs and beyonds.

Dain: V našem prvním povídání jsme se bavili o představách. Máme nejrůznější představy o tom, jak věci jsou, nebo jak by měly být. Nebo o tom, proč nejsou takové, jak mají být. Máme představy typu „Tady se děje tohle" a „Tohle se tady neděje".

Gary: Skvělým příkladem nezajímavého úhlu pohledu je, když řekneme: „Tady se děje tohle." To je závěr. Když dojdete k závěru, soudu, rozhodnutí nebo výpočtu, nevidíte, co se vlastně děje.

Měli byste říct: „Zajímavý úhel pohledu, že mám tento úhel pohledu. Co když se ve skutečnosti děje něco jiného, než si myslím?" Pokud fungujete ze zajímavého úhlu pohledu, můžete skutečně vidět, co se děje. Proč tomu tak je? Protože nevnucujete svou představu, soud, závěr, fantazii nebo cokoli jiného tomu, co se děje. Jste schopni vidět to, co se děje, mimo jakýchkoli reakcí nebo představ, které o tom můžete mít.

Jaké představy a bytostnost používáte k utlumení a potlačení kvantových zapletení, která by vám umožnila být zajímavým úhlem pohledu jako realita? Všechno, co to je godzilionkrát, zničíte to a přetvoříte? Right and wrong, good and bad, POD and POC, all 9, shorts, boys, POVADs and beyonds.

Gary: Bytostnost je vždy úhel pohledu. Je to něco, co děláte, abyste dokázali, že jste. Snažíte se dokázat, že něčím jste. Řekněme, že se rozhodneš být extrémně ženská.

Co kdybys nemusela dokazovat, že jsi žena? Co kdybys prostě byla sama sebou a to by byla ta nejvyšší míra ženskosti? To, co je na tobě pro ostatní lidi nejpřitažlivější, je to, že jsi sama sebou.

Místo toho, abychom byli tím, kým jsme, vytváříme obraz toho, kým si myslíme, že bychom měli být, abychom dokázali, že jsme tím, kým si myslíme, že bychom měli být. Snažíme se dokázat, že něčím jsme, místo abychom skutečně byli tím, kým jsme. To je to, co je bytostnost.

Na druhou stranu bytí je prostě bytí. Nemůžeš být v zajímavém úhlu pohledu, pokud nejsi bytím.

Dain: To je velmi zajímavé. Pokud si děláš představy, nejsi zajímavým úhlem pohledu.

Gary: Přesně.

Dain: Pokud jsi bytostností, nejsi v zajímavém úhlu pohledu.

Gary: Ano.

Jaké představy a bytostnost používáte k utlumení a potlačení kvantových zapletení, která by vám umožnila být zajímavým úhlem pohledu jako realita? Všechno, co to je godzilionkrát, zničíte to a přetvoříte? Right and wrong, good and bad, POD and POC, all 9, shorts, boys, POVADs and beyonds.

Dain: Kvantová zapletení jsou v podstatě vaším spojením s tvůrčími, generativními prvky vesmíru.

Gary: Umožňují vám přijímat komunikaci od ostatních lidí. Kdybyste neměli kvantová zapletení, neměli byste jasnovidné vědomí, intuici ani schopnost slyšet myšlenky někoho jiného.

Kvantová zapletení jsou v podstatě teorií strun o vesmíru. Představují způsob, jakým je vše vzájemně propojeno a provázáno. Tyto vědomé prvky vesmíru můžete o něco požádat a ono se to objeví, když o to jednoduše požádáte. Máme k tomu mnohem větší schopnost, když fungujeme z Deseti klíčů, a zejména když fungujeme ze zajímavého úhlu pohledu.

Dain: Tlumíte a potlačujete kvantová zapletení svými představami a bytostností.

Jaké představy a bytostnost používáte k utlumení a potlačení kvantových zapletení, která by vám umožnila být zajímavým úhlem pohledu? Všechno, co to je godzilionkrát, zničíte to a přetvoříte? Right and wrong, good and bad, POD and POC, all 9, shorts, boys, POVADs and beyonds.

Gary: Jedna žena řekla: „Snažím se být zajímavým úhlem pohledu, ale dělám to jen u věcí, o kterých jsem se už rozhodla, že jsou zajímavými úhly pohledu."

Řekl jsem jí: „Jsi ochotná mít zajímavý úhel pohledu na věci, o kterých ses rozhodla, že se ti nelíbí, ale nejsi ochotná ho mít u věcí, o kterých ses rozhodla, že se ti líbí. Výsledkem je, že ve skutečnosti nikdy nedosáhneš zajímavého úhlu pohledu."

Nejde o to, co ses rozhodla, že by mělo být zajímavým úhlem pohledu; jde o to, že každá tvoje myšlenka, pocit a emoce jsou právě zajímavým úhlem pohledu.

Musíš mít zajímavý úhel pohledu s každým úhlem pohledu, který máš, ne posuzovat, které úhly pohledu jsou správné, které nesprávné, které jsou dobré, které špatné, které se ti líbí a které ne.

Jaké představy a bytostnost používáte k utlumení a potlačení kvantových zapletení, která by vám umožnila být zajímavým úhlem pohledu? Všechno, co to je godzilionkrát, zničíte to a přetvoříte? Right and wrong, good and bad, POD and POC, all 9, shorts, boys, POVADs and beyonds.

Někdy, když lidé mluví o úhlu pohledu, říkají: „No, když mám nějaký úhel pohledu, tak ho POD a POCuju". Nejde o to, aby se POD a POCoval úhel pohledu. Abyste mohli POD a POCovat úhel pohledu, musíte ho učinit pevným a skutečným. Zajímavý úhel pohledu, že mám tento úhel pohledu, je něco jiného. Jde o to vidět, že úhel pohledu, který máte, musí být pouze zajímavý úhel pohledu. Nemusí být dostatečně pevný, aby byl POD a POCován. Pokud se ho snažíte POD a POCovat, přizpůsobujete se mu, abyste se ho zbavili. To ve skutečnosti nefunguje.

Jde o to, abychom si ujasnili, že úhel pohledu je jen úhel pohledu. Není správný nebo nesprávný, dobrý nebo špatný, skutečný nebo pravdivý, je to jen úhel pohledu.

Dain: „Není to správné nebo nesprávné, dobré nebo špatné, skutečné nebo pravdivé, je to jen úhel pohledu." Mohli byste si to říkat 100x denně.

Jaké představy a bytostnost používáte k utlumení a potlačení kvantových zapletení, která by vám umožnila být zajímavým úhlem pohledu? Všechno, co to je godzilionkrát, zničíte to a přetvoříte? Right and wrong, good and bad, POD and POC, all 9, shorts, boys, POVADs and beyonds.

Otázka: Mám smlouvu jako konzultant se společností, která mi dluží asi 9 000 dolarů. Právě jsem se od jejich právníka dozvěděl, že společnost restrukturalizují a pravděpodobně mi nebudou moci zaplatit. Jde o to, že s nimi mám smlouvu ještě na několik měsíců a očekávají, že pro ně budu dál pracovat, ale ani za to možná nedostanu zaplaceno.

Gary: Počkej moment. Kde je zajímavý úhel pohledu v tomhle příběhu? Je zajímavý úhel pohledu, že mě mohou ovládat. Řekl bych jim: „Pokud mi nejste schopni zaplatit, nebudu pro vás moci pracovat." Nebo: „Snížím objem práce, kterou pro vás dělám, dokud nedostanu zaplaceno za to, co jsem už udělal. Vy můžete dělat cokoli, co potřebujete pro svou restrukturalizaci, ale já potřebuji žít a starat se o svou rodinu." Musíš přejít do zajímavého úhlu pohledu. Je zajímavý úhel pohledu, že se to děje, ne, že „jsem jimi ovládán".

Ale mám obavy.

Gary: Ne, ne, ne. Mít obavy není zajímavý úhel pohledu. Musíš se tam dostat a udělat zajímavý úhel pohledu toho, že máš obavy.

Dain: Dostaň se tam a udělej zajímavý úhel pohledu. Dostaňte se tam a udělej to!

Gary: Když budeš v zajímavém úhlu pohledu na všechny emoce, myšlenky a jiné úhly pohledu, které se dějí, otevřeš dveře do prostoru, který ti ukáže jinou možnost.

Dokud říkáš: „Je to tak, tak nebo tak," vycházíš ze závěrů. Do jaké míry se přizpůsobuješ a souhlasíš s myšlenkou, že ti nemohou zaplatit, do takové míry ti to zabrání dostat zaplaceno. Budeš-li v zajímavém úhlu pohledu a staneš-li se pro ně skutečně zajímavým úhlem pohledu, mohou někde objevit peníze, aby ti mohli zaplatit.

Dain: Díky za pokládání otázek, které máš. Často je snazší vidět tyto věci v životě někoho jiného, takže tvoje otázky všem ukazují, co je a co není energie zajímavého úhlu pohledu. Tvoje otázky ukazují lidem způsob, jakým vytváříme situace, které si nepřejeme. Jakmile se dostaneš do zajímavého úhlu pohledu, i kdybys to měl udělat stokrát, náboj, který vytváří šílenství kolem tvé situace, zmizí. Je to úplně jiný způsob bytí. Vytváří možnost pro jinou situaci i větší klid ve tvém životě. Pokud nefunguješ ze zajímavého úhlu pohledu, není možné žít v klidu. Jak to může být ještě lepší?

Jaké představy a bytostnosť používáte k utlumení a potlačení kvantových zapletení, která by vám umožnila být zajímavým úhlem pohledu? Všechno, co to je godzilionkrát, zničíte to a přetvoříte? Right and wrong, good and bad, POD and POC, all 9, shorts, boys, POVADs and beyonds.

Otázka: Pokud jsem ve velké skupině lidí a všichni mají na něco stejný úhel pohledu a já udělám zajímavý úhel pohledu, bude to stačit k tomu, aby se změnil úhel pohledu všech ostatních?

Gary: Čím více budeš v zajímavém úhlu pohledu, tím těžší pro ně bude udržet si jejich úhel pohledu. Stačí, aby jeden člověk používal zajímavý úhel pohledu, a pro 500 lidí bude stále méně snadné udržet si svůj úhel pohledu. A pokud se s něčím, co říkají, neshodneš a nesouhlasíš s tím, situace se pro tebe okamžitě stane jednodušší. A dokud je to pro tebe snazší, mohou nastat jiné možnosti.

Zasekneme se, pokud si myslíme, že je nějaký úhel pohledu skutečně reálný. Úhel pohledu je pouze úhel pohledu. Není skutečný, ani nevytváří realitu. Pokud získáš dvacet lidí, kteří se ztotožňují a souhlasí s nějakým úhlem pohledu, pak se tenhle úhel pohledu stává jejich úhlem pohledu. Ale neznamená to, že je skutečný. Nemusíš se s ním ztotožnit a souhlasit s ním. Nemusíš se mu bránit a reagovat na něj. Musíš si prostě uvědomit: „Je to jen jejich úhel pohledu". Jejich úhel pohledu nedělá nic skutečným.

Otázka: Gary, před několika týdny jsem tě sledovala v televizním pořadu, kde jsi mluvil o penězích. Ti dva, kteří s tebou dělali rozhovor, nerozuměli ničemu, co jsi říkal. Dal jsi jim jeden nástroj: „Jak to může být ještě lepší?", což naprosto nepochopili. Když jsem se na to dívala, říkala jsem si: „Páni, jak to může dělat?". Pořád jsem si říkala: „Co Gary vidí, co já nevidím?". Připadalo mi, že je ztráta času, abys s nimi mluvil.

Gary: Pro mě není nic ztrátou času, protože můj úhel pohledu je prostě jen zajímavým úhlem pohledu. Každý si vybere to, co si vybere. Já se na něco podívám a zeptám se: „Dobře, tak co je ještě možné? Můžu říct něco, co by těm lidem mohlo pomoci nebo co by pro ně mohlo něco změnit?"

Po tom vystoupení mi volali lidé a říkali: „Moc vám děkuji. Bylo to skvělé." Nebyli to lidé z Access Consciousness. Byli překvapeni, že tento malý nástroj mohou použít a že to pro ně skutečně něco udělá.

Máš-li zajímavý úhel pohledu jako realitu ve svém životě a jako svůj život, tak si lidé okolo tebe nemohou udržet neměnnou představu o tom, co je pro ně skutečné. Pokud používáš zajímavý úhel pohledu, nikdo, kdo má pevný úhel pohledu, si ho nemůže udržet.

Otázka: Jak funguje zajímavý úhel pohledu u věcí, které se nám daří nebo které nás baví?

Gary: Pokud vás něco baví a používáte při tom zajímavý úhel pohledu, obvykle to jde ještě lépe.

Co když nepoužívání zajímavého úhlu pohledu vytváří omezení? Například, když řekneš: „Všechny finanční záležitosti mám vyřešené," je to zajímavý úhel pohledu?

Dain: Ne, to je závěr.

Gary: Ano. A jakmile jdeš do závěru, ohraničuješ to, co by se mohlo ukázat. Opravdu chceš omezovat množství peněz, které můžeš v životě mít, nebo množství zábavy, kterou můžeš zažít, nebo cokoli jiného, co je možné? Zajímavý úhel pohledu se týká rozšíření všeho ve tvém životě, nejen věcí, které jsi ochotna změnit.

Takže kdykoli dojdeme k závěrům typu „Tohle je skvělé" nebo „Tohle je úžasné" nebo „Páni, tohle je fakt na nic", může je zajímavý úhel pohledu odblokovat?

Gary: Ano, a pokud něco odblokuje, otevírá to dveře k dalším možnostem.

Dain: Řekněme, že máš spoustu peněz a přišla finanční krize. Víš, že jsi na to připravena; peníze pro tebe nejsou problém. Můžeš použít: „Je zajímavé, že všichni tito lidé mají úhel pohledu, že je to problém."

Nebo řekněme, že někdo mluví o svých tělesných problémech a ty si říkáš: „Moje tělo je přesně takové, jaké bych ho chtěla mít". Můžeš mít zajímavý úhel pohledu na tělesné problémy všech ostatních a mít z toho pocit lehkosti. Pocit lehkosti si vytvoříš tím, že budeš zajímavým úhlem pohledu.

Gary: Ale ještě důležitější je použít zajímavý úhel pohledu na to, co si myslíš, že jsou tvoje vlastní úhly pohledu. Když jsem začal používat zajímavý úhel pohledu, napadaly mě věci jako „Nesnáším burky. Jsou tak strašně ošklivé." Pak jsem si řekl: „Páni, zajímavý úhel pohledu, že mám tento úhel pohledu, protože jsem nikdy v životě o burce nepřemýšlel. Nikdy."

Uvědomil jsem si, že většina toho, co se odehrává v mém vesmíru, je založena na přebírání myšlenek, pocitů a emocí jiných lidí. Devadesát devět tisíc procent myšlenek, pocitů a emocí, které lidé mají, jsou úhly pohledu, které přijali, sdíleli nebo s nimi došli k nějakému závěru. To je ale nedělá skutečnými.

Jednou jsem se přistihl, jak říkám: „Nemám rád tyhle kytky." Řekl jsem si: „Páni, zajímavý úhel pohledu, že nemám ráda tyhle druhy květin." Poté, co jsem to řekl třikrát, jsem zjistil, že žádný úhel pohledu na tyhle květiny opravdu nemám. Jen jsem si myslel, že bych nějaký měl mít. Proč? Protože ostatní lidé měli na tyto druhy květin svůj úhel pohledu.

Možná si uvědomíte, že většinu názorů, které máte, jste si vytvořili sami, protože jste si mysleli, že to tak máte dělat. Mluvím s lidmi, kteří říkají: „Bla, bla, bla," o nějaké věci nebo o nějakém člověku.

Ptám se: „Je to opravdu tvůj názor? Je to úhel pohledu, který skutečně máš, nebo je to úhel pohledu, o kterém si myslíš, že bys ho měl mít?".

Říkají: „To nikdy nebyl můj úhel pohledu. Je to úhel pohledu, který jsem měl mít."

Přesně tak! Jakmile začnete používat zajímavé úhly pohledu, poznáte, že: „Téměř všechny své úhly pohledu jsem si vytvořil, protože jsem si myslel, že jsou to ty, které bych měl mít." A pak si uvědomíte, že jste si je vytvořili sami.

A jakmile získáte zajímavý úhel pohledu, stane se z toho volba: „Opravdu se chci držet tohoto úhlu pohledu? Bude do mého života přínosem? Nebo existuje něco jiného, co by mohlo fungovat mnohem lépe?

Dain: Mluvíme o vytvoření prostoru zajímavého úhlu pohledu a pocitu lehkosti tam, kde dřív nebyl. Možná právě teď nejste zajímavým úhlem pohledu, ale tím, že se pro něj rozhodnete, vytvoříte lehkost. Je to lehkost, kterou cítíte, když máte něco zvládnuté, i když na to někdo jiný úhel pohledu má. Co kdybyste to takhle mohli mít v každé oblasti svého života?

Lidé o tomto nástroji často slyší a říkají: „Zdá se, že nemůžu být zajímavým úhlem pohledu."

Říkám: „To proto, že jste to nikdy nezkusili. Proto to zatím neumíte..." Je to něco, co vás nikdy nikdo nenaučil, a ve zbytku světa se to nepovažuje za cenné. Mluvíme o vytváření prostoru, kde vše, co se objeví, každý úhel pohledu, který se objeví ve vaší vlastní hlavě, může být jakýkoli, a pak se může změnit.

Vše se stává zajímavým úhlem pohledu. Vzpomeňte si na nějakou špatnou zkušenost z minulosti. Naciťte si veškeré pocity, které s sebou přinesla, a řekněte si: „Je zajímavý úhel pohledu, že na tuhle zkušenost mám tenhle úhel pohledu." A řekněte si to ještě jednou...

Otázka: Chcete říct, že kdekoli máme pocit, že nejsme sami sebou, měli bychom okamžitě třikrát zopakovat zajímavý úhel pohledu?

Gary: Ano, jen tak máte svobodu něco změnit. Každý z Deseti klíčů je navržen tak, aby vám pomohl změnit oblasti ve vašem životě, kde je něco zablokováno a kde to nefunguje. Použijete tyto nástroje na danou oblast a otevřete si dveře ke všem možnostem, které jste nebyli schopni vidět, protože jste byli zafixováni v určitém úhlu pohledu. Nebo proto, že jste si nemysleli, že jste nekonečná bytost. Nebo proto, že jste si nepoložili otázku: „Komu to patří?". To platí pro každý z klíčů. Každý klíč vám umožňuje podívat se na situace ve vašem životě z jiného úhlu, abyste měli jinou možnost volby a jiné možnosti a aby vám vesmír mohl přispět způsobem, který jste si nikdy nedokázali představit.

Otázka: Někdy se mi plete uvědomění a úhel pohledu. Právě teď jsem smutná z něčí smrti a mám úhel pohledu, že je to opravdu zamotané. Je to úhel pohledu a uvědomění?

Gary: Zní to, jako že to první je úhel pohledu, a to druhé závěr.

Někdy se podívám na své auto a vidím, že je špinavé. Nemám ráda, když je špinavé. Ráda bych ho měla čisté. Je to nějaký úhel pohledu?

Dain: „Chtěla bych ho mít čisté" je preference. „Nemám ráda, když je špinavé" je úhel pohledu.

Gary: Nelíbí se mi, když je můj dům špinavý, a nemám rád, když je v něm nepořádek. Když má moje dcera u sebe kamarádky a nechají neuklizenou kuchyň, nelíbí se mi to. Když se to stane, mám na výběr: můžu na ni křičet, můžu jí říct, jak je zlobivá, můžu ji zkusit přinutit, aby to přišla uklidit, nebo tomu věnuji dvě a půl minuty, a uklidím to sám.

Ale ty jsi právě řekl: „Nelíbí se mi to." To si protiřečíš.

Gary: Nelíbí se mi to. Ale jakmile si uvědomím, že se mi to nelíbí, a můj úhel pohledu je: „Nechci, aby to tak bylo," můžu to změnit.

Dain: Všimněte si, že když se mu to nelíbí, není v tom žádný odpor a reakce. Hledáme energii situace. To je jádro věci. Garyho úhel pohledu

je „nelíbí se mi to" a pak se ptá: „Co mohu udělat, abych to změnil?".
Neexistuje žádný odpor a reakce. Nedělá ze sebe méněcenného ani se
na nikoho nenaštve. Je to z jeho strany vědomí, které říká: „Takhle bych
to nechtěl. Dobře, co mohu udělat, abych to změnil?".

To není úhel pohledu?

Dain: Neříkáme: „Nemějte žádný úhel pohledu." Říkáme: „Mějte
zajímavý úhel pohledu." Můžeš mít úhel pohledu, že bys byla raději,
kdyby auto nebylo špinavé, ale všimni si, že tento úhel pohledu můžeš
mít z místa „zajímavého úhlu pohledu". Když ho budeš mít, uděláš
něco, abys ho změnila. Nebo ne.

Řekněme, že v následujících třech dnech nebudeš mít čas se svým
autem cokoli dělat. Pokud jsi v zajímavém úhlu pohledu, není to něco,
co by ve tvém světě vyvolávalo zděšení, odsuzování, bolest a utrpení. Je
to „Dobře, dostanu se k tomu, až se k tomu budu moci dostat". Když je
to zajímavý úhel pohledu, vytvoří se v tvém světě určitá lehkost.

Gary: Ano, zatímco když se dostaneš do režimu odporu a reakce
nebo do režimu ztotožnění se a souhlasu, musíš se snažit, aby se něco
stalo. A obvykle jde o snahu přimět někoho jiného, aby se změnil, místo
aby sis uvědomila, že jediná osoba, kterou můžeš skutečně změnit, jsi
ty sama.

*Zdá se, že je to velmi tenká hranice. Moje auto bylo zaprášené a musela
jsem ho nechat týden stát. Strašně mě to štvalo.*

Dain: To není zajímavý úhel pohledu.

Gary: „Strašně mě to štvalo" není zajímavý úhel pohledu.

Zajímavý úhel pohledu je „Ok, musím si nechat umýt auto." Jakmile přejdu
k zajímavému úhlu pohledu, objeví se nová možnost.

Takže neděláte své preference hodnotné?

Gary: No, nic z toho není důležité. Je to prostě „Tak co tady můžu
být, udělat nebo mít jiného?".

Omlouvám se, vím, že jsem taková hnidopišská, ale prostě...

Gary: Jsem rád, že jsi tak hnidopišská, protože to pomůže i ostatním.

Není mi jasný rozdíl mezi hodnotou, preferencí a významem.

Gary: Řekněme, že se rozhodneš, že to, co je opravdu cenné, je
červený růžový keř, který máš na zahradě. Ten je pro tebe nejcennější.

Zahradník neví, jak růžový keř zastřihnout, a stříhá ho v nesprávnou roční dobu, takže z něj zbude jen obrovský pařez.

Co se stane, když řekneš: „Nemůžu uvěřit, že mi právě zničil růžový keř!"? Zahradník bude každý rok ničit růžový keř stejným způsobem, protože nic lepšího nezná.

Ale když řekneš: „Páni, to je zajímavý úhel pohledu. Jak zde mohu dosáhnout jiného výsledku?" uvidíš, že si s ním můžeš promluvit a říct mu, že bys chtěla, aby růžový keř stříhal v jiném ročním období. Uděláš to a on bude v pohodě.

Pokud nebudeš používat zajímavý úhel pohledu, budeš v odporu a reakci a také zahradník bude v odporu a reakci. Každý se snaží, aby věci dopadly podle jeho představ, protože si cení svého úhlu pohledu. Když uděláš zajímavý úhel pohledu úhlem pohledu, který si ceníš, začne se posouvat schopnost každého vytvořit jiný výsledek.

Je to „Tak ráda se dívám na svůj růžový keř. Kéž by kvetl celý rok." Takhle jsi stále mimo úhel pohledu. Nesnaží se, aby kvetl po celý rok, ani se nepředpokládá, že to musí být nějakým konkrétním způsobem. Je prostě takový, jaký je.

Dain: Stejně tak není naštvaný nebo frustrovaný, když nekvete celý rok.

Gary: Je to odebrání vytvořené a vymyšlené hodnoty. Vymyšlené hodnoty jsou hodnoty, které si vymyslíte. Ve skutečnosti nejsou pravdivé.

Jakou vymyšlenou hodnotu používáte k eliminaci zajímavého úhlu pohledu jako vybírání si? Všechno, co to je, godzilionkrát, zničíte to a přetvoříte? Right and wrong, good and bad, POD and POC, all 9, shorts, boys, POVADs and beyonds.

Všimli jste si, že jsem řekl *vybírání si* a ne *volby*? To proto, že hledám celý řetězec vybírání si, nejen jednu malou volbu.

Pokud se mi to podaří změnit, vím, že to změní celý můj život. Celou dobu, kdy jsme o tom mluvili, mi bylo do breku, takže se to zřejmě mění.

Gary: Nakolik jste si vytvořili odpor k věcem, které pro vás mají hodnotu? Když si z odporu k něčemu uděláte hodnotu, musíte vždy odolávat, abyste tu hodnotu měli. Tím nakonec zablokujete svou schopnost skutečně mít něco většího

Jakou vymyšlenou hodnotu používáte k eliminaci zajímavého úhlu pohledu jako volení si? Všechno, co to je, godzilionkrát, zničíte to a přetvoříte? Right and wrong, good and bad, POD and POC, all 9, shorts, boys, POVADs and beyonds.

Dain a já nemáme rádi zaprášená auta. Jezdíme na dva až tři týdny pryč, a když se vrátíme, naše auta jsou plná prachu. Proto jsme si řekli: „Osobní asistente, chceme, aby ta auta byla čistá, až se vrátíme domů, abychom si to s nimi mohli užít." Osobní asistent nám auta vyčistí, než se vrátíme domů a my se vrátíme domů k naprosto čistým autům.

Zajímavý je úhel pohledu, že nemůžeme mít čisté auto, a je zajímavý je úhel pohledu, že bychom rádi měli čisté auto. Zároveň jsme ochotni udělat cokoli, abychom získali to, co bychom chtěli mít. Neděláme to proto, že bychom byli frustrovaní z toho, že nemáme čisté auto. Pokud se vyskytnou nějaké okolnosti, za kterých to osobní asistent nemohl udělat, například že den před naším příchodem domů pršelo, nerozčilujeme se a neříkáme: „Jak to, že jsi to auto nevyčistil?". Řekneme: „No dobře, udělá se to zítra."

Odpor a reakce vás uzamknou v důsledku situace. Kdykoli se kvůli něčemu rozčílíte, jste vždy důsledkem situace. Zajímavý úhel pohledu vám dává celou řadu možností, o kterých jste nevěděli, že jsou k dispozici, protože jste si drželi úhel pohledu, který vám bránil je vidět.

Jakou vymyšlenou hodnotu používáte k eliminaci zajímavého úhlu pohledu jako volení si? Všechno, co to je, godzilionkrát, zničíte to a přetvoříte? Right and wrong, good and bad, POD and POC, all 9, shorts, boys, POVADs and beyonds.

Gary: Každý úhel pohledu je jen výmysl, není to realita. Když přejdete k zajímavému úhlu pohledu, ukáže se, že si lidé vymýšlejí věci, které jsou pro ně důležité. Tyto věci ve skutečnosti důležité nejsou. Je to jen to, co si sami lidé důležitým udělali. Je to to, co učinili cenným. Je to zcela vymyšlený úhel pohledu. Je to produkt založený na dokazování, že volba, kterou učinili, je hodnotná a dobrá, a jediné, co dělá, je, že vytváří omezení, která nemohou překonat.

Jakou vymyšlenou hodnotu používáte k eliminaci zajímavého úhlu pohledu jako volení si? Všechno, co to je, godzilionkrát, zničíte to a přetvoříte? Right and wrong, good and bad, POD and POC, all 9, shorts, boys, POVADs and beyonds.

Otázka: Ráda bych se trochu více věnovala preferencím. Myslím, že jsem vás slyšela říkat, že preference ve skutečnosti nemá žádnou hodnotu. Je to jen preference.

Gary: Ano, je to jen preference. Když jdu ráno do skříně, vybírám si košili podle preferencí, ne proto, že má větší hodnotu než jiná košile.

Je tedy to, že chceme mít něco správně, způsob, jak si zablokovat preference?

Gary: Někde si vymyslíte, že *tohle* má větší hodnotu než *tamto*, což znamená, že musíte soudit, což znamená, že si vlastně nemůžete vybrat. Musíte to udělat správně. Musíte udělat správnou věc, a tak to musí být – a musí to být – a musí to být – a musí to být. Přitom ve skutečnosti jde jen o „zajímavý úhel pohledu, o kterém si myslím, že ho musím mít".

Děkuji.

Otázka: Pro emoci hněvu byste použili otázku „Vybrala by si nekonečná bytost hněv?" nebo „Je zajímavý úhel pohledu, že cítím hněv"?

Gary: Hněv je distrakční implantát*, takže tím vlastně ničeho nedosáhnete. Je to něco, čím se snažíte přemoci a přehlušit úhel pohledu někoho jiného. Vybrala by si nekonečná bytost hněv? Ne.

Jediný případ, kdy je hněv správný, je ten, kdy vám někdo lže nebo říká nepravdu. Když vám někdo lže, rozzlobíte se. Musíte se ptát: „Lže mi tu někdo? Je tu lež?" A pokud je tu lež, pak se rozzlobíte. To je v pořádku.

Dain: Důvodem, proč se zlobíte, je, abyste mohli odhalit lež, a jakmile ji odhalíte, zmizí i zloba, protože jste získali informace a vědomí, které jste hledali.

Gary: A pak se to stává zajímavým úhlem pohledu.

Možná budete chtít vyzkoušet tohle: „Mám tuto emoci. Co by z ní udělal zajímavý úhel pohledu? Mám tuto myšlenku. Co by z ní udělal zajímavý úhel pohledu? Mám tento pocit. Co by z něj udělal zajímavý úhel pohledu? Mám tento sex nebo žádný sex*." Co by z nich udělal zajímavý úhel pohledu? Začínáte si uvědomovat, že vaše myšlenky, pocity, emoce a sex nebo žádný sex jsou jen úhly pohledu, které si vytváříte. Jsou to věci, které jste si vymysleli, věci, které jste se snažili vytvořit. Nemají nic společného se skutečnou volbou.

Jakou vymyšlenou hodnotu používáte k eliminaci zajímavého úhlu pohledu jako volení si? Všechno, co to je, godzilionkrát, zničíte to a přetvoříte? Right and wrong, good and bad, POD and POC, all 9, shorts, boys, POVADs and beyonds.

Otázka: Někdy, když zůstávám v zajímavém úhlu pohledu, nemohu zaujmout úhel pohledu a lidé jsou na mě naštvaní.

Gary: Spousta lidí se rozčiluje, když používáš zajímavý úhel pohledu. Chtějí, abys měla nějaký názor, aby s ním mohli bojovat, přizpůsobit se mu a souhlasit s ním nebo vás nutit do něčeho, co považují za vhodné.

A tak co děláš?

Gary: Řeknu jen: „Já vím, jsem tak strašně otravný." Nedávno jsem neměl žádný názor na to, kam jít na jídlo, a lidé se mě ptali: „Kam chceš jít?" Mně to bylo jedno. No, dnes mám nový úhel pohledu. Právě teď jsem si vytvořil nový úhel pohledu.

Dain: A to jaký?

Gary: Půjdu kamkoli, kde mají Don Julio Reposado a Grand Marnier!

Otázka: Jak se zajímavý úhel pohledu vztahuje k zármutku nebo ztrátě? Třeba když někdo zemře a člověk není schopen se dostat dál...

Gary: Je zajímavé, že se o tom zmiňuješ, protože tento e-mail jsem dostal těsně před tímto callem.

Dain (čte): *Ahoj Gary a Daine, tohle není otázka. Je to uznání a poděkování. Poslední týden jsem byla u lůžka své drahé přítelkyně Tiny, byla jsem nástrojem Access Consciousness a podporovala ji, uklidňovala a umožňovala jí odejít. Jaký to dar pro mě, pro Tinu i pro její přátele a rodinu. Zemřela v neděli večer s námi všemi po svém boku. Když jsem se vracela k autu, viděla jsem, jak krásné je žít, a ano, ano, ano, v této*

---

* Viz slovníček pojmů

požehnané době. Děkuji vám a děkuji, že jste tady teď a neustále nám pomáháte se všemi našimi rozhodnutími.

Gary: Co kdyby smrt byla volbou, kterou lidé dělají? *S tím nemám problém. Často pomáhám lidem překonat smutek a moje otázka se týká toho, jak vnímají smrt a jak jim pomoci vnímat ji jako další krok, a ne jako ztrátu. Zdá se, že v sobě nesou spoustu energie ostatních lidí o tom, jak by to mělo vypadat.*

Gary: Základní úhel pohledu, s nímž všichni souhlasí, je, že když vám v rodině zemře někdo blízký, máte strašně truchlit. Měl by vám ten člověk chybět. Měli byste o něm mluvit bez přestání asi rok. Pak má smutek pomalu odeznít. Takový je pohled „civilizovaného světa" posledních 5 000 let.

Dříve, když jste někoho ztratili, museli jste rok nosit černé oblečení. Ale obchody s oblečením se kvůli tomu bouřily, a tak to snížili na šest měsíců. Ve dvacátých letech 20. století to pak byly tři měsíce a v padesátých letech tři dny. Teď se černé oblečení nosí jen na pohřeb. Potom už se černá nosit nemusí.

Bývaly doby, kdy se zakrývala zrcadla, abyste nepozvali duši drahého zesnulého do jiné reality. Jsou to silné úhly pohledu, které v lidech přetrvaly. Nepoužívají na ně zajímavý úhel pohledu, ale vy můžete. Musíte být ochotni poznat, jaký je jejich úhel pohledu.

Tento zajímavý pohled souvisí s tím, kdy jedna žena, se kterou jsem spolupracovala, byla ve spojení s lidmi, kteří najímali truchlící. Truchlící chodili a truchlili za jiné lidi. Byla to služba, kterou poskytovali. Moje klientka s tím zřejmě byla v minulosti nějak spojená – a truchlila dál a dál. Pro mě to bylo: „Dobře, už jsi skončila?". Nechtěla jsem rovnou říct: „Skončila jsi s tímhle úhlem pohledu?" Vzhledem k její současné situaci by to znělo chladně. Existuje nějaký mírnější způsob, jak jí představit zajímavý úhel pohledu, který by v ní nezanechal pocit, že jí dal někdo facku?

Gary: Možná si budete chtít uvědomit, že někteří lidé nikdy neuslyší, co jim chcete říct, takže se neobtěžujte mluvit. To je to, co dělám já.

Dain: Uvědomíte si: „Páni, ona vlastně nechce nic změnit." To je zajímavý úhel pohledu. Má ho ve svém vesmíru a z nějakého důvodu to potvrzuje ne-zajímavý úhel pohledu, který si zvolila.

Gary: Proto si ho nechává.

Dain: Pokud se ti podaří dostat se na místo, kde jsi jen zajímavým úhlem pohledu, můžeš si říct: „Dobře, ta žena to vlastně nechce nechat být," a ve tvém světě to bude mnohem jednodušší. A může se stát, že tvé používání zajímavého úhlu pohledu je to jediné, co vytvoří energii, která jí umožní to nechat jít. Může to nechat jít, protože ty jsi v dovolení jejího úhlu pohledu.

Gary: Zajímavý úhel pohledu není ani tak o tom ho *vyslovit*, jako o tom jím *být* nebo se jím *stát*. Když se stanete zajímavým úhlem pohledu, stanete se energií, která nevyžaduje, abyste se s nějakým úhlem pohledu ztotožnili a souhlasili s ním, ani abyste se mu bránili a reagovali na něj. Jste schopni více vidět to, co je, a vybrat si. Celá myšlenka zajímavého úhlu pohledu spočívá v tom, že máte na výběr.

Dain: Žádáme vás, abyste řekli: „To je zajímavý úhel pohledu" a sledovali, co se v energii změní, abyste se mohli dostat na místo, kde můžete začít být zajímavým úhlem pohledu s mnohem větší lehkostí. Jak řekl Gary, nejde vždy o to, abyste to řekli, ale abyste tím *byli*. V tomto bodě vám vyslovení věty pomáhá vidět, jaká by byla energie, kdybyste se zabývali možností zajímavého úhlu pohledu. Když to vyslovíte, začnete se tím stávat

Otázka: Někdy, když v hlavě používám nástroje Access Consciousness, a zejména když používám zajímavý úhel pohledu, slyším nebo mám energii, která mě znehodnocuje. Je to, jako bych si nevěřila. Je to, jako by mi něco říkalo: „Nevěřím ti". Je to jen další zajímavý úhel pohledu? Nebo je to nějaká entita či bytostnost?

Gary: Ptáš se: „Je to moje, nebo někoho jiného?"

Aha, ok!

Gary: Dokud si neuvědomíš, že přebíráš myšlenky, pocity a emoce druhých lidí, budeš je okamžitě považovat za své. Většina lidí na světě je ochotna se v mžiku zhroutit. Jsou ochotni soudit sami sebe. Předpokládáš, že soud je tvůj. Musíš z toho vystoupit a říct si: „Dobře, zajímavý úhel pohledu, že mám tento soud." V devadesáti devíti tisících procentech případů ten soud ani není tvůj.

To jsou skvělé zprávy. Děkuji.

Gary: Doufám, že teď už máš nějaké povědomí o tom, co to je zajímavý úhel pohledu.

Otázka: S klientkou jsem absolvovala čtyři sezení Bars v průběhu asi šesti týdnů. Před dvěma týdny jsem jí dala nástroj Zajímavý úhel pohledu, protože nemohla vydržet sedět u stolu se svou osmdesátiletou tchyní, kdy tchyně stále mluvila o svých kamarádkách. Moje klientka pak odjela se svým manželem, tchyní a dalšími členy rodiny na týden do hor v Severní Karolíně. Viděla jsem ji zrovna před dvěma dny a o situaci s tchyní se ani jednou nezmínila. Mluvila jen o horách a ptácích, větru a potoku a o všech věcech, kterých si předtím nevšimla, protože už nebyla zahleděná do věcí ostatních. Bylo to velmi zajímavé.

Dain: Děkujeme, že ses s námi o to podělila. To je velmi dobrý postřeh. Jste-li zajímavým úhlem pohledu, začnete vnímat věci ve světě kolem vás, o kterých jste nikdy nevěděli, že existují.

Gary: A ke kterým jste nikdy neměli snadný přístup. Aha, proto tomu říkáme Access!

Dain: Toto malé prohlášení, zajímavý úhel pohledu, je jedním z největších klíčů ke království.

Gary už dlouho říká, že kdybyste byli ochotni používat: „Je zajímavý úhel pohledu, že mám tento úhel pohledu" po celý rok, ve vašem životě už nic nebude obtížné. Byli byste prostorem, který by umožnil naprostou lehkost.

Byli byste ochotni zavést to do svého života na příští týden? Při každém úhlu pohledu, který se objeví, při všem, co si myslíte, řekněte: „Zajímavý úhel pohledu, že mám tento úhel pohledu".

Gary: Dobře, lidi, teď tento rozhovor ukončíme. Máme vás všechny rádi. A brzy na popovídanou!

3

Žít v desetisekundových intervalech

Gary: Třetím klíčem je žití v desetisekundových intervalech, což znamená uvědomit si, že máte nekonečně mnoho možností. Když žijete v desetisekundových intervalech, žádná vaše volba není správná nebo nesprávná, žádná volba není dobrá nebo špatná. Volba je prostě volba a každých deset sekund můžete udělat novou.

Jeden můj známý řekl: „Volba vytváří vědomí, vědomí nevytváří volbu." Myslím, že to byl Dr. Dain Heer, ale nejsem si tím jistý, protože jsem si to při první příležitosti přivlastnil.

Dain: Někdo to říkal, vzpomínám si. V Access Consciousness slyšíte o nekonečné volbě, a tak trochu o tom pochybujete. Pak žijete svůj život a zase o tom pochybujete. Pak vidíte, co si vybírají ostatní lidé, a pochybujete o tom ještě víc. Všichni máme představu, že nekonečná volba ve skutečnosti nemůže existovat. Dokonce i tváří v tvář naprostému uvědomění a vědomí byste stále věřili na své představy, na bytostnost a na skryté agendy úhlu pohledu, že nekonečná volba ve skutečnosti nemůže existovat.

Gary: Zatímco spolu mluvíme, já jsem v Texasu a Dain v Kalifornii. To není volba, která by se mi nutně líbila. Nicméně jsem tady a starám se o své koně. Dospívám k nějakému závěru? Ne, každých deset vteřin si vybírám, co budu s koňmi dělat, jak na ně budu pohlížet a co je s nimi ještě možné. Pokaždé, když se rozhodnu, otevírám dveře do další úrovně vědomí volby. Idea desetisekundových intervalů volby spočívá v tom, že jakmile si něco vyberete, otevře to dveře k nekonečnému množství možností – ne k dalším omezeným možnostem.

Stále se snažíme dojít k závěru, zda je to správná, nebo špatná volba. Snažíme se neudělat takzvanou chybnou volbu. Myslíme si, že když eliminujeme „omyly" ve volbě, budeme mít větší výběr. Tak to ale nefunguje. Desetisekundové intervaly volby vám dávají nekonečně mnoho možností, které mohou ve vašem životě vytvořit něco většího, než jste kdy měli.

Dain: Gary říká, že volba vždy vede k dalším volbám. Chybně identifikujeme lež, že jakmile si něco vybereme, jsme v háji, protože si už nikdy nemůžeme vybrat nic jiného. Ve skutečnosti je to naopak. Musíte si vybrat, abyste měli k dispozici více možností. Když si nevybíráte, eliminujete možnosti, které máte k dispozici.

Gary: Abyste si mohli vybrat „správné" nebo „špatné", musíte soudit. A když soudíte, automaticky vylučujete možnost volby. Vylučujete možnost. Souzení vylučuje všechny možnosti.

Jaké představy, bytostnost a skryté agendy, jste učinili tak skutečnými, abyste nikdy neměli nekonečnou volbu jako realitu, že je ani tváří v tvář naprostému vědomí absolutně nezměníte, nezvolíte ani nepoupravíte? Všechno, co to je, godzilionkrát, zničíte to a přetvoříte, prosím? Right and wrong, good and bad, POD and POC, all 9, shorts, boys, POVADs and beyonds.

Otázka: Zřetelně se mi vybavila vzpomínka na dobu, kdy jsem byla malá a maminka mi řekla: „Když se v obchodě dotkneš nějakého jídla nebo čehokoli jiného, musíš si to nechat. Tak to je. To stejné platí jak o obchodě, tak o večeři na stole. Můžeme na to dát nějaký proces?

Gary: Na to by měl být tenhle proces dobrý.
Dobře.

Dain: Vždy, když se řídíme tím, co nám druzí říkají, vyřazujeme ze svého života možnost volby. V příkladu, který jsi právě uvedla, ti bylo řečeno, že když se něčeho dotkneš, tedy, že sis to vybrala, tak je to všechno, co můžeš mít.

Druhou stránkou toho je myšlenka, že pokud se něčeho nemůžeš dotknout, nikdy to nemůžeš mít. Tato myšlenka vylučuje vše, co ve fyzické realitě ještě neexistuje. Říká, že pokud něco nemáš před sebou (což znamená, že se toho nemůžeš dotknout), nemůže se to nikdy stát součástí tvé reality. Tento úhel pohledu by tě vedl k přesvědčení, že si nikdy nemůžeš vybrat nic, co nevidíš nebo na co si nemůžeš sáhnout.

Gary: A kdyby to mělo být jen něco, co můžeš vidět nebo čeho se můžeš dotknout, odřízla by sis nekonečnou možnost volby a nekonečné možnosti, což znamená, že bys nemohla mít generativní energii, která by mohla vytvořit život, jaký bys opravdu chtěla mít. Nikdy bys neměla na výběr všechnu generativní energii a možnosti, které jsou ti k dispozici. Měla bys svá omezení, a proto bys zákonitě tvořila a stavěla z omezených možností této reality.

Jaké představy, bytostnost a skryté agendy, jste učinili tak skutečnými, abyste nikdy neměli nekonečnou volbu jako realitu, že je ani tváří v tvář naprostému vědomí absolutně nezměníte, nezvolíte ani nepoupravíte? Všechno, co to je, godzilionkrát, zničíte to a přetvoříte, prosím? Right and wrong, good and bad, POD and POC, all 9, shorts, boys, POVADs and beyonds.

Myslím, že to souvisí s tím, že jsme vícerozměrní lidé, kteří chtějí všechno, a tak se bráníme tomu, co nemůžeme mít, i když ve skutečnosti chceme víc.

Gary: To je celá myšlenka desetisekundových intervalů volby. Všichni jsme nekonečné bytosti, které chtějí víc. Podíváte se do světa a řeknete si: „Tohle místo mi nemůže stačit. Jestli je tohle všechno, tak mě, prosím, Bože, pusť.“

Dokud si nezačnete vybírat z desetisekundových intervalů, nemůžete otevřít dveře k nekonečným volbám. Dokud nemáte nekonečnou volbu, nemůžete mít naprosto nekonečné bytí. A dokud nebudete mít naprosto nekonečnou volbu a naprosto nekonečné bytí, nemůžete mít zajímavý úhel pohledu a svou realitu. Ups! Chcete říct, že všechny tyto věci jsou postaveny jedna na druhé? Ano. Deset klíčů jsou jako pyramidy vědomí.

Dain: Líbí se mi, co jsi řekl. Tyhle věci spolu souvisí a jsou vzájemně propojené.

Otázka: Poslouchala jsem mnohokrát call o klíči číslo dvě, ale nezdá se mi, že bych byla blíže zajímavému úhlu pohledu. Cítím se spíš zmatená než znalá. Například když se rozhodnu pracovat na své netrpělivosti, nevím, jestli mám použít: Byla by nekonečná bytost netrpělivá? nebo Komu to patří? nebo Zajímavý úhel pohledu, že mám ten úhel pohledu. Možná je to pro mě příliš pokročilé.

Dain: Není to příliš pokročilé. Jsou to základní věci, ale jak jsme již řekli, vše je vzájemně propojeno. Tohle jsou klíče ke království. Co se stane, když přijdeš k zamčeným dveřím a máš svazek klíčů? Zkusíš jeden klíč, a když nefunguje, rozhodneš se, že se do dveří nedostaneš? Nebo vyzkoušíš všechny klíče ve svazku, dokud se ty zatracené dveře neotevřou? Vyzkoušíš všechny klíče, dokud se dveře neotevřou.

Jsou to klíče od dveří, které byly celý život zamčené. Vždycky jste si ty dveře přáli otevřít. Jen zkoušejte další klíč a další a další, dokud něco nevytvoří lehkost. Jakmile získáte správný klíč, budete se cítit lehčí. To, co je pro vás pravdivé, vám vždy dodá pocit lehkosti.

Mnoho lidí ještě nepochopilo, jak to funguje. Probíral jsem to s několika lidmi, kteří jsou součástí týmu Access Consciousness – s lidmi, se kterými pracujeme denně – a každý z nich mi řekl: „Víš, jaké to je, když máš pocit, že musí existovat ještě něco jiného, protože jsme se ještě nedostali k tomu, co mi přináší pocit lehkosti? Vím, že jsme se vlastně nedostali k tomu, co je pro mě kamenem úrazu. Vím, že to, co právě řešíme, je určitá část lži, ale také vím, že je tu ještě nějaké jiné místo, kam se musíme dostat."

S těmito nástroji je to stejné. Pokud tyto klíče použijete, ten, který vám dodá pocit lehkosti – nebo ten nejlehčí – je ten, který změní situaci nebo věc, která je v nepořádku. Jakmile ho použijete, vrátí věci do pořádku.

Jaké představy, bytostnost a skryté agendy, jste učinili tak skutečnými, abyste nikdy neměli nekonečnou volbu jako realitu, že je ani tváří v tvář naprostému vědomí absolutně nezměníte, nezvolíte ani nepoupravíte? Všechno, co to je, godzilionkrát, zničíte to a přetvoříte, prosím? Right and wrong, good and bad, POD and POC, all 9, shorts, boys, POVADs and beyonds.

Otázka: Bránila jsem se myšlence žít v deseti sekundových intervalech, protože mi celý život říkali, že měním názory jako záchodové prkénko – nahoru a dolů. Čtu energii, takže se mi neustále názory mění. Snažím se rozhodnout, jestli se mám stát facilitátorkou Access Consciousness a odjet na Kostariku. Jeden den mám lehký pocit a druhý den ne. Potřebuji s tím nějak poradit.

Gary: Co je špatného na tom, že měníš názory?

Když neustále měním svůj názor, jak se vlastně mám rozhodnout?

Gary: Snažíš se rozhodnout na základě: „Ano, chci jet." nebo „Ne, nechci jet." Nevybíráš si na základě: Co tato volba vytvoří? Musíš se ptát: „Když si vyberu toto, rozšíří to mou realitu a bude pro mě všechno lepší?"

Chápu. Nepokládám si správnou otázku.

Gary: Ano. Neudělala jsi další krok, kterým je položení otázky: „Co tahle volba způsobí?" Celá myšlenka desetisekundových intervalů volby spočívá v tom, aby sis uvědomila, že každá volba něco vytváří.

Musíš se ptát: „Co tahle volba vytvoří? Vytvoří v mém životě více nebo méně?" Pokud to přinese více, pak ses rozhodla. Ale ve skutečnosti to není rozhodnutí, je to úroveň vědomí.

Mimochodem, to, že neustále měníš názor, je skvělá věc, ne špatná. Jen jsi neměla ten chybějící kousek skládačky – otázku: „Co tahle volba v mém životě vytvoří?".

Ano, to je pravda. Nikdy jsem neměla pocit, že bych mohla být v první řadě, kde si budu vybírat pro sebe. Vždycky jsem vybírala za všechny ostatní.

Gary: To je částečný problém humanoidů. Vždycky si uvědomujete, co potřebují, chtějí, vyžadují a po čem touží všichni ostatní, a nemáte ponětí, jaké jsou vaše potřeby, přání a touhy, protože si říkáte: „Mohla bych si vybrat cokoli!".

Je pravda, že si můžete vybrat cokoli, ale to proto, že jste ochotni mít víc než ostatní lidé. Většina lidí se celý život snaží eliminovat výběr, takže mají jen omezenou nabídku. Jsou ochotni jít do McDonaldu jen proto, že znají tamní jídelní lístek. Rozhodli se, že nebudou chodit na jiná místa a zkoušet nové věci.

Dain: Většina lidí na této planetě neví, že je tento způsob fungování možný. Takže když uslyšíte něco, po čem se vám uleví, víte: „Super, možná je to další možnost, kterou mohu začlenit do svého života a žití, a uvidím, jak by mi to mohlo vyhovovat."

Z nekonečné volby děláme své představy. Děláme z ní bytí. Děláme z ní skryté agendy, které nemůžeme nikdy pochopit. Nic z toho to není.

Jaké představy, bytostnost a skryté agendy, jste učinili tak skutečnými, abyste nikdy neměli nekonečnou volbu jako realitu, že je ani tváří v tvář naprostému vědomí absolutně nezměníte, nezvolíte ani nepoupravíte? Všechno, co to je, godzilionkrát, zničíte to a přetvoříte, prosím? Right and wrong, good and bad, POD and POC, all 9, shorts, boys, POVADs and beyonds.

Gary: Neuděláte volbu, pokud nevíte, jaký bude její výsledek nebo jak ovlivní někoho jiného. Nekladete si otázku: „Co tahle volba vytvoří v mém životě?". Volba je zdrojem tvorby, ale místo toho, abychom si vybírali, snažíme se ze svého života eliminovat věci, abychom nevytvořili něco „špatného".

Dain: Nakonec máme malý vesmír, ve kterém se děje jen velmi málo věcí, protože jsme vyřadili mnoho možností, které jsou skutečně možné. Omezili jsme náš vesmír na malou sféru vlivu, kterou můžeme ovládat, namísto nekonečných možností, které jsou k dispozici.

Gary: Lidé například říkají, že právě teď prožíváme technologickou revoluci. Pokud nejste technologicky zdatní, najednou nejste v dosahu volitelných položek. Nemůžete si vybrat nic, co není technologicky pokročilé, ani se nemůžete stát sami technologickou volbou. Svou volbu jste omezili svou nedostatečnou technickou zdatností.

Vždycky je to nedostatek, který vás omezuje – nikdy ne možnost. Nikdy vás neomezuje možnost.

Otázka: Když jsem byla mladší, na každou mou volbu se pohlíželo s despektem nebo byla považována za špatnou, takže jsem musela přijít na to, proč je špatná nebo proč nefunguje pro lidi v mé rodině.

Gary: Ano, to nás tady v podstatě učí. Nesouhlas je hlavním zdrojem pro vytvoření volby v této realitě.

Celá myšlenka desetisekundových intervalů spočívá v otevření dveří k jiné možnosti. Buď můžeš koupit od své rodiny, že má pravdu, nebo si můžeš vybrat sama.

Dain: To je nápad! Život se zlepší, když si začneš vybírat sama.

Gary: Ano, já vím.

Jaké představy, bytostnost a skryté agendy, jste učinili tak skutečnými, abyste nikdy neměli nekonečnou volbu jako realitu (a taky nikdy nemít nekonečné štěstí, protože to by bylo opravdu špatné), že je ani tváří v tvář naprostému vědomí absolutně nezměníte, nezvolíte ani nepoupravíte? Všechno, co to je, godzilionkrát, zničíte to a přetvoříte, prosím? Right and wrong, good and bad, POD and POC, all 9, shorts, boys, POVADs and beyonds.

Gary: Daine, jak jsi vůbec přišel na to, že štěstí má něco společného s volbou?

Dain: Je to přesně tak! Když jsme tento proces rozběhli, uvědomil jsem si, že nemůžete mít štěstí, pokud nemáte možnost volby. Pokud nechápete, že máte možnost volby, nemůžete mít štěstí.

Gary: To je pravda.

Dain: A pokud si nevybíráme v desetisekundových intervalech, nemůžeme se dostat na místo, kde je pro nás štěstí volbou. Uvízneme v neštěstí všeho, co vidíme kolem sebe ve světě všech ostatních. Chováme se, jako by to bylo skutečné a pravdivé a my to museli koupit a žít podle toho.

Gary: Já vím. Úžasné, že?

Všechno, co to je, godzilionkrát, zničíte to a přetvoříte, prosím? Right and wrong, good and bad, POD and POC, all 9, shorts, boys, POVADs and beyonds.

Jaké představy, bytostnost a skryté agendy, jste učinili tak skutečnými, abyste nikdy neměli nekonečnou volbu jako realitu, že je ani tváří v tvář naprostému vědomí absolutně nezměníte, nezvolíte ani nepoupravíte? Všechno, co to je, godzilionkrát, zničíte to a přetvoříte, prosím? Right and wrong, good and bad, POD and POC, all 9, shorts, boys, POVADs and beyonds.

Otázka: Mohl bys pohovořit o použití slova bytostnost v tomto procesu?

Gary: *Bytí* je, když jste pouze přítomni. *Bytostnost* je, když něco děláte, abyste něco dokázali. Je to: „Vidíte, teď dělám tohle, a proto jsem takový."

Kolikrát už jsi uklízela? Když uklízíš svůj dům, děláš to jako bytostná uklízečka? Děláš to jako bytostná služka, která uklízí dům? Děláš to s bytostností typu „Nesnáším to"? Jsi jako hospodyňka celou svou bytostností? Nebo jen uklízíš? Jsi prostě přítomná a zvládáš to rychle?

Děkuji! To je geniální.

Dain: Jaké představy, bytí a skryté agendy, jste učinili tak skutečnými, abyste nikdy neměli nekonečnou volbu jako realitu, že je ani tváří v tvář naprostému vědomí absolutně nezměníte, nezvolíte ani nepoupravíte? Všechno, co to je, godzilionkrát, zničíte to a přetvoříte, prosím? Right and wrong, good and bad, POD and POC, all 9, shorts, boys, POVADs and beyonds.

Gary: Děkuji za tuto otázku. Prohloubilo to proces.

Dain: Jaké představy, bytí a skryté agendy, jste učinili tak skutečnými, abyste nikdy neměli nekonečnou volbu jako realitu, že je ani tváří v tvář naprostému vědomí absolutně nezměníte, nezvolíte ani nepoupravíte? Všechno, co to je, godzilionkrát, zničíte to a přetvoříte, prosím? Right and wrong, good and bad, POD and POC, all 9, shorts, boys, POVADs and beyonds.

Otázka: Když něco uklízím, automaticky chci, aby to bylo čisté, nebo si myslím, že jsem dobrý člověk, nebo že to dělám moc hezky. To je téměř automatické. Když jsi uvedl tenhle příklad, bylo to tak jasné a užitečné. Ráda bych, abys o tom řekl víc, abych tomu lépe porozuměla.

Gary: *Bytostnost* je něco, co děláte, abyste dokázali, že něčím jste. Když něčím *jste*, nepřemýšlíte. Prostě tím jste. Nemáte na to žádný úhel pohledu. Prostě děláte, co je třeba.

Pokud si tenhle hovor poslechneš ještě několikrát po tom, co jsme udělali ještě trochu více procesů, bude ti to jasnější. Pochopíš to na zcela nové úrovni. Tento proces tě odemkne od života typu „musím dokázat, že jsem hodná holka tím, že udělám tohle" nebo „musím dokázat, že mi na věcech záleží" nebo „musím dokázat (cokoli)". Bytostnost je vždy o tom, že se snažíš dokázat, že něco děláš; nikdy to není o tom, že něco děláš jen proto, že to děláš ráda.

Než jsem se dostala k desetisekundovým intervalům volby, vždycky jsem měla pocit, že musím nějak shlížet do negativního světa ostatních, abych určila, co mám dělat nebo čím mám být, aby se ostatní nemuseli potýkat s negativními věcmi, se kterými se potýkají. Myslela jsem si, že když nějak dokážu odstranit negativitu z jejich světa, nebudu muset být negativní ani já, ani oni.

Dain: V tomhle úhlu pohledu není žádná lehkost, je v něm trvalý stav souzení.

Gary: Ano, a vždy se snažíte vybírat si podle potřeb, přání, požadavků nebo tužeb ostatních lidí – a nikdy ne podle svých.

Otázka: Nemám problém s výběrem v desetisekundových intervalech, pokud jde o věci jako smrkání nebo mytí rukou, protože to nemá žádné dlouhodobé dopady.

Gary: Když říkáš „dlouhodobé dopady", souhlasíš se závěrem, že když se rozhodneš, bude to navždy, a nejen na deset sekund.

Je těžké si představit, že bych dala výpověď v práci nebo se rozvedla v desetisekundových intervalech.

Gary: Kdyby ses rozváděla nebo opouštěla zaměstnání po deseti sekundách, musela by sis vybrat, jestli chceš být v tom vztahu, v té práci nebo v tom podnikání.

Otázka: Spíše se zaseknu na možnostech, o kterých jsem se rozhodla, že jsou omezené, než abych byla skutečně otevřená všem možnostem. Mohu použít klíč deseti sekund na ty oblasti, ve kterých jsem uvízla, například když se zaseknu na nápadech, jak začít podnikat? Mohu jej použít k usnadnění prolomení kruhu omezených možností, které jsem zřejmě dala sama sobě?

Dain: Zkus spustit:

Jaké představy, bytí a skryté agendy, jste učinili tak skutečnými, abyste nikdy neměli nekonečnou volbu jako realitu, že je ani tváří v tvář naprostému vědomí absolutně nezměníte, nezvolíte ani nepoupravíte? Všechno, co to je, godzilionkrát, zničíte to a přetvoříte, prosím? Right and wrong, good and bad, POD and POC, all 9, shorts, boys, POVADs and beyonds.

Otázka: Jsou chvíle, kdy si nejsem jistá, co si vybrat, třeba když si kupuji jízdenku nebo něco podobného. Podívám se na energii a zeptám se: „Když si vyberu tohle, jaká bude energie v mém životě za tři měsíce, za šest měsíců nebo za devět měsíců?". Je něco, co byste doporučili? Je ještě něco, na co bych se měla ptát?

Gary: Všimla sis, že se ti tímto výběrem otevírají možnosti v různých oblastech života?

Ano.

Gary: Když se rozhoduješ, vlastně si vybíráš, jaká bude tvá budoucnost. Nevybíráš si ji na základě reality někoho jiného.

Ano, přesně tak to vypadá.

Dain: Jaké generování a vytváření prostoru ne-vědomí nekonečné volby a desetisekundových intervalů volby jako absolutní nereality používáte k uzamknutí se do pozičních HEPADs*, které zavádíte, abyste se dostali do negativních prvků realit, které jsou realitami neexistence bez volby jiných lidí? Všechno, co to je, godzilionkrát, zničíte to a přetvoříte, prosím? Right and wrong, good and bad, POD and POC, all 9, shorts, boys, POVADs and beyonds.

Gary: Není to něco, co by vám mělo dávat smysl. Má to uvařit vaši mysl, abyste se mohli změnit a měli naprostou svobodu změny.

Otázka: Co to jsou poziční HEPADs?

Dain: Kdykoli zaujmete nějakou pozici nebo pevný úhel pohledu, vytváříte HEPADs. H znamená handicap, E znamená entropii, P znamená paralýzu, A znamená atrofii a D znamená destrukci.

Kdykoli nejste v zajímavém úhlu pohledu o něčem, vytvoříte poziční HEPADs. Jsou velkou částí toho, co vytváří v tělech lidí blokace, kdy se zdá, že už nemohou být flexibilní. HEPADs se také podílejí na vzniku nemocí v tělech lidí a v jejich myslích.

Gary: HEPADs jsou všechny věci, které vytvářejí život v této omezené realitě. Jsou to všechny způsoby, kterými si bráníte v neomezené realitě.

---

* Viz slovníček pojmů.

Na život v desetisekundových intervalech a na ostatní nástroje jsem se díval jako na věci tak jednoduché a snadné, že jsem si nedokázal představit, že by je lidé nedokázali používat. Tento kurz Deset klíčů pro mě byl velkým darem. Umožnil mi pochopit, proč lidé nedokážou používat to, co se mi zdá tak přímočaré a samozřejmé.

Dain: Po jedenácti letech strávených ve tvé blízkosti jsem si všiml, že funguješ jinak než kdokoli jiný, koho znám, nebo o kom jsem na této planetě slyšel.

Díky těmto hovorům o Deseti klíčích poznávám, že všichni máme předpoklady k tomu, abychom fungovali z místa lehkosti. To je realita, ze které vidím, že ty funguješ. Většina lidí pravděpodobně ani neví, jaké to je.

Těm z vás, kteří Garyho neznají, bych rád řekl, že bez ohledu na to, co se mu v životě děje, a jemu se v životě děje všechno to, co nám všem, nevybírá si těžkosti, traumata ani dramata. Bez ohledu na to, co přijde, i když je to trauma a drama ve světě někoho jiného, vždy se s tím vyrovnává s lehkostí. Vidím, že si vybírá věci, které vytvoří lepší budoucnost, i když se zdá, že dnes nemají smysl. Částečně to dokáže proto, že funguje podle těchto Deseti klíčů.

Takže pokud jste na tomto callu a říkáte si: „Tak nějak to chápu, ale tak nějak to nechápu, a nechci, aby někdo věděl, že to nechápu, protože chci dělat Access Consciousness správně," prosím, neřešte to. Neodsuzujte se. Jen si uvědomte, že je to příležitost vybrat si žít z úplně jiného místa. Jde o lehkost, radost a bujaré vyjádření života. Je to o tom, že dovolíte, aby se obtíže života vytrácely s tím, jak se lehkost stává stále více přítomnou.

Gary: Mluvil jsem s jednou ženou z Nového Zélandu, která zuřila, protože se k ní přistěhoval vnuk, a pokaždé, když přišel do kuchyně, nechal tam nepořádek.

Zeptal jsem se jí: „Tak a co s tím děláš?"

Řekla: „No, uklidím po něm a řeknu mu, co si o tom myslím. Říkám mu, že je hrozný a že by to neměl dělat a že s tím musí přestat a tak podobně. Ale nikdy se to nezmění."

„Proč uklízíš tu kuchyň? Kvůli němu, nebo kvůli sobě?", zeptal jsem se.

„No, kvůli sobě samozřejmě."

„Opravdu? Tak proč k tomu máš výhrady? Má rád, když tam nechá nepořádek. Myslí si, že je to větší zábava, když to nechá neuklizené. Takže to neuklízíš kvůli němu, ale kvůli sobě."

„Ale já to uklízím kvůli němu."

Ne, neuklízíš. Uklízíš to kvůli sobě. Kdybys neměla úhel pohledu, že uklízíš po něm, změnilo by to všechno na tom, jak to funguje?"

Za týden mi zavolala a povídá: „Děkuji. Jakmile jsem si uvědomila, že uklízím kuchyň kvůli sobě, veškeré obviňování zmizelo. Neměla jsem žádný úhel pohledu. Prostě jsem řekla: ‚Dobře, je tu nepořádek,' a uklidila jsem to. A pak najednou po sobě začal uklízet i můj vnuk."

Já na to: „Ano, změň úhel pohledu a oni změní ten svůj."

Dain: Jaké generování a vytváření prostoru ne-vědomí nekonečné volby a desetisekundových intervalů volby jako absolutní nereality používáte k uzamknutí se do pozičních HEPADs, které zavádíte, abyste se dostali do negativních prvků realit, které jsou realitami neexistence bez volby jiných lidí? Všechno, co to je, godzilionkrát, zničíte to a přetvoříte, prosím? Right and wrong, good and bad, POD and POC, all 9, shorts, boys, POVADs and beyonds.

Gary: Jedním z důvodů, proč mluvíme o tomto desetisekundovém intervalu jako o prostoru s absencí myšlenek, je to, že lidé stále říkají: „A co moje mysl? Nedokážu si srovnat myšlenky v desetisekundových intervalech. Copak se mi změnila mysl?"

Není to o vaší mysli. Jde o to, abyste si pro sebe vytvořili jinou realitu. V prostoru nekonečné volby se začíná vytvářet jiná realita. Chcete jinou realitu? Toto je cesta, jak se do ní dostat.

Všechno, co to je, godzilionkrát, zničíte to a přetvoříte, prosím? Right and wrong, good and bad, POD and POC, all 9, shorts, boys, POVADs and beyonds.

Otázka: Mohl bys ten prostor bez myšlenek trochu více rozvést, Gary?

Gary: Stále se snažíme hledat zdroj tvorby v mysli. Mysl však může definovat pouze to, co už známe. Mysl je jen předstíráním bytí. Je to bytostnost. Mysl je v podstatě bytostnost, kterou se snažíte definovat to, co jste si vybrali. Pokud máte prostor bez mysli, vstupujete do prostoru naprosté volby. Neomezená volba vychází z prostoru. Absence myšlenek začíná vytvářet prostor. Výběrem z prostoru se vám vždy ukáže, co se volbou, kterou učiníte, vytvoří.

Volba něco vytváří, to není mysl?

Gary: Správně. Tvá mysl může pouze definovat, nemůže tvořit. Tvoje volba může tvořit, ale ty tvoříš svůj život a svou realitu pouze tehdy, jestliže jsi v prostoru neomezené volby.

Děkuji.

Dain: Mysl vytváří bytostnost, takže věříme, že jsme svou myslí. Naše mysl pumpuje bytostnost za bytostností, protože když fungujeme z mysli, nikdy se nedostaneme k bytí.

Máme bytostnosti, které nic nevytvářejí. Tyto bytostnosti jsou založeny na definicích, které si naše mysl stanoví. Na základě těchto definic vytváříme bytostnost a divíme se, proč nevytváříme nic většího, než jsme měli v minulosti. Vy jako bytosti jste tvořiví a generativní a vaše volba je tvořivá a generativní. Vaše mysl je vždy konečná a definující.

Jaké generování a vytváření prostoru ne-vědomí nekonečné volby a desetisekundových intervalů volby jako absolutní nereality používáte k uzamknutí se do pozičních HEPADs, které zavádíte, abyste se dostali do negativních prvků realit, které jsou realitami neexistence bez volby jiných lidí? Všechno, co to je, godzilionkrát, zničíte to a přetvoříte, prosím? Right and wrong, good and bad, POD and POC, all 9, shorts, boys, POVADs and beyonds.

Gary: Lidé se snaží fungovat na základě mysli místo pocitu prostoru, kterým je absence mysli. Jakmile se dostanete do pocitu tohoto prostoru, pak fungujete na základě desetisekundového intervalu volby.

Byl jsem ve stáji s koňmi a přišla ke mně jedna dívka. Řekla: „Nenávidím tě a bla, bla, bla.“

Řekl jsem: „Dobře.“

A ona na to: „Jak to myslíš, ‚dobře'?"

Řekl jsem: „No, jestli mě chceš nenávidět, tak je to v pořádku. Mně je to jedno. Je to tvoje volba."

Ona řekla: „Já si to nechci volit."

„Tak proč si to vybíráš?" zeptal jsem se.

Stála tam a koktala: „Ehm, no, no, no..."

Zeptal jsem se: „Jsi si vědoma psychických schopností?"

Odpověděla: „Ano."

Zeptal jsem se: „Je ten pocit nenávisti skutečně tvůj, nebo je to pocit někoho jiného?"

Odpověděla: „Je někoho jiného!"

Zeptal jsem se: „Takže mě opravdu nenávidíš?"

Řekla: „Ne, já tě miluju!"

Já na to: „Dobře, fajn"

Kdybych fungoval na základě své mysli, nemohl bych se rozhodnout reagovat tak, jak jsem reagoval. Moje mysl by se snažila přijít na to, co se s ní děje a proč se tak rozhodla. Jediné, co vaše mysl dělá, je, že vás žene do *proč* reality. Stále běháte v kruhu, abyste mohli zůstat v bludišti zvaném mysl. Mysl je úžasným bludištěm.

Dain: A když se na to podíváte, mysl je vždy řadou soudů o tom, co je správné nebo nesprávné, dobré nebo špatné, pozitivní a negativní, zapnuté nebo vypnuté.

Jaké generování a vytváření prostoru ne-vědomí nekonečné volby a desetisekundových intervalů volby jako absolutní nereality používáte k uzamknutí se do pozičních HEPADs, které zavádíte, abyste se dostali do negativních prvků realit, které jsou realitami neexistence bez volby jiných lidí? Všechno, co to je, godzilionkrát, zničíte to a přetvoříte, prosím? Right and wrong, good and bad, POD and POC, all 9, shorts, boys, POVADs and beyonds.

Otázka: Když zjistíš, že se nacházíš v prostoru mysli, jak z toho prostoru vystoupíš?

Gary: Můžeš se zeptat: „Dobře, chci pokračovat v této volbě?" Ano nebo ne? Ne? Dobře. Nebo se můžeš zeptat: „Vybrala by si tohle nekonečná bytost?" Nebo můžeš říct: „Zajímavý úhel pohledu, že mám tento úhel pohledu". Máš možnost volby.

Když se vrátím k tomu, co jsi říkal předtím o přítomnosti, je to prostor nekonečné volby?

Gary: Ano. Když jsi zcela přítomná a zcela vědomá, vytváříš prostor pro naprostou volbu.

Co by bylo potřeba udělat, abychom jí byli neustále?

Gary: Pokud použijete tyto nástroje, začnete to vytvářet. Ale musíte je používat. Zjistil jsem, že většina lidí, kteří dělali kurz Foundation a Level One, si nástroje jednou přečetla a pak řekli: „No, přečetli jsme si je a nic nám to nedalo."

Ne, měli byste je používat každý den, celý den po dobu nejméně šesti měsíců až jednoho roku. Na konci roku budete mít takovou míru svobody, jakou jste nikdy v životě neměli.

Neustále používám zajímavý úhel pohledu, že mám tento úhel pohledu. Díky tomu se mohu pohybovat v mnoha dalších prostorech. Říkal jsi: „Stačí si vybrat jeden nástroj a u toho zůstat." To je pravda. Přesně to dělám a vytváří to mnohem větší lehkost.

Gary: Skvělé. Pokud si vezmeš jeden z těchto nástrojů a budeš s ním pracovat nepřetržitě po dobu šesti měsíců, změní se celý tvůj život. Kdyby ses každému z nástrojů věnoval šest měsíců, změnilo by se ve tvém světě všechno. Ale vždycky je to o volbě.

Mohl bys to zopakovat?

Gary: Vezmi si každý z těchto nástrojů a pracuj s ním po dobu šesti měsíců. Řekněme, že jsi použila zajímavý úhel pohledu, že mám tento úhel pohledu po dobu šesti měsíců. Vytvořilo by se místo, kde bys už nikdy neměla úhel pohledu, že ti na nějakém úhlu pohledu záleží. Pro většinu z vás by pravděpodobně fungovalo, kdybyste to dělali tři měsíce, ale určitě by pro vás fungovalo, kdybyste to dělali šest měsíců.

Dobře! Vybírám si to. Všude kolem mě je spousta projekcí a je zajímavý úhel pohledu, že...

Gary: Lidé do nás neustále něco projikují. Když použijete zajímavý úhel pohledu, že mám tenhle úhel pohledu, najednou si řeknete: „Tohle mě nezajímá. Proč z toho dělám něco významného?" Díky tomu jsou věci mnohem jednodušší.

Otázka: Udělal jsi mi „zářez", pořádný zářez. Tehdy jsem nevěděla, že se tomu říká zářez, ale uvědomila jsem si, že jsem tak posedlá kontrolou, že si uzavírám možnosti volby a omezuji si život.* Prostě jsem nemohla být mimo *kontrolu**. Nemohla jsem mít příliš mnoho věcí, nemohla jsem mít hodně peněz, abych nebyla mimo kontrolu. Včera jsem si dala požadavek, že se té kontroly zbavím, a zdá se mi, že teď funguju spíš z prostoru, kde chybí mysl. Je to tak jiné!*

Gary: Není to zábava?

Ano! Děkuji!

Dain: No ne, ona si to užívá!

Gary: S kontrolujícími maniaky je to tak, že se vždycky snaží mít věci pod kontrolou, aby si to moc neužívali.

Gary: Daine, udělejme ten proces ještě jednou.

Dain: Jaké generování a vytváření prostoru ne-vědomí nekonečné volby a desetisekundových intervalů volby jako absolutní nereality používáte k uzamknutí pozičních HEPADs, které zavádíte, abyste se dostali do negativních prvků realit, které jsou realitami neexistence bez volby jiných lidí? Všechno, co to je, godzilionkrát, zničíte to a přetvoříte, prosím? Right and wrong, good and bad, POD and POC, all 9, shorts, boys, POVADs and beyonds.

Otázka: Mohl bys prosím uvést příklad bytí a života v desetisekundových intervalech? Je to otázka „Co dál?" každých deset sekund?

Dain: Dobře, tady je příklad. Často mluvím se svou koordinátorkou pro komunikaci o plánech na kurzy nebo akce, které se někdy mohou konat až za šest měsíců. Když jsme spolu začínali spolupracovat, vycházeli jsme při výběru kurzu z informací, které jsme v té době měli k dispozici. Učinili bychom to reálné a pevné a stal by se z toho závěr. Fungovali jsme spíše na základě závěru, který jsme uvedli do světa, než abychom byli v neustálém procesu kladení si otázek.

To se začalo měnit, když jsme se začali více otevírat skutečnosti, že můžeme mít i jiné možnosti a že se věci mohou časem změnit. Někdy se v našem světě rozsvítila nějaká energie nebo jsme dostali nějakou

---

* Viz slovníček pojmů.

novou informaci a řekli jsme si: „Počkat. Je tu něco, na co se musíme podívat. Možná potřebujeme změnit název, možná potřebujeme změnit místo nebo možná potřebujeme ten kurz zrušit."

V jednu chvíli jsem měl v plánu uspořádat několik seminářů v konferenčním centru ve Švédsku. Původně jsem chtěl vést kurz Být sám sebou mění svět. O chvíli později jsem si řekl: „Víte co? Musíme to změnit." Nebylo to něco, na co by lidé byli připraveni.

Chvíli poté mi moje koordinátorka pro komunikaci řekla: „Něco mi tu nehraje. Co bychom měli udělat jinak?" To je součást desetisekundových intervalů volby. Podívala se na kurz, který jsme měli naplánovaný, a řekla: „Ať už jsme chtěli udělat cokoli, nebude to fungovat. Je třeba se vrátit ke kurzu Být sám sebou mění svět. Teď to bude fungovat, protože vesmír se změnil a je k dispozici něco jiného."

Změnili jsme tedy název kurzu a zdálo se, že je to opravdu dobré. Najednou se objevili lidé, kteří se ho mohli zúčastnit, zatímco před několika měsíci by toho nebyli schopni.

Gary: Po dlouhé době, kdy jsem se věnoval Access Consciousness, jsem se dostal do bodu, kdy mi bylo jedno, co dělám. Na ničem mi nezáleželo. Kde bys chtěl jíst? Je mi to jedno. Co bys chtěl dělat? Je mi to jedno. Na co by ses chtěl dívat v televizi? Je mi to jedno. Na ničem nezáleželo, nic nebylo podstatné, nic nebylo důležité, nic pro mě nebylo žádoucí.

Tak jsem si řekl: „Dobře, mám deset sekund na to, abych prožil zbytek života. Co bych si teď vybral?" Uvědomil jsem si, že jsem se celý život rozhodoval na základě potřeb, přání, požadavků a tužeb jiných lidí, protože to bylo snadné. Od té chvíle, kdy jsem se oženil, jsem si nikdy nesedl a nevybral si sám za sebe.

Řekl jsem: „Dobře, půjdu ven. To je deset sekund. Co teď budu dělat? Půjdu si přivonět k té růži. Dobře, to jsem udělal. Mám deset sekund, co bych chtěl dělat teď?" Začal jsem si uvědomovat, že jsem ztratil schopnost vybrat si více než tři věci.

Neměl jsem nekonečnou možnost volby. Ani v mém světě nebylo, že bych něco takového mohl mít. Teď vím, že to můžu mít, a vím, že můžu získat, cokoli chci. Vím, že o cokoli požádám, to mi bude doručeno, a výsledkem bude přesně to, co se objeví.

Stále funguji po desetisekundových intervalech. Dnes jsem byl na ranči se svými koňmi a věděl jsem, že musím být se všemi u toho callu. Mohl jsem jít k Annie domů, kde jsou koně, a vyřídit ten call odtamtud. Bylo by to tam klimatizované, pohodlné a příjemné. Druhou možností bylo vrátit se do hotelu. Zeptal jsem se: „Dům? Hotel?" Řekl jsem si: „Hotel mi připadá lehčí, udělám to z něj." Vrátil jsem se do hotelu a bylo dobře, že jsem to udělal, protože jsem měl mezi rančem a hotelem spoustu věcí na práci. Nikdy bych všechny ty věci nemohl udělať, kdybych nešel do hotelu. Byl to okamžik, kdy jsem věděl, že jít do hotelu je to správné. Věděl jsem, že je to správné, protože mi to přišlo lehké. Byla to volba, která nakonec otevřela dveře asi dvanácti dalším možnostem během necelých patnácti minut.

Dain: Další věc je, že ve tvém světě nebyl žádný závěr. Neřekl jsi: „Musím to udělat tady" nebo „Musím to udělat tam". Byl jsi otevřený všemu, co by vytvořilo největší lehkost nebo největší počet možností. Zdá se, že spousta lidí říká: „Dejte mi správný závěr, který bude platit stále."

Gary: Když jsem se o tomto nástroji začal zmiňovat ostatním, říkával jsem: „Svět je plný lvů, tygrů, medvědů a jedovatých hadů a vy se s nimi setkáte, když vyjdete ze dveří. Co byste si vybrali právě teď, kdyby vás měli v příštích deseti sekundách sežrat? Co kdybyste věděli, že v příštích deseti sekundách zemřete?"

Můj otec zemřel, když mi bylo 17 let. Před svou smrtí udělal něco, co mě rozzlobilo, a dva roky jsem s ním nepromluvil. Během toho dvouletého období se se mnou snažil „usmířit", ale já jsem si to nenechal líbit. Můj postoj byl: „Urazil jsi mě, ty kreténe, a už se s tebou nikdy nebudu bavit."

Zemřel a já si uvědomil: „To rozhodnutí, které jsem udělal před dvěma lety a kterého jsem se tak vehementně držel, mě připravilo o možnost strávit s otcem poslední minuty, které mi mohly objasnit, jaké to bylo být tam, kde byl on."

Zjistil jsem, že už dva roky věděl, že umírá. Mohli jsme mít lepší vztah? Mohl jsem ho lépe poznat? Ano. Spousta věcí mohla být jinak. Než zemřel, neřekl jsem mu, že ho mám rád.

Pro mě to bylo poznání, že je třeba říct, co je pro nás pravdivé dnes, a nečekat na zítřek. Co kdyby někdo zemřel deset sekund poté, kdy s vámi domluvil? Chtěli byste, aby poslední věc, kterou jste mu řekli, byla: „Jsi zasraný kretén?". Nebo chcete, aby poslední věc, kterou byste mu řekli, byla „Jsem vděčný, že tě mám ve svém životě"?

Co byste chtěli říct v posledních deseti sekundách svého života? Co byste chtěli slyšet v těch posledních deseti sekundách? Co byste chtěli udělat v posledních deseti sekundách svého života? Kdybyste měli zemřít a věděli, že máte jen deset sekund, co by pro vás bylo nejdůležitější? Když se na to podíváte, začnete si uvědomovat, co je pro vás důležité a co ne, co chcete, aby bylo významné, a co je nepodstatné.

Dain: To velmi pomáhá.

Otázka: Před několika týdny jsem měla velké problémy se školou, kde pracuji, a s tím, jak autoritativně se ke mně chovají. Šla jsem domů a poslechla si první hodinu Energetické syntézy společenství a něco se stalo. Řekla jsem si: „Páni, já se spojím se školou, učiteli a dětmi." A to jsem také udělala. Touto desetisekundovou volbou se toho tolik změnilo. Teď jsou lidé opravdu, opravdu milí a ve škole je to úplně bez problémů.

Gary: Není to námaha, není to něco, co děláš. Prostě jen jsi a dovolíš si zvolit způsob, jakým jsi to udělala, a to změní celou realitu.

Ano, je to jiná realita. Bylo to tak snadné.

Gary: Teď si musíš říct: „Dobře, to byla dobrá desetisekundová volba. Jaké další možnosti mám teď? A jak mohu využít všechno, co mám k dispozici, a všechno, co znám, jinak, než jak to dosud využil kdokoli jiný?".

Otázka: Co děláte, když víte, že někdo umírá, a snažíte se těch deset sekund prožít nebo mu ukázat: „Hele, zbývá jen deset sekund," ale on to neslyší?

Gary: Nemůžete někoho donutit, aby slyšel něco, co slyšet nechce. Měli jsme 92letou kamarádku Mary, která s námi žila. Mary umírala a řekla: „Chtěla bych teď odejít."

„Tak co tě tady drží?" zeptal jsem se.

„No, nejsem si jistá.", řekla. „Je něco, co bys chtěla vědět, než odejdeš?", zeptal jsem se.

„Ano, chci vědět, kam půjdu dál."

„Proč se sama nerozhodneš, co budeš mít příště? Kdybys měla jít do svého příštího života, jaké bys chtěla, aby to bylo?"

Uvedla celou řadu věcí a já jsem řekl: „Jestli chceš, můžeš to mít."

„Můžu?", zeptala se.

Řekl jsem: „Ano, je to všechno otázka volby. Je to tvoje volba. Kdybys chtěla, aby tvůj život vypadal právě takhle, udělej to, požádej o to. Nech, aby se ti to ukázalo."

Řekla, „To je skvělé," a asi o měsíc později se jí konečně podařilo odejít. Vyjasnění její ochoty vytvořit si cíle pro další život jí to umožnilo.

Pro mnoho lidí, zejména pokud jsou katolíci nebo metafyzici, je nutné vytvořit si cíle pro další život. Musí to udělat předtím, než mohou odejít. Pak je to následující desetisekundový interval: Dobře, příštích deset sekund umíráte. Co bude dál? Co si vyberete?

A jak říkáš, pokud se nechtějí změnit, je to jejich volba, je to tak?

Gary: Ano, je to jejich volba. Z jejich úhlu pohledu nemají desetisekundový interval volby jako realitu. Věří, že musí dělat správné nebo špatné rozhodnutí. Pokud někdo není ochoten slyšet, že existuje desetisekundový interval volby, musíte uznat, že si to tak vybral, a říct: „Zajímavá volba, je to tvoje volba," ne z úhlu pohledu správné nebo špatné volby, ale z úhlu pohledu: „To by nebyla volba, kterou bych udělal já, ale jdi do toho. Dělej to, co pro tebe funguje."

Dain: Přejdu k dalšímu procesu, se kterým přišel Gary, protože to je další geniální proces.

Jaké generování a vytváření toho, že nebýt, dělat, mít, tvořit, generovat a zavádět cokoliv a vše podle libosti jako vymazávání vaší reality používáte k uzamknutí se do pozičních HEPADs, které zavádíte, abyste se vinili, že jste nenapravili svět? Všechno, co to je, godzilionkrát, zničíte to a přetvoříte, prosím? Right and wrong, good and bad, POD and POC, all 9, shorts, boys, POVADs and beyonds.

Gary: Uvědomuje si někdo z vás, že si vyčítáte, že jste si nevybrali správnou věc, abyste udělali svět lepším?

Ano.

Gary: Dobře.

Dain: Jaké generování a vytváření toho, že nebýt, dělat, mít, tvořit, generovat a zavádět cokoliv a vše podle libosti jako vymazávání vaší reality používáte k uzamknutí se do pozičních HEPADs, které zavádíte, abyste se vinili, že jste nenapravili svět? Všechno, co to je, godzilionkrát, zničíte to a přetvoříte, prosím? Right and wrong, good and bad, POD and POC, all 9, shorts, boys, POVADs and beyonds.

Gary: Pokud si nevybíráte v desetisekundových intervalech, nemůžete napravit svět. Jediné, co můžete napravit, je minulost, protože když se nerozhodujete v desetisekundových intervalech, už nejste v přítomnosti.

Dain: Jinými slovy, na to, abyste byli v přítomnosti, musíte fungovat v desetisekundových intervalech.

Gary: Pokud nefungujete v desetisekundových intervalech, fungujete z minulosti. A když fungujete z minulosti, nemůžete nic napravit, nemůžete nic zlepšit a nemůžete vůbec nic vytvářet.

Dain: Pokud nefungujete v desetisekundových intervalech, buď vycházíte z minulosti, nebo se promítáte do budoucnosti...

Gary: To znamená, že fungujete podle toho, jaká by budoucnost *mohla* být.

Dain: Jaké generování a vytváření toho, že nebýt, dělat, mít, tvořit, generovat a zavádět cokoliv a vše podle libosti jako vymazávání vaší reality používáte k uzamknutí se do pozičních HEPADs, které zavádíte, abyste se vinili, že jste nenapravili svět? Všechno, co to je, godzilionkrát, zničíte to a přetvoříte, prosím? Right and wrong, good and bad, POD and POC, all 9, shorts, boys, POVADs and beyonds.

Gary: Dlouho jsem se snažil o to, aby si lidé vytvářeli vlastní realitu.

Nechápal jsem, proč to nemůžou udělat. Pak jsem si uvědomil, že to nedokážou, protože nerozumějí žádnému z deseti klíčů. Pokud nedělají desetisekundové intervaly volby, nemohou si vytvářet realitu. Mohou si vytvořit realitu založenou pouze na minulosti, která s nimi v přítomnosti nemá nic společného.

Dain: To je právě ono, pokud se to týká fungování z minulosti. Nemá to s vámi nic společného v přítomnosti. Fungujete na základě všech ostatních věcí, které jste si ustanovili – na základě představ, bytostností a skrytých agend. Ty nemají nic společného s tím, kdo jste. Je to šílené!

Otázka: Existují tři oblasti, ve kterých se cítím být omezena v desetisekundových intervalech volby. Chci to odstranit, protože bych chtěla zažít něco jiného. Zaprvé, jsem ve stresu z toho, jak mám fungovat v desetisekundových intervalech. Vím, že než si vyberu něco jiného, uplyne mnohem více než deset sekund. Co by bylo potřeba udělat, abych se v tomto směru uvolnila nebo si uvědomila, jak plyne těch *deset sekund?*

Gary: Díváš se na oněch deset sekund, jako by to byl pevně stanovený čas. Ve skutečnosti jde jen o rozhodnutí, které musíš v tomto okamžiku učinit. Jde o to: „Co bych si chtěla vybrat právě teď?". Používání této otázky si musíš nacvičit. Řekněme, že si vlezeš do vany zeptáš se: „Dobře, co bych si teď ráda vybrala? Chci teplejší vodu." Dobře. Těch deset vteřin je pryč. Pak si řekneš: „Ještě není dost horká." Dobře, rozhodneš se pro dalších deset sekund horké vody. „Pořád není dost horká." Dobře, uděláš dalších deset sekund.

Stále se snažíš dojít k závěru, co je deset sekund, místo abys viděla, že jde o to naučit se si vybírat. Nikdy ses neučila si vybírat; učila ses dělat to, co je správné. Takže tvůj stres objevující se u desetisekundových intervalů není nenormální. Je to normální, protože tě nikdy nikdo nenaučil si vybírat.

Děkuji. Vidím, že jsem se pohybovala převážně ve vesmíru bez možnosti volby. To mě přivádí k druhé části *otázky. Co je to vybírání si nebo skutečná volba? Když uvádíte nějaký příklad, je to vždy něco, co je akcí nebo něco, co můžete udělat, například regulovat teplotu vody. Ale kdyby to bylo mých posledních deset sekund a já se sama sebe zeptala, co bych si vybrala, moje první myšlenka by byla: „Chtěla bych být v oceánu a plavat s delfíny." To by byla moje první volba. Ale to se za deset vteřin nestane.*

Gary: Musíš začít tam, kde jsi, a naučit se vybírat si. Celá tahle myšlenka spočívá v tom, že se naučíš si vybírat. Stále se snažíš dělat ty nejlepší volby.

Volby, které bych preferovala.

Gary: Ne, ne volby, které bys preferovala. Musíte se naučit vybírat si po deseti sekundách. Děláš: „Tohle by byla nejlepší volba." To je závěr; to není volba. Špatně jsi identifikovala a použila závěr jako volbu. Kolik z vás nesprávně identifikovalo a aplikovalo volbu jako závěr a závěr jako volbu?

Všechno, co to je, godzilionkrát, zničíte to a přetvoříte to, prosím? Right and wrong, good and bad, POD and POC, all 9, shorts, boys, POVADs and beyonds.

Poslední část mé otázky se týká volby z prostoru, protože většinu času mám pocit, že volím z energetické kazajky. Líbí se mi, když mám pocit prostoru.

Gary: Abys získala pocit prostoru, stačí vyjít před dveře a zeptat se: „Dobře, chci dát pravou nohu před levou nebo levou před pravou?". Zvol si jednoduché kroky. Učili tě, aby ses vrhla do závěru, abys to udělala správně a abys dělala jen to, co je správné. To není volba. To je posuzování. To je další věc, kterou jsi v souvislosti s volbou špatně identifikovala a používala. Domníváš se, že souzení je volba a volba je souzení.

Všechno, co to je, godzilionkrát, zničíte to a přetvoříte to, prosím? Right and wrong, good and bad, POD and POC, all 9, shorts, boys, POVADs and beyonds.

Jde o to naučit se vybírat si. Mám deset sekund na to, abych si vybral zbytek svého života, co si vyberu? Dobře, deset sekund vypršelo. Mám deset sekund na to, abych si vybral zbytek svého života, co bych si vybral? Učíte se, jak si vybírat. Účelem je, abyste se naučili, jak si vybírat, ne abyste si vybrali správně.

Říkáš, že si vybíráš něco, co za těch deset sekund můžeš skutečně udělat?

Gary: Ano, protože jedině tak se naučíš si vybírat.

Ok, děkuji.

Gary: Tvoje verze zní asi takhle: „Co by bylo nejlepší udělat?" To je založeno na posuzování a na tom, co jsi ještě neudělala a chtěla bys to udělat.

Dain: Nejde o to, aby to bylo správně. Jde o to naučit se si vybírat. Co kdyby ses na Deset klíčů podívala z tohohle úhlu pohledu: „Už bych měla Deset klíčů dokonale umět, tak mě nechte, ať se zapojím do hovoru".

Co kdyby ses na to podívala takhle: „Je čas dozvědět se něco o Deseti klíčích a o tom, jak si je mohu vybrat, uplatnit je a používat ve svém životě."

Jedna z Garyho dcer chtěla navštěvovat hodiny baletu, ale předtím, než začala chodit na kurz, chtěla mít soukromou výuku. Chtěla vědět, jak se balet dělá, než se přihlásí do kurzu. Tohle děláme pořád. Myslíme si, že bychom měli být dokonalí v něčem, co ještě neumíme. Než jste šli do školy, uměli jste číst? Nebo jste šli do školy, abyste se tam něco naučili?

Všechno, co jste udělali, abyste nakoupili, že máte dokonale ovládat Deset klíčů, což je důvod, proč jste na tomto callu, zničíte a přetvoříte to, prosím, a dovolíte si naučit se všechny tyto věci i to, jak si je vybrat a zavést je do života? Right and wrong, good and bad, POD and POC, all 9, shorts, boys, POVADs and beyonds.

Gary: To vše se týká učení se být nekonečnou bytostí. Skutečně by si nekonečná bytost zvolila tohle? Jde o to naučit se poznat, co by si nekonečná bytost vybrala. Zajímavý úhel pohledu, že mám tento úhel pohledu je o poznání, že devadesát procent toho, co vnímám, není moje.

Desetisekundové intervaly jsou o tom, jak se vymanit z posuzování. Jde o to naučit se vybírat si bez souzení. Je to velký dar. Usnadní vám to život. Vyrazí vám to dech. Ale musíte to dělat bez soudů. Musíte si jenom vybrat.

A překonat strach z toho, že udělám chybu.

Gary: Pokud se rozhoduješ po deseti sekundách, nemůžeš udělat chybu. Řekneš: „Dobře, špatná volba. Co si chci vybrat teď?" V deseti sekundových intervalech není prostor pro hodnocení. Můžeš si pouze vybírat.

Dain: Jinými slovy, výběr po deseti sekundách vylučuje posuzování. Pokud skutečně chápeš, že si za deset sekund můžeš vybrat něco jiného, proč bys tuhle volbu soudila? Prostě bys přešla k něčemu jinému. V samotném nástroji je cesta ven z omezení, pro které ho používáš.

To je nádhera.

Dain: Jaké generování a vytváření toho, že nebýt, dělat, mít, tvořit, generovat a zavádět cokoliv a vše podle libosti jako vymazávání vaší reality používáte k uzamknutí se do pozičních HEPADs, které zavádíte, abyste se vinili, že jste nenapravili svět? Všechno, co to je, godzilionkrát, zničíte to a přetvoříte, prosím? Right and wrong, good and bad, POD and POC, all 9, shorts, boys, POVADs and beyonds.

Teď mi přišlo zajímavé uvědomění. Pokud věříte, že každá z vašich voleb sama o sobě nestačí k nápravě světa, popírá to nějak vaši ochotu, schopnost, možnost a hodnotu volby?

Gary: Pouze absolutně, zcela a neodvolatelně.

Dain: Všechno, co jste udělali pro to, abyste koupili, že každá volba je příliš malá na to, aby skutečně změnila svět, a všechno, co jste udělali pro to, abyste koupili, že všechny volby, které můžeme společně učinit, by v součtu změnily svět, ale nemohou nikdy vzniknout, zničíte a přetvoříte to, prosím? Right and wrong, good and bad, POD and POC, all 9, shorts, boys, POVADs and beyonds.

Gary: Daine, tahle genialita je jedním z důvodů, proč tě zbožňuju. Pokaždé, když si vyberete, v každičký okamžik otevíráte dveře k větším možnostem. Vaše volba je vlastně darem vesmíru. Musíte si vybírat – a naučit se vybírat – tak, aby vám každá volba otevřela dveře k dalším možnostem, což pomůže světu.

Dain: To je síla, kterou odmítáme být.

Gary: Jakmile zjistíte, že vaše volba otevírá dveře, můžete si vybrat a pak říct: „Aha, tahle volba nefungovala! Další volba." Uděláte to bez odsuzování. Neberete tuto volbu ve světě jako něco, co se nedá změnit. Tím, že se rozhodnete znovu, otevřete dveře jiné možnosti.

Dain: Jaké generování a vytváření toho, že nebýt, dělat, mít, tvořit, generovat a zavádět cokoliv a vše podle libosti jako vymazávání vaší reality používáte k uzamknutí se do pozičních HEPADs, které zavádíte, abyste se vinili, že jste nenapravili svět? Všechno, co to je, godzilionkrát, zničíte to a přetvoříte, prosím? Right and wrong, good and bad, POD and POC, all 9, shorts, boys, POVADs and beyonds.

Gary: Chcete-li napravit svět, naučte se vybírat – ne ze soudu, ale z volby.

Dain: Vybírejte si z volby jen proto, že můžete. Až budete tyto nástroje nějakou dobu používat a vaše soudy už vás nebudou vláčet, možná si řeknete: „Co je špatně?". Děje se to, že jste se dostali na místo, které popisoval Gary, kde je vám jedno, kde jíte. Můžete klidně celý den sedět na gauči a dívat se na televizi. Je to zvláštní pocit, protože už nejste tlačeni a taháni všemi různými směry tak jako dřív. Dříve jste si mysleli, že to naznačuje, že si musíte něco vybrat, ale ve skutečnosti je to prostor, kde začíná skutečná volba.

Volba pochází z tohoto prostoru, nikoli z pevnosti, která vás udeří do hlavy a jestliže se jí snažíte vrhnout do světa. Jedná se o prostor, který nemá žádnou pevnost, žádné mentální konstrukce a žádnou tíhu, na kterou jste možná zvyklí.

Jaké generování a vytváření toho, že nebýt, dělat, mít, tvořit, generovat a zavádět cokoliv a vše podle libosti jako vymazávání vaší reality používáte k uzamknutí se do pozičních HEPADs, které zavádíte, abyste se vinili, že jste nenapravili svět? Všechno, co to je, godzilionkrát, zničíte to a přetvoříte, prosím? Right and wrong, good and bad, POD and POC, all 9, shorts, boys, POVADs and beyonds.

Gary: Už musíme jít. Jsem velmi vděčný za vaše otázky a doufám, že chápete, že smyslem učení se volbě je, abychom si nemuseli stále dokola vybírat stejný problém, ale abychom měli jinou volbu. Každých deset sekund si můžete vybrat jinak. To je nejdůležitější koncept, který můžete v životě získat.

Dain: Je to opravdu o praxi. Je to něco, co se učíte a co se i já učím každý den víc a víc. Není to něco, v čem už byste měli být dokonalí. Možná jste si ještě nevybrali. Možná právě teď ani nevíte, co to je volba – ale když budete pokračovat v praxi, začnete chápat, co je volba.

Tohle jste se předtím neučili. To je v pohodě. Neznamená to, že je s vámi něco v nepořádku. Prosím, dál si vybírejte, procvičujte a prosím, užívejte si tohle skvělé dobrodružství fungování z místa, ze kterého ještě téměř nikdo na této planetě nefungoval. Planeta vás potřebuje. A teď je náš čas.

4

Žijte v otázce

Gary: Ahoj všichni. Dnes večer si budeme povídat o čtvrtém klíči: Žít v otázce.

Dain: V této realitě nás všechny učili nežít v otázce. Konkrétně nás učili, abychom nefungovali jako otázka. Máme být odpovědí.

Gary: Všechno je o tom, mít odpověď. Učili nás, že máme hledat odpověď, najít odpověď a být odpovědí, protože když dostaneme správnou odpověď, budeme mít v životě všechno v pořádku. Což mimochodem není pravda.

Dain: Prodali nám lež, že se mýlíme, pokud se na něco musíme zeptat – nemůžete mít pravdu, jestliže jste se na něco zeptat museli. To je naprostý nesmysl.

Gary: Prvním krokem k životu v otázce je pokládat otázky. Budete-li se stále ptát, dostanete se do bodu, kdy budete otázkou, a najednou přestanete mít potřebu se ptát, protože budete fungovat z otázky zvané absolutní vědomí. Absolutní vědomí je vždy otázkou. Už se nemusíte ptát, protože celý váš život spočívá v tom, že jste otázkou.

To je to, co máme na mysli, když žijeme v otázce.

Otázka: Od dětství až do dospělosti mi bylo vrozené klást otázky. S přibývajícím věkem jsem byla za příliš mnoho otázek zesměšňována

nebo ignorována, a tak jsem to postupně přestala dělat. Přestala jsem být
v otázkách, což bylo místo, kde jsem cítila největší radost, růst a rozvoj.
Mohl bys nám, prosím, poskytnout proces, jak zrušit souzení se za mnohaletě
přebírání pocitu, že jsem hloupá, pitomá, pomalá nebo ne dost chytrá?

Gary: Jaké generování a vytváření otázek jako vrozené nesprávnosti
používáte k potvrzení vámi zvolených pozičních HEPADs, které
z odpovědí dělají realitu a z otázek ztělesnění hlouposti, natvrdlosti
a pomalosti? Všechno, co to je, godzilionkrát, zničíte to a přetvoříte?
Right and wrong, good and bad, POD and POC, all 9, shorts, boys,
POVADs and beyonds.

Otázka: Co myslíš tou natvrdlostí?

Gary: Natvrdlost je myšlenka, že nejsi dost chytrá na to, abyste
věděla, co je pravda. Je to nemít vědomí. Ve skutečnosti nejsi natvrdlá
– ale můžeš předstírat, že jsi, pokud chceš! Natvrdlost je, když ve
skutečnosti využíváš energii k tomu, abys byla méně než vědomá.

Vynaložila jsi obrovské množství energie na to, abys byla tak
natvrdlá, abys mohla žít v této realitě? Ups, fakt jsem to řekl? Zničíš
to a přetvoříš to všechno? Right and wrong, good and bad, POD and
POC, all 9, shorts, boys, POVADs and beyonds.

Jaké generování a vytváření otázek jako vrozené nesprávnosti
používáte k potvrzení vámi zvolených pozičních HEPADs, které
z odpovědí dělají realitu a z otázek ztělesnění hlouposti, natvrdlosti
a pomalosti? Všechno, co to je, godzilionkrát, zničíte to a přetvoříte?
Right and wrong, good and bad, POD and POC, all 9, shorts, boys,
POVADs and beyonds.

Otázka: Když jsem byla malá a na něco jsem se zeptala, rodina mi říkala:
„Zvědavost je největší zločin. Na nic se neptej.“

Gary: Jo, v naší rodině se říkalo: „Zvědavost zabila kočku. Zabije
i tebe?“ Moc vtipné, že ano?

Zjistil jsem, že důvodem, proč se mi snažili zabránit v kladení otázek,
bylo to, že na ně nikdy neměli smysluplnou odpověď. Pokládal jsem
další otázky do té doby, dokud mi něco nedávalo smysl, a pak jsem se
přestal ptát. Protože nedokázali odpovědět dostatečně rozumně, aby
mě přiměli přestat, snažili se mi zabránit v kladení otázek. Zažila jsi
něco podobného?

Všechno, co to je, godzilionkrát, zničíte to a přetvoříte to? Right and wrong, good and bad, POD and POC, all 9, shorts, boys, POVADs and beyonds.

Lidé vám dávají hloupé odpovědi, které nedávají smysl, a vy si říkáte: „Jak tohle může být odpověď?" Pokud máte alespoň špetku vědomí, dojde vám, že odpovědi, které vám dávají, jsou hloupé a bezcenné.

Proč jste nemohli dostat odpověď na svou otázku? Protože vy máte dvacet deka vědomí, zatímco všichni ostatní mají vědomí jen deko. Vaše otázka pro ně byla příliš bystrá na to, aby na ni dokázali odpovědět!

Jedna žena mi řekla: „Byla jsem nejhloupější člověk v rodině."

Zeptal jsem se: „Na základě čeho jsi tak usoudila?"

„No, když mi bylo pět let, řekli mi, že jsem přehnaně snaživá."

Zeptal jsem se: „Víš, kdo je přehnaně snaživý?"

Zarazila se a řekla: „To je někdo, kdo se musí víc snažit, protože je hloupější."

Řekl jsem: „Ne, to je někdo, kdo je tak chytrý, že musí dělat víc, než dokáže kdokoli jiný!"

„Cože?" řekla, „Já jsem nebyla hloupá?"

To se stalo, když jí bylo pět let, a teď je z ní padesátiletá žena. Posledních pětačtyřicet let si myslela, že je nejhloupějším členem rodiny, protože byla přehnaně snaživá – ale nevěděla, co to je.

Lidé vám takové věci říkají, když jste dítě, a vy nemáte ponětí, co tím myslí, a tak si jejich slova přetváříte po svém. Předpokládáte, že být nadprůměrně úspěšný je něco špatného. Takže když jsem špatný, musím se mýlit, a když se mýlím, musím být hloupý.

Všude, kde jste se pro tohle rozhodli, zničíte to, prosím, a přetvoříte godzilionkrát? Right and wrong, good and bad, POD and POC, all 9, shorts, boys, POVADs and beyonds.

Jaké generování a vytváření otázek jako vrozené nesprávnosti používáte k potvrzení vámi zvolených pozičních HEPADs, které z odpovědí dělají realitu a z otázek ztělesnění hlouposti, natvrdlosti a pomalosti? Všechno, co to je, godzilionkrát, zničíte to a přetvoříte? Right and wrong, good and bad, POD and POC, all 9, shorts, boys, POVADs and beyonds.

Otázka: Mám pocit, že jsem se zastavila, když jsi mluvil o přehnané snaživosti.

Měla jsem na to obrovskou emocionální reakci. Vrátila se mi vzpomínka, kdy rodiče byli nesmírně vyděšení pokaždé, když jsem se na něco zeptala. Když se na něco zeptám, stále mám pocit, že se chystám spáchat zločin. Připadá mi to jako velký problém a potí se mi dlaně. Co bych mohla udělat, abych zničila a přetvořila tuto automatickou reakci při položení otázky?

Gary: Kolik lží jsi nakoupila, že je špatné se ptát? Všechno, co to je godzilionkrát, zničíš to a přetvoříš? Right and wrong, good and bad, POD and POC, all9 , shorts, boys and beyonds.

Nakoupili jste lži, že je špatné se ptát? Kolik lží používáte, abyste si mysleli, že je špatné se ptát nebo být otázkou, kterou skutečně jste? Všechno, co to je, godzilionkrát, zničíte to a přetvoříte? Right and wrong, good and bad, POD and POC, all 9, shorts, boys, POVADs and beyonds.

Mluvil jsi o tom, být chytrý. Moje rodina sice uznávala a byla za to ráda, že jsem chytrá, ale já se kvůli tomu cítila bezmocná, protože se zdálo, že navzdory svému vědomí, navzdory své chytrosti, nejsem schopná mít na to, co se kolem mě děje, pozitivní vliv. Co mohu udělat, abych se posunula z této identity, že ať se děje cokoli, ať jsem jakkoli chytrá nebo vědomá, stále budu zaseknutá v selhání?

Gary: Možná budeš muset udělat něco hrozného.

Jako co?

Gary: Vybrat si proti své rodině.

Ach…

Gary: Můj otec zemřel, když mi bylo sedmnáct. Chtěl jsem jít do armády. Chtěl jsem se dát k námořnictvu. Matka mi řekla: „Musíš jít na vysokou školu. Pokud nepůjdeš na vysokou, tvůj otec se bude obracet v hrobě. Byla to jediná věc, kterou po tobě chtěl." Tak jsem šel na vysokou.

Na vysoké škole jsem byl tři roky. Přijel jsem domů na návštěvu a zjistil, že se moje mladší sestra se stala tzv. holy roller. To jsou lidé, kteří se v kostele valí uličkou a křičí: „Ano, Ježíši! Ano, Ježíši!"

V tu dobu mi bylo asi dvacet. Sestra mi řekla: „Pokud nevěříš v Ježíše, půjdeš to pekla!"

Řekl jsem: „No, abych byl upřímný, nejsem si jistý, že věřím v Boha." Vběhla do domu a začala vyvádět, protože jsem nevěřil v Boha.

Matka jí řekla: „Neboj se, zlato. To jsou jen hloupé nápady, které pochytil ve škole."

Mě matka nutila jít na vysokou školu, protože si myslela, že se otec bude obracet v hrobě, když tam nepůjdu, a její úhel pohledu byl, že jsem na vysoké škole pochytil jen hloupé nápady.

Podíval jsem se na to a řekl jsem jí: „To je praštěné. Říkáš mé sestře, že je to hloupost, kterou jsem se naučil na škole, a mně říkáš, že musím jít na vysokou, protože jinak jsem hloupý. Promiň, ale tohle je na hlavu postavené!"

Začal jsem propadat ve škole, jen abych jí dokázal, že se mýlí. Nakonec jsem se na to podíval a řekl si: „Víš co? To je taky hloupost! Proč se snažím matce dokázat, že má pravdu, tím, že dokazuji, že jsem hloupý, když chodím do školy, a že jsem hloupý, když nechodím do školy, a že jsem hloupý, když ve škole propadám, a čemu se tu sakra snažím věřit?"

Mohl by tedy někdo z vás, kdo se stále snaží zavděčit svým žijícím nebo dávno mrtvým rodičům, s tím přestat a raději si položit otázku:

Jak hloupí byli moji rodiče? Všechno, co to je, godzilionkrát, zničíte to a přetvoříte? Right and wrong, good and bad, POD and POC, all 9, shorts, boys, POVADs and beyonds.

Otázka: Když jsem poprvé zažila, že jsem v otázce, připadalo mi to jako nic. Nepřipadalo mi to jako to, co říkáte vy. Když se ptám, připadá mi, že jsem v bahně. Připadá mi, že jsem v mysli.

Dain: Všechno, o čem ses rozhodla, že je žití v otázce – a všechno to, jak si myslíš, že to budeš cítit — je projekce z úhlu pohledu. To není otázka.

Gary: Všechno, co jste se rozhodli o tom, jaké bude žití v otázce a jak to bude vypadat, zničíte to a přetvoříte to godzilionkrát? Right and wrong, good and bad, POD and POC, all 9, shorts, boys, POVADs and beyonds.

Dain: Máte-li způsob bytí, který se týká této reality, fungujete na základě odpovědi. Vykrucujete se z ochoty být otázkou, jako by to byla nějaká ohavnost.

Když to uděláte, nastavíte své tělo tak, aby bylo fyzickým ztělesněním této reality a neslo toto břemeno za vás, abyste se nemuseli každý okamžik každého dne vykrucovat z otázky.

Gary: Vaše tělo se musí s vědomím sžít stejně jako vy. Je úžasné, k jakým změnám může dojít ve vašem těle a ve vašem spojení se vším kolem vás, když žijete jako otázka. Vaše tělo je smyslový orgán, který vám poskytuje informace. Říká vám, co se kolem vás děje. Pokud s ním nejste ochotni být ve spojení, odříznete si devadesát procent toho, co jste schopni vnímat, vědět, být a přijímat. Je tohle místo, kde chcete žít?

Dain: Vaše tělo je příspěvkem k souhrnu energie, kterou v této realitě vnímáte.

Gary: Je to to, co si sami vytváříte. Proto spouštíme tento proces. Pomůže vám žít v otázce. Také vám pomůže absolvování pokročilého kurzu o těle.

Dain: Lidé se ptají: „Co má sakra kurz o těle pro pokročilé společného s tím, abychom mohli žít v otázce?"

Procesy pokročilého tělesného kurzu zpracovávají věci, které se odemknou, takže místo toho, aby vám na ramenou seděl supertěžký slon zvaný „tato realita", začne váš slon hubnout. Bude pak jednodušší být tím, o čem jsme mluvili.

Otázka: Byla jsem na tělesném kurzu pro pokročilé, který byl úžasný, a uvědomila jsem si, že mé otázky vycházely z mysli. Teď se zdá, že přicházejí z jiného prostoru.

Gary: Ano. Takhle to přesně funguje. Tvoje tělo musí s tebou držet stejné tempo. Takže absolvuješ Bars, Foundation, Level One, Level Two, Level Three a základní tělesný kurz, který musíš absolvovat minimálně dvakrát, abys mohla jít na pokročilý tělesný kurz, protože pokud jsi dostatečně nepokračovala s tělem, výsledky, kterých dosáhneš, budou poloviční než ty, kterých dosáhne někdo jiný. A potom kurz Energetická syntéza bytí. S tímhle vším máš velkou šanci vybrat si zcela jinou realitu – pokud je to to, co bys ráda měla. Takže, jak jsem řekl. To byla moje třicetisekundová pozvánka.

Otázka: Poslouchala jsem hovor o tom, jak Gary přišel za Dainem na chiropraktické sezení. Bylo to poprvé, co se setkali. Dain pracoval na Garyho těle, aniž by se ho dotkl, a Gary zaznamenal skvělé výsledky.

Věřit tomu by pro mě bylo něco jako slepá víra. Nevěřím ničemu, dokud to nevidím. Je to trochu jako v dětství. Když jsem šla večer spát, plakala jsem, protože jsem nevěřila v Ježíše. Říkali mi, že když v něj nebudu věřit, půjdu do pekla, tak jsem si dávala záležet, abych si myslela, že věřím, i když jsem v hloubi duše věděla, že nevěřím.

Takže pokud tomu nevěřím, proč jsem minulý měsíc byla na Dainově kurzu Energetické syntézy bytí? Proč se snažím věřit věcem, kterým nevěřím? Hodně mi dávají energetická čištění a práce s tělem, a to sama s těly pracuji. Věřím v léčení energií. Ale dokud ji necítím, nevidím nebo se jí nedotknu, nemohu jí věřit. Je to nedostatek důvěry a správnost mého pohledu na slepou víru? Co je to za příběh, že se mu tak bráním?

Gary: Co když je myšlenka slepé víry tím, jak se zaslepuješ vůči víře v sebe? Ups.

Všechno, co to je, godzilionkrát, zničíš to a přetvoříš? Right and wrong, good and bad, POD and POC, all 9, shorts, boys, POVADs and beyonds.

Jsem v odporu vůči přijímání a vůči Energetické syntéze bytí. * *Je to o tom, že nejsem schopna přijímat něco, čemu nerozumím? Je to otázka kontroly? Potřebuji více informací? Co je tady ještě možné?*

Gary: Když se ptáš: „Je to otázka kontroly?", je to otázka, nebo je to odpověď, za kterou dáváš otazník, jako by ti to tím mělo přinést jasnost?

Dain: Tohle dělá hodně lidí. Mají odpověď nebo závěr a na konec připojí otazník. Tváří se, jako by kladli otázku, a diví se, že jim to neotevírá žádné dveře. Otázka vždy otevře dveře k vědomí. Odpověď vám vždy poskytne více něčeho, o čem jste se už rozhodli.

Gary: A odpověď tě udržuje ve stejných kolejích, v kterých jsi fungovala. Především v těch, které nefungovaly.

---

* Viz slovníček pojmů.

Dain: Otázka otevírá dveře mimo dráhu, po které se pohybuješ.

Gary: „Potřebuji více informací?" není otázka. Pokud jsi zmatená, frustrovaná nebo máš pocit, že něco není úplně v pořádku, potřebuješ víc informací. Není to otázka „Potřebuji informace?". Je to „Kde získám potřebné informace, které mi přinesou větší jasnost a lehkost?".

Zkus se zeptat: „Co je zde ještě možné?" To je správná otázka. Co je zde ještě možné, co jsem ještě nebyla ochotna vnímat, poznat, být a přijmout? O čem ses rozhodla, že tomu musíš věřit, čemu když nevěříš, nemůžeš tím být?

Co kdybyste byli tak velcí, že byste si jako nutnost své velikosti definovali nutnost věřit ve svou velikost? Koupili jste, že jí můžete být jen tehdy, když ji dokážete definovat? Všechno, co to je, godzilionkrát, zničíte to a přetvoříte? Right and wrong, good and bad, POD and POC, all 9, shorts, boys, POVADs and beyonds.

Dain: Řekla jsi, že musíš definovat svou velikost, abys jí mohla být, ale tahle otázka zřejmě ukazuje, že abys mohla něčemu věřit, musíš to nejdříve definovat, než v to můžeš věřit, než to můžeš mít, než tím můžeš být.

Gary: Všechno, co to je, godzilionkrát, zničíš to a přetvoříš? Right and wrong, good and bad, POD and POC, all 9, shorts, boys, POVADs and beyonds.

Dain: Co kdybys nemusela ničemu věřit nebo to definovat, abys tím mohla být?

Gary: Daine, když jsem poprvé přišel do tvé ordinace, věřil jsi, že vím, o čem mluvím?

Dain: Eh, ne.

Gary: Myslel sis, že jsem blázen?

Dain: Ano, mírně řečeno. Vyměňovali jsme si sezení a já věděl, že když na mně pracuješ, něco se děje. Cítil jsem, jak se moje realita mění. Ale vůbec jsem nevěřil ve svou schopnost něco ti darovat nebo ti přispět. Na tom nezáleželo. Víra s tím neměla nic společného.

Gary: Co na tom, že nešlo o víru? Co když je to o tom, že si něco vybereš? Na tom prvním sezení jsem ti řekl: „Prostě věř tomu, co víš, a zeptejte se mého těla, co pro něj můžeš udělat." A ty ses na to zeptal. Je to tak?

Dain: Jo, řekl jsi: „Budeš vědět, co máš dělat." Část mého já vycházela ze starého místa víry a pochybností, ale byla tam i část, kterou to lákalo a vzrušovalo. Ta část mého já řekla: „Opravdu? Budu vědět, co mám dělat?" Překračovala přesvědčení, že nemám žádné schopnosti a nejsem pro nikoho žádným přínosem.

Gary: To je nejdůležitější aspekt. Musíte být ochotni položit si otázku a překročit své omezené přesvědčení. Jediný způsob, jak se dostanete za hranice toho, čemu věříte, je položit otázku.

Dain: To, co je za hranicí toho, čemu věříte, je to, co je skutečně možné. To, co je za hranicí toho, čemu věříte, je to, co skutečně víte. Je to to, co můžete vnímat, co můžete přijímat a čím můžete být.

Gary: Žít v desetisekundových intervalech volby je začátkem poznání, že máte nekonečnou volbu. Bohužel to většina lidí nechápe. Snaží se vytvořit si závěr, soud nebo odpověď, díky nimž pro ně bude všechno fungovat, jako by to bylo skutečně možné. To, co vám doporučuji, je položit si otázku: „Když udělám tuto volbu, co vytvořím?". Máš nějaký takový příklad ze svého života, Daine?

Dain: Měl jsi na mysli něco konkrétního, příteli můj?

Gary: Jedna žena chtěla za tebou přijít a strávit s tebou noc, a ty ses na ni podíval a zeptal ses...

Dain: Ano, je to tak. Zeptal jsem se: „Když se pro to rozhodnu, bude to přínos pro můj život a žití? Vytvoří to pro mě více, nebo méně?" Položit si tuto otázku bylo velmi odlišné od fungování z mého obvyklého závěru, který zněl: „Sex? Ano. Ženy? Ano. Určitě."

Položil jsem tedy tuhle otázku a dostalo se mi úplně jiného vědomí, než jsem byl ochoten mít dříve. Je to energie, na kterou se díváte. Když se zeptáte: „Když si vyberu tohle, bude to pro můj život a žití přínosem?", získáte pocit nebo představu o tom, jaké to bude, když si danou věc vyberete.

Viděl jsem, že být s touto ženou nevytváří energii, kterou bych si přál mít ve svém životě. Sex s ní nebyl pro můj život přínosem. Mnohem spíš jsem měl pocit, že to bude vysávání mého života. Řekl jsem si: „Víš co? Ani kvůli sexu si to nejsem ochoten zvolit."

To je pro mě zásadní změna. Zdá se, že každý máme alespoň jednu oblast, kde jako bychom popírali svou ochotu klást si otázky, dívat se na věci a vybírat si, co pro nás bude přínosem. Ať už je pro vás tato oblast jakákoli, můžete se na ni podívat a zeptat se: „Byla by volba tohoto přínosem?".

Buďte ochotni si tuto otázku položit. Pokud si ji položíte a budete fungovat podle toho, jak si ji uvědomíte, získáte ještě větší vědomí toho, jaké to je být otázkou.

Otázka: Když se ptám, cítím, že se musím zabývat věcmi, které mi přicházejí na mysl. Jako bych měla odpovědnost tyto věci napravit.

Gary: To je předpokládaný úhel pohledu. Nejde o kladení otázek. Kladení otázek je o větším uvědomění. Když získáš větší uvědomění, máš k dispozici jinou možnost. Musíš být ochotná se na něco podívat a zeptat se: „Dobře, co je tady vlastně možné, že to nevnímám, nevím, že tím nejsem nebo to nepřijímám?".

Všechno, co je Access Consciousness, rozšiřuje tvoje vědomí. Musíš překonat myšlenku, že jsi zodpovědná za všechno, co se stane, a že musíš něco udělat s každým svým uvědoměním. Takhle se z toho zblázníš.

Být si něčeho vědom, neznamená, že s tím musíš něco dělat. Co je potřeba udělat, je položit si otázku: „Je tu něco, co bych měla, musela nebo mohla udělat?"

V devadesáti procentech případů zjistíš, že není co řešit. Velmi snadno například vidím, kdy se lidé rozhodli zemřít. Zeptám se: „Můžu s tím něco udělat? Ano? Ne? Ne, dobře. Můžu tady něco změnit? Ano? Ne? Ne, dobře. Je to to, co chtějí? Ano nebo ne? Ano, dobře."

V tu chvíli se přestanu o cokoli snažit. Uvědomím si, že mám prostě vědomí. Pak se zeptám: „Kdy zemřou?". Když si položíš takovou otázku, uvědomíš si energii smrti a to, kdy nastane. Nemůžeš to stanovit podle kalendáře nebo hodin. Prostě víš, že smrt nastane. Je obrovský rozdíl to pochopit.

Dain: Pokud nefunguješ jako otázka nebo pokud nepokládáš skutečnou otázku, míříš jedním směrem. Je to, jako bys měla nalevo a napravo od sebe zdi. Nemůžeš přes ně vidět, nevidíš nic kolem nich, skrz ně, nevidíš mezi ně. Můžeš jít jenom jedním směrem.

Jakmile položíš otázku, otevřou se dveře doleva i doprava a uvidíš možnosti, o kterých jsi předtím neuvažovala. Otázka je to, co tyto možnosti otevírá. Otázka je klíčem k tomu, aby tyto možnosti mohly existovat.

Chováme se, jako bychom neměli k dispozici jiné možnosti a volby. Nejsme ochotni být otázkou a cesta k tomu vede takovým způsobem, že se začneme ptát. Kráčíš po úzké chodbě zvané život. Na obou stranách máš zdi a nevidíš žádné jiné možnosti. Pokud položíš otázku, otevřou se dveře nalevo i napravo. Jsi-li otázkou, neexistují žádné zdi, které by omezovaly tvé vědomí toho, co můžeš mít nebo čím můžeš být. Zdi přestávají existovat. A nejsou to právě ty zdi, do kterých jsi celý život narážela hlavou, zatímco sis říkali: „Jak se přes tu zeď dostanu? Jak se přes tu zeď dostanu? Jak se přes tu zeď dostanu?“

Přes zeď se dostaneš tak, že budeš otázkou, a začneš se ptát.

Otázka: Jaký je rozdíl mezi intuitivním poznáním a společenským poznáním? Jako když znáte odpověď intuitivně a když ji znáte z hlediska společnosti?

Gary: Intuice sama o sobě je lež. Nejde o intuici, ale o vědomí.

Intuici definujete jako něco, co přichází a odchází, a ne jako vědomí, které je tady stále. Intuice je představa, že k vám něco přichází jako mávnutím kouzelného proutku. Vědomí však není něco, co k vám přichází jakoby kouzlem; je to něco, co je součástí toho, kdo jste. Dokud definujete vědomí jako intuici, vnímáte ho jako něco, co vám není okamžitě a vždy k dispozici.

Musíte být ochotni mít vše, co se stane, neustále k dispozici. Otázka zní: „Jak mohu toto vědomí rozšířit?“. Pokaždé, když máte intuici, uznejte ji jako vědomí. Zeptejte se: „Jak mohu toto vědomí rozšířit, aby tu bylo neustále?“.

Otázka: Minulý týden mi zemřela matka a něco málo jsem zdědila. Teď chce část dědictví moje rodina. Nevím, co mám dělat. Snažím se přijít na to, jak to vyřešit...

Gary: Otázka zní: „Kteří hlupáci si myslí, že si to zaslouží?" Tvá matka dědictví odkázala tobě. Odkázala ho jim?

Ne.

Gary: Proč by si ho měli zasloužit?

Nemají žádné peníze.

Gary: Všichni lidé, kteří nemají peníze si myslí, že si je zaslouží od kohokoli, kdo peníze má.

Prostě jim jenom řekni: „Je mi líto, jsem tak chudá, že musím těmihle penězi splatit svoje účty." Nebo: „Už jsem těmi penězi zaplatila účty."

Sestra mi řekla: „Jestli to je hodně peněz, musíš se se mnou rozdělit."

Gary: A zeptala ses „Proč?"

„Ano, a pak jsem měla spoustu výčitek svědomí."

Gary: Ta vina není tvoje. Promítá se na tebe, drahá. Kolik lidí ve tvé rodině se v tobě snaží vyvolat pocit viny, protože jsi něco zdědila?

Všichni.

Gary: Zdědila jsi to proto, že jsi byla zlobivé dítě, nebo proto, že jsi byla hodné dítě? Nezdědili to oni, protože byli zlobivé nebo hodné děti?

Nevím.

Gary: Ale ano, víš. Nezdědili nic, protože se to snažili vzít tvé matce dřív, než nastal čas.

Ano.

Gary: Snažili se o to celý její život. „Měla bys umřít, abych mohl mít tvoje peníze" není hezké přenášet na chudou starou paní. Na druhou stranu ty jsi ji milovala bez ohledu na to, zda ti peníze dala, nebo ne.

Je to tak.

Gary: Byla jsi někdo, komu na ní skutečně záleželo?

Ano, myslím, že ano.

Gary: Ty nemyslíš, ty to víš. Přestaň myslet. Dokud *myslíš*, nejsi v otázce. Dostaň se do otázky. „Záleželo mi na ní?" Záleželo ti na jejích penězích?

Pravda?

Ne. Ano, ne.

Gary: Ne, nešlo ti jen o její peníze. Měla jsi ji ráda takovou, jaká byla. Všichni ostatní ji měli rádi pro její peníze. Člověk by si myslel, že si to mohla uvědomovat natolik, aby to věděla a řekla si: „Kašlu na ně, nic jim nenechám."

Ano.

Gary: Nebo ti jen chtěla všechno nechat, aby tě mohla umučit k smrti?

Dain: Nebo ti možná nechala všechno, aby mohla mučit tebe i je. *(Směje se) Tahle možnost mě také napadla.*

Gary: Všechno, co nejsi ochotna vnímat, vědět, být a přijímat o tom všem, zničíš to všechno a přetvoříš, godzilionkrát? Right and wrong, good and bad, POD and POC, all 9, shorts, boys, POVADs and beyonds.

Dain: Když jsem řekl: „Nechala ti všechno, aby mohla mučit tebe *i* je," zasmála ses. Takový je to pocit, když se vám dostane vědomí, které pramení z toho, že jste v otázce nebo že otázku pokládáte. Je to vědomí toho, co je pravda. Cítíte se pak lehčeji a často vás to rozesměje.

Gary: Pokud se vám potom uleví nebo vás to rozesměje, je to pravda. Pokud vám to způsobí pocit tíhy a děsu, není to pravda.

Myslím, že je skvělé, že ti předala otěže, abys mučila zbytek rodiny. Teď je můžeš mučit, když budeš chtít. Nebo můžeš lhát a předstírat, že jsi byla tak zadlužená, že jsi všechno musela použít na zaplacení účtů. Můžeš říct, že naprosto chápeš, jak jsou také hluboce zadlužení a nemohou platit své účty, ale že je ti líto, že už je to všechno pryč.

A proč bys nelhala hnusným lidem? Takže všichni ti hnusní lidé ve tvém životě, kterým nejsi ochotná lhát a nemáš na ně otázku, vytvoří nebo vygenerují skutečně něco ve svém světě?

A kdybys jim dala peníze, skutečně by to v jejich světě vytvořilo něco většího? Nebo by to bylo jen řešení, na které čekali celý život? Bylo by tím skutečně něčeho dosaženo? Pravda?

Ne.

Gary: Fajn, tak je nech, ať si trhnou nohou.

Všechno, co to je, godzilionkrát, zničíš to a přetvoříš? Right and wrong, good and bad, POD and POC, all 9, shorts, boys, POVADs and beyonds.

Otázka: Byla jsem tak dlouho v neradosti, že v mém vesmíru nebylo pochyb o tom, že existuje nějaká jiná možnost. Pak jsem začala dělat procesy v pokročilých tělesných kurzech a jednoho rána jsem se probudila v neuvěřitelném stavu štěstí. Bylo to: „Co to je?" Tak moc jsem si zvykla na všechno to neštěstí nebo bolest a trest, že jsem si říkala: „No, tak to prostě je." Nic jiného jsem neznala.

Gary: Co to je za otázku: „Tak to prostě je?"

Přesně tak, v mém světě na to nebyla žádná otázka. Do té doby jsem si nebyla vědoma, že existuje otázka, kterou bych si mohla položit, jako například „Jak bych mohla být šťastnější?"

Gary: Jak říkáš, je to o pokládání otázek. Mohla by ses zeptat: „Jsem šťastná?" Ale to není otázka. Je to správný nebo špatný úhel pohledu. Měla by to být otevřená možnost.

Otevřená otázka by mohla znít: „Co bych musela udělat pro to, abych byla šťastná?"

Všechno, co jste udělali správně nebo špatně, pokud jde o vaše štěstí, godzilionkrát, zrušíte to a přetvoříte to? Right and wrong, good and bad, POD and POC, all 9, shorts, boys, POVADs and beyonds.

Otázka: Mám dilema, zda se mám na něco zeptat, nebo to nechat být. Několikrát jsem *s někým mluvila a on mi řekl: „Rád bych přišel na váš Access Consciousness Bars kurz." Dnes mi zavolal kamarád* a řekl: *„Dnes jsem s ním mluvil a říkal, že na tvou hodinu nepůjde, protože jsi příliš nadšená". „Měla bych se na to zeptat?" pomyslela jsem si. Pak mi přišla odpověď: „Ne, nechám to být."*

Gary: Byl v otázce, v závěru nebo v odpovědi?

Byl v závěru. Ale mám s tím něco dělat?

Gary: Ne. Je mi to líto. Kdo prodělá na tom, že nepřijde na tvůj kurz? On nebo ty?

Oba. Přijdu o klienta.

Gary: No, no, no. Předpokládáš, že peníze, které by ti zaplatil za kurz, by to za tebe vyřešily. Nebereš v potaz, že jeho volba nežít, kterou si vybírá tím, že nepřijde, nějak znamená, že ty prohráváš. Musíš vidět, že někteří lidé jsou ochotni si vybrat jen to, co jim umožní prohrát. Vidím, že se to děje neustále.

Všechno, co to je, godzilionkrát, zničíš to a přetvoříš? Right and wrong, good and bad, POD and POC, all 9, shorts, boys, POVADs and beyonds.

Jakou otázkou můžete být, kterou být odmítáte, a kterou, kdybyste jí byli, byste změnili všechny reality? Všechno, co to je, godzilionkrát, zničíte to a přetvoříte? Right and wrong, good and bad, POD and POC, all 9, shorts, boys, POVADs and beyonds.

Dain: Kolik antivědomí je třeba k tomu, abyste se vymanili z otázky, kterou přirozeně jste, natolik, že vám to nyní připadá nepřirozené?

Gary: Byla to součást toho, co z vás v dětství vytloukali, když vám říkali: „Buďte zticha a na nic se neptejte." Učili vás, abyste se neptali. Vaše vrozená schopnost je ptát se.

Dain: Když jsem byl malý, máma mi přelepovala pusu náplastí, protože jsem se pořád na něco vyptával. Myslíte, že to fungovalo? Samozřejmě že ne! Našel jsem způsob, jak mluvit i s náplastí přes pusu. Jen ji musíte trochu roztáhnout, abyste dostali ven dost vzduchu a mohli jste mluvit.

Gary: To je hodně legrační.

Všechno, co to je, godzilionkrát, zničíte to a přetvoříte? Right and wrong, good and bad, POD and POC, all 9, shorts, boys, POVADs and beyonds.

Dain: Jde o tohle: Jestliže ve mně náplasti otázku nezabily, a jestliže můžete být stále tak otravně v otázce, jako jsem já, dokážete totéž i vy.

Gary: Dain se od ostatních lidí, kteří přišli do Access Consciousness, lišil tím, že se na něco zeptal, vymysleli jsme postup, vyjasnili jsme mu nějaký zásadní problém v jeho životě – a o třicet sekund později řekl: „No, když už máme tohle, tak co s tímhle?"

Řekl jsem: „Nemůžeš si alespoň na chvíli vychutnat ten klid a možnost toho, co jsi vytvořil?"

On na to: „Ne, jsou tu další věci, které je třeba vyčistit." Tato ochota hledat vždy něco víc je živá jako otázka. Když přestanete dál hledat, zemřete. Pokud mi nevěříte, podívejte se na lidi, kteří jsou opravdu staří a stále aktivní a něco dělají. Mají aktivní mysl, stále hledají něco dalšího. To je základní operativní stav někoho, kdo je ochoten být otázkou.

Otázka: Celý život mi v dětství říkali, abych nebyla víc, abych nežádala víc, abych neočekávala víc, takže mi v podstatě říkali, abych byla zombie?

Gary: Bylo ti řečeno, abys nebyla vůbec.

Dain: Víc, víc, víc. Být víc, přijímat víc a žádat víc je vlastně stav bytí. Ty jako bytost vždy toužíš po něčem větším, vytváříš víc a generuješ víc.

Gary: Jsi-li opravdu ochotna být, existuje vůbec místo, kde nejsi v otázce, jak více vnímat, vědět, být nebo přijímat?

Je to jako nový koncept. Můj starý způsob bytí se právě postavil na hlavu. To je úžasné.

Gary: O to se zde snažíme. Deset klíčů ve vás samo o sobě vytvoří pocit, že hledáte, co je ve vašem životě ještě možné, že máte víc a že jste otázkou.

Dain: Všiml jsem si, že když někdy mluvíme o Deseti klíčích, lidé, kteří mají problém něco z tohoto tématu pochopit, se za to soudí. Jako by si mysleli, že jim říkáme: „Jsi hloupý. Nejsi vědomý."

To všechno jsou věci z pohledu této reality. Jsou to věci, které nám byly předány. Je to místo, odkud fungujeme – kupujeme to a dál vytváříme svou špatnost.

Gary: Musíte si položit otázku: „Co je na mně správné, co mi nedochází?".

Bylo vám vyčítáno, že se ptáte, že chcete víc, že máte pocit, že musí existovat něco většího, a že toužíte po životě větším, než jaký má většina lidí.

Kdysi jsem měl dům o rozloze 1 400 metrů čtverečních, o kterém si moje matka myslela, že je dokonalý. Byl ve špatné části města, ale měl jsem dům o rozloze 1 400 metrů čtverečních. Moje matka se na to dívala slovy: „Co víc by si kdo ještě mohl přát?".

Ten dům jsem prodal a přestěhoval se do rozpadající se barabizny v nejlepší části města. Na bydlení v nejlepší části města je skvělé to, že máte „dobrou" adresu, kterou můžete říct lidem, kteří si myslí, že jsou lepší než vy.

Úhel pohledu mojí matky byl: „Tady máš perfektní dům. Proč se stěhuješ?"

Můj úhel pohledu byl: „Protože to nestačí. Chci ve svém životě víc."

Její úhel pohledu byl: „Měl bys být spokojený s tím, co máš.“

Nikdy bych nemohl mít takový úhel pohledu, protože jsem po celou dobu svého života žil v otázce.

A jak se později ukázalo, prodal jsem tu barabiznu za víc peněz, než jsem za ní zaplatil, a ještě jsem na ní vydělal.

Otázka: Jsou nějaké otázky a clearingy, které mohou posloužit těm z nás, kteří máme touhu dělat věci, které si zřejmě nemůžeme dovolit.

Gary: Pokud si lidé něco nemohou dovolit, je to rozhodnutí, které udělali o tom, že nikdy nebudou víc.

Jaké rozhodnutí jste si vytvořili, abyste nikdy nebyli víc, abyste si byli jisti, že nikdy nemůžete být víc, než byste skutečně mohli být? Všechno, co to je godzilionkrát, zničíte to a přetvoříte to? Right and wrong, good and bad, POD and POC, all 9, shorts, boys, POVADs and beyonds.

To je proces pro lidi, kteří říkají, že si nemohou dovolit víc.

Otázka: Jak se stávám citlivější, vnímám pocity, emoce a myšlenky lidí kolem sebe. Nechci vnímat úplně všechno. Co s tím mohu dělat?

Gary: Proč ne?

Protože mě bolí tělo. Dnes ráno jsem telefonovala s kamarádkou, která byla nemocná, a vnímala jsem vše, co se v jejím těle dělo.

Dain: Počkej! Když říkáš, že nechceš vnímat všechno, zbavuješ se možnosti mít a být vším, o co jsi požádala. Špatně jsi identifikovala a nesprávně jsi použila, že tvoje vnímání vytváří problém.

Problém pramení z pevných úhlů pohledu, které máš, a z toho, co děláš se svým vnímáním. Gary může vnímat všechno a nebýt toho důsledkem. Já se také dostávám do stavu, kdy mohu vnímat všechno a nebýt toho důsledkem. Je to jiný způsob bytí, který se dosud nemohl projevit. Musíš jít do otázky.

Gary: Manžel jedné mé kamarádky trpí demencí. Bývá tak naštvaný, že si to nedokážeš představit ani v nejdivočejších snech, a má spoustu zbraní. Vnímal jsem to tak, že pokud rychle nezmění něco zásadního ve svém životě, zastřelí ji. Je to to, co bych si přál, aby se stalo? Ne. Můžu tomu zabránit? Ne. To může jen ona. Můžu jí to říct? Ne. Co s tím mám dělat? Být si toho vědom. To je shrnutí toho, co můžeš udělat s celou řadou informací, které máš.

Myslíš si, že když máš tohle vědomí, musíš prožívat bolest, změnit ji a udělat něco pro lidi, kteří ji mají. Kdo tě udělal Bohem? To, že máš naprosté vědomí, z tebe Boha nedělá. Dělá z tebe člověka s Božími schopnostmi, nikoliv s Boží odpovědností.

Všechno, za co se snažíte učinit se zodpovědné jako bozi vědomí, zničíte to a přetvoříte to? Right and wrong, good and bad, POD and POC, all 9, shorts, boys, POVADs and beyonds.

Otázka: Pokaždé, když řekneš vytvořit, uvědomím si, že nevím, co to je – vytvářet. Nebo jaké to je. Vím, co je generování, ale nevím, co je tvoření.

Gary: Tvoření je tam, kde přebíráš generativní energii, které jsi si vědoma, a v něco ji proměňuješ. Jsi ochotna si tuto energii uvědomit a jsi ochotna udělat potřebné kroky k tomu, abys uskutečnila to, po čem toužíš. Můžeš říct: „Tohle je generativní energie. To, po čem toužím, by mělo prostě vzniknout". Ano, mělo by, ale nestane se to. Musíš něco udělat, abys to vytvořila. Musíš to přivést k existenci.

Generativní energii je dobré porozumět, ale pokud nejsi ochotna tuto generativní energii využít a něco vytvořit – uvést ji do reality – pak generativní energie sama o sobě ve tvém životě nic nevytvoří. Jakou tvůrčí energii bys ve svém životě chtěla mít? Musíš se zeptat: „Jak ji mohu použít? Jak ji mohu využít? Jak ji přiměji, aby pro mě fungovala?".

Slyším tvoje slova a rozumím jim, ale stále to nechápu. Prostě to nechápu. Mohla bych se zeptat: „Co je třeba udělat, abych pochopila, co je to tvoření?". Nebo...

Gary: Zeptej se: „Čím odmítám být, čím bych skutečně mohla být, a kdybych tím byla, změnilo by to veškerou realitu?"

Odmítáš být něčím, abys nemusela vytvářet jinou realitu. Většina z nás má místo, kde víme, že bychom měli jen získat energii něčeho, a to by nám pak mělo spadnout do klína. Víme, že by to měla být realita. Ale tak to nefunguje.

Jak tě dostaneme na místo, kde si uvědomíš, jak tuto generativní energii vzít a přivést ji k životu jako něco, co se v této realitě skutečně projeví? To je tvoření. Něco, co se v této realitě projeví z energie, kterou jsi schopna používat, ovládat, měnit a zavádět.

Chápu to v kontextu vytváření kurzu. Vím, jak to udělat.

Gary: Je to podobné, ale měl by to být celý tvůj život, nejen kurz.

Otázka: Jak můžeme být otázkou – a než se k tomu dostaneme – jaké otázky si máme pokládat?

Gary: To by se pravděpodobně týkalo tvé otázky o tvoření:

Jakých energií jsem si vědoma, které bych použila k vytvoření něčeho, co by bylo cenné pro mě?

Jakmile pocítíš a uvědomíš si, co by pro tebe bylo cenné, můžeš to začít prosazovat. Zeptej se: „Co bych měla dnes začít uskutečňovat, abych to vytvořila hned?".

Tady je příklad: Nedávno jsem mluvil s jednou ženou, která měla zájem vytvořit kurz. Řekl jsem jí: „Chceš vytvořit kurz. Jaký je jeho účel?"

„Aby se lidé zajímali o tohle, tohle a tohle," řekla.

Zeptal jsem se: „Na jaké platformě stavíš?"

„Jak to myslíš?"

„Musíš mít nějakou platformu, na které něco vytvoříš." Vysvětlil jsem jí, že když v Benátkách stavěli budovy, zapustili do bláta pylony a přes ně pak postavili plošinu. Pak postavili dům se dvěma vnitřními stěnami, které držely hlavní stavbu, a dalšími dvěma stěnami, které šly jiným směrem. Vnější stěny domu opřeli o konstrukci vnitřních stěn. Domy neměly základy. Měly plošinu (platformu), ze které vše postavili. Ta plošina by vydržela všechno. Zůstala by stát, i kdyby se stavba zřítila.

Platforma je toho tvořivou součástí. Je tu generování, což je energie toho, co bys chtěla vytvořit, máš platformu, a pak můžeš vložit části, které budou fungovat a co se musí stát dál, co je založeno na platformě. Platforma je tvorba.

Jakmile generuješ, tvorba je platformou, na které realizuješ to, co se snažíš vytvořit. Pomohlo to?

Ano, děkuji.

Gary: Není zač. Mimochodem, skvělé otázky. Zvažte možnost položit několik skutečných otázek místo „Kdy budu mít BMW?" nebo „Kdy najdu partnera?". To nejsou otázky. Jsou to rozhodnutí s otazníkem.

Musíte se podívat na to, „Co mohu vytvořit, aby se vytvořila platforma, na které budu moci vytvořit vše, co bych chtěl ve svém životě vytvořit?". Používejte otevřené otázky.

Dain: Nebo se na to můžete podívat takto: „Jaké otázky bych si mohl klást? Jaké možnosti bych měl, které jsem předtím neměl?"

Gary: Tak jo, lidi, doufám, že vám to něco vysvětluje. Vězte, že pokaždé, když položíte otázku, vytváříte jinou možnost volby. Když vytvoříte jinou volbu, vytvoříte jiné vědomí. Dr. Dain to řekl: „Volba vytváří vědomí, vědomí nevytváří volbu." Žijte podle toho.

Dain: Takže!

Gary: Takže! Máme vás moc rádi a těšíme se na další povídání s vámi o pátém klíči. Opatrujte se.

Dain: Ahoj všichni.

5

Žádná forma, žádná struktura, žádný význam

Gary: Dobrý den všem. Dnes budeme mluvit o pátém klíči. Tímto klíčem je: Žádná forma, žádná struktura, žádný význam.

Forma je tvar nebo obrys něčeho. Je to také způsob, jakým se něco dělá, nebo způsob jednání.

Struktura je způsob organizace, stavby nebo konstrukce, který zajišťuje, aby vše probíhalo určitým způsobem. Je to něco, na čem se všichni shodnou, že existuje určitým způsobem, a co nemáte právo měnit.

Význam je důležitost nebo smysluplnost. Něco učiníme významným, když to učiníme smysluplným, důležitým nebo závažným.

Předpokládejme, že máte nový vztah a říkáte: „Mám teď vztah s někým, kdo je láskou mého života. Náš vztah bude dokonalý."

Vztah je forma.

A dokonalý vztah je struktura, kterou se snažíte učinit skutečnou, pevnou a pravdivou, která taková být nemusí.

Láska mého života je významnost. Vážně. To všechno jsou jen zajímavé úhly pohledu. Není nutné mít formu (vztah), není nutné

103

vytvářet strukturu (dokonalý vztah) a není nutné dělat významnost (tahle osoba je láska mého života).

Jak by v tomto případě vypadala žádná forma, žádná struktura a žádný význam? Bylo by to „Tento vztah je dnes skvělý".

Pokud se chystáte navázat vztah, dělejte to z pohledu: „Co mohu dnes vytvořit? Co si dnes přeji? Co si mohu dnes užít? A co z toho udělat víc?"

Většina z nás není ochotna mít vztah, který není založen na formě, struktuře nebo významnosti, o kterých jsme všichni slyšeli, viděli je a bylo nám o nich řečeno, že bychom je měli mít.

Jestliže začnete vytvářet vztah bez formy, bez struktury a bez významu, přestanete být Popelkou, princem na bílém koni nebo trpaslíkem, který jen políbí mrtvé maso.

Pokud si vytvoříte vztah bez formy, struktury a významu, můžete se ho vzdát – nebo si ho také můžete vytvořit, toužit po něm, užívat si ho a hledat ho. Vidíte, jakou svobodu vám to dává? Porovnejte to s verzí vztahu založeného na formě, struktuře a významu: „Musím mít dokonalý vztah s osobou, která je láskou mého života."

Dain: Když nemáte žádnou formu, žádnou strukturu ani žádný význam, není na nic navázaný žádný soud. Každý soud, který používáte, vytváří formu, strukturu a význam. Staví kolem vás zdi. Snažíte se o tyto zdi mlátit hlavou nebo je obejít, ale nejde to.

Bez formy, bez struktury a bez významu není možné soudit. Je to ztělesnění zajímavého úhlu pohledu.

Gary: Chápete, jak to funguje?

Otázka: Chápu, co je to nedělat něco významným, ale není mi jasné, co je to forma a struktura. Například jsem si myslela, že kurz Bars je forma a struktura, protože existují určité věci, které je třeba udělat, aby to byl „správný" kurz Bars. Říkali jste, že to není forma ani struktura, a tomu nerozumím. Mohli byste k tomu říct něco víc, prosím?

Gary: Bars kurz, o kterém mluvíš, je systém, díky kterému bude něco fungovat.

Je rozdíl mezi systémem a strukturou. Systém je něco, co můžeš změnit a upravit, když to nefunguje. Struktura je něco, co pevně stojí na svém místě. Strukturu máš, když se snažíš, aby všechno fungovalo kolem ní, jako bys neměla jinou možnost.

Učitelé často říkají: „Musíte se učit tímhle způsobem. Musíte to dělat tímhle způsobem." To se stává rigidním formátem, v němž nemůže dojít ke změně a nemůže se zvýšit vědomí. Ze *systému* udělali *strukturu.*

Význam by byl: „Takhle to prostě je. Takhle to má být a takhle to musíte dělat. Tohle je jediný způsob, který funguje. Tohle je to nejlepší. Takhle je to správně."

Kdykoli řekneš: „Tohle je jediná cesta", „Tohle je správná cesta" nebo „Tohle je odpověď", vytvořila jsi význam, který vytváří strukturu, jež drží na místě to, co nemůžeš změnit – to je forma, která je zdrojem všech omezení.

Dain: To bylo skvělé.

Gary: Mám své momenty. Je jich málo, ale mám je.

Řekněme, že se chystáte vyčistit toaletu. Forma čištění toalety je: Musím si vzít kartáč, musím si vzít čisticí prostředek, musím ji pečlivě vydrhnout a musím použít nějakou chemickou látku, jinak nebude čistá. Struktura čištění toalety je následující: Drhnout, drhnout, drhnout, dokud není vše „čisté". Význam čistého záchodu je: Nikdo mě nebude odsuzovat za to, že mám špinavý záchod.

Kdyby neexistovala žádná forma, žádná struktura a žádný význam, mohli byste záchod čistit, jak byste chtěli – protože žádná forma, žádná struktura a žádný význam vytvářejí naprostou volbu.

Otázka: Nejprve malé poděkování. Po kurzu v San Franciscu jsem několik týdnů ve stavu nepopsatelného klidu. Mám pocit svobody a mám chvíle, kdy se mi chce křičet: „Ahoj! Jsem volná." Je mi tak lehce a jsem šťastná. Děkuji, děkuji, děkuji.

Vysvětlete nám prosím, jak je to s fyzickou formou. Je skutečná, nebo je to iluze vytvořená vědomím? Jak vytváříme formy? Jak vypadá životní forma mimo rámec toho, jak si myslíme, že vypadá?

Gary: Svou fyzickou podobu vytváříš z formy, struktury a významu této reality. Vytváříš ji a pak říkáš věci jako: „Je mi už čtrnáct, takže jsem už moc stará na to, abych běhala a hrála si jako dítě. Musím všechno dělat klidně a ladně a být jako labuť letící po vodě tohoto života." To je forma.

Pokud používáš strukturu, podíváš se na své tělo a řekneš si: „Nejsem atletka, protože neumím dělat to, co ona."

Význam by byl: „Teď když jsem stará, tak to znamená, že musím ztloustnout jako všechny moje kamarádky." To je forma, struktura a význam tohoto těla.

Dain: Líbí se mi otázka, jak se forma vytváří, protože to, jak se vytváří, si můžeš zvolit. Můžeš si vybrat, jestli budeš tvořit z formy, struktury a významnosti všeho v této realitě, nebo si můžeš vybrat, jestli budeš tvořit z jiného místa. Když tvoříš z jiného místa, věci nejsou pevně dané na svém místě. Vše je tvarovatelné.

Gary: V životě jde o *systém* tvoření namísto *struktury* tvoření – protože systém je přizpůsobitelný. Kdyby ses podívala na své tělo a řekla si: „Jsem vážně tlustá. Jakou strukturu musím použít, abych to změnila?" nebo „Jakou formu musím přijmout, abych to změnila?" Budeš muset držet dietu a cvičit apod.

Systém by byl: „Dobře, Tělo, co by to všechno změnilo, kdybychom to udělali?" A pak ti tělo začne říkat: „Udělej tohle, tohle a tohle". Najednou přestaneš dělat věci podle formy, struktury a významu, které tě naučili, a začneš vytvářet systém, který funguje pro tvé tělo.

Dain: Když něco vytvoříš bez formy, struktury a významu, můžeš to měnit v desetisekundových intervalech. Jestliže tvoříš z formy, struktury a významu, nemůžeš to udělat. Jinými slovy, vytvořila jsi formu takovou, jaká je, s významem, který jí přisuzuješ, což ti nedává žádný prostor cokoli změnit.

Gary, je zajímavé, že jsi zmínil dobu, kdy ti bylo čtrnáct let. To je doba, kdy se pro nás forma, struktura a význam začínají stávat skutečností.

Gary: Než je dětem čtrnáct let, očekávají, že každý den bude jiný. Nemají představu, že by něco mělo být určitým způsobem nebo že se musí chovat určitým způsobem či vypadat určitým způsobem. Ale kolem čtrnácti let, v období puberty, si najednou začnou myslet: „Musím se začít chovat jako dospělý. Musím se začít chovat jako…" místo „Co

bych si dneska rád vybral/a? Co by bylo zábavné pro mě a mé tělo?".
Ze života a žití se vytrácí zábava a nastupuje dřina dospělosti.

Pokud se zabýváš formou, strukturou a významem něčeho, začneš si blokovat části těla, a to pak nefunguje tak dobře.

Bylo velmi zajímavé sledovat, jak se Dain před mýma očima mění a mění své tělo způsobem, o kterém jsem nikdy netušil, že ho tak lidé mohou mít. Dělá to, když funguje bez formy, bez struktury a bez významu. Když se pak dostane do formy, struktury a významu, zmenšuje své tělo. V mžiku se stal menším než já jen proto, že měl dal něčemu formu, strukturu a význam.

Dain: Obvykle, když jsme s Garym stáli naproti sobě, dívali jsme se z očí do očí, ale občas se stávalo, že jsme nebyli na úrovni očí. Najednou jsem se mu díval na ústa. Bylo to jako „Co se to sakra právě stalo?" A pak jsem se zase změnil na svou obvyklou výšku, nebo jsem někdy byl vyšší než Gary. Nikdy to nebylo na kognitivní úrovni. Nikdy to nebylo „teď se mi zmenší tělo a budu si připadat jako hromádka hovínek". Vždycky se to stalo, když jsem si vybíral formu, strukturu a význam.

Když to teď čtete, možná si říkáte: „To nechápu. Nerozumím tomu!" To je v pořádku. Jak o tom budeme mluvit, vaše vědomí se změní. Řeknete si: „Počkat. Tohle je něco, co může být v mém životě jinak. Je tu jiný způsob, jak tvořit."

Možná se to v tuto chvíli nestane součástí vaší reality jako celku, ale každý klíč vám otevře dveře k tomu, aby se věci změnily.

Gary: Dnes ráno jsem mluvil se svou dcerou. Říkala, že když mě viděla na pokročilém tělesném kurzu, byl jsem ztuhlý a všimla si, že se nemůžu ohnout dopředu.

Podíval jsem se na to a řekl jsem si: „Páni, to já jsem udělal významným, že jsem ve věku, v jakém jsem. Vytvořil jsem strukturu svého těla tak, aby odpovídala mému věku. Vytvořil jsem podobu svého těla tak, aby vypadala jako podoba věku, který je mému tělu vlastní. To už by stačilo! Dneska už žádná forma, žádná struktura a žádný význam."

Šel jsem se osprchovat, a když jsem se sehnul, mohl jsem se ohnout jen tak daleko, abych se dotkl kolen. Řekl jsem si:

Všechny formy, struktury a významy, které jsem použil, abych tohle vytvořil, right and wrong, good and bad, POD and POC, all 9, shorts, boys, POVADs and beyonds.

Pokračoval jsem v tom a během deseti minut jsem se dokázal ohnout tak, že jsem měl ruce na centimetr od podlahy. Tak blízko k podlaze jsem se dlouho nedokázal dostat, protože jsem se zabýval formou, strukturou a významem toho, v jakém jsem věku a v jaké jsem kondici a zda dostatečně cvičím. Řekl jsem si: „Víte co? To je zatraceně na palici!"

Mnoho lidí, které znám, si tímhle způsobem vytváří své tělo. Říkají: „Přibral jsem dvacet kilo navíc. To proto, že necvičím." To je forma, struktura a význam toho, jak si vytváříme své tělo takové, jaké je.

Dain: Zaujímáme určitý úhel pohledu a ten pak používáme k vytvoření pevné reality, ať už jde o naše tělo nebo cokoli jiného.

Začal jsem cvičit super intenzivní fitness program Insanity, který měl za šedesát dní zajistit vytouženou kondici a svalnaté tělo. Dělal jsem ho tři dny, když se na mě Gary podíval a řekl: „Opravdu si myslíš, že ten program musíš dělat šedesát dní?"

„O čem to mluvíš?" zeptal jsem se.

„Podíval ses v poslední době na své tělo do zrcadla?"

„Co tím myslíš?"

Řekl: „Vypadá to, že jsi už za tři dny dosáhl výsledku, který jsi podle nich měl získat za šedesát dní. „Řekl jsem: „Aha." Nevšiml jsem si, že už jsem docílil toho, co říkali, že jsem docílit měl. Snažil jsem se dát si do souladu jejich tvar, strukturu a význam: „Tohle musíte dělat šedesát dní."

Jsme zvyklí fungovat podle formy, struktury a významu této reality, která se týká času, těl, výsledků, které můžeme vytvořit, a toho, co nám ostatní lidé říkají, že máme dělat nebo být. Co kdybychom je neměli? Kdybychom neměli žádnou formu, žádnou strukturu, žádný význam a žádný úhel pohledu na to, co můžeme nebo nemůžeme vytvořit, představte si, co bychom mohli se svým tělem vytvořit.

Gary: Vraťme se k druhé části poslední otázky: *Jak vypadá forma života mimo rámec toho, jak si myslíme, že vypadá?*

Především to, jak si myslíte, že forma života vypadá, je forma, struktura a význam, které na ní vytváříte. Jakmile začnete tvořit mimo tento box omezení, najednou se všechno začne rozplývat a věci se změní.

Nedávno jsem se chystal do Aucklandu na Novém Zélandu a rozhodl jsem se najmout si řidiče, který by mě odvezl na letiště.

Řidič se mě zeptal: „V kolik hodin potřebujete odletět?“

Odpověděl jsem: „Nevím. Co myslíte? Chtěl bych být na letišti v L .A . někdy mezi 9:00 a 9:30.“

„Tak to bychom asi měli vyrazit v sedm hodin.“, řekl.

„Dobře, vyrazíme v sedm.“ Přijel ke mně domů za pět minut sedm a za pět minut jsme byli naloženi a pryč. Tohle se vám stane, když nevytváříte žádnou formu, žádnou strukturu a nedáváte tomu žádný význam.

Na letiště jsem se dostal za necelé dvě hodiny, což se mi nikdy nestává, i když to bylo v dopravní špičce a byl velký provoz. Jak se to stalo? No jo, žádná forma, žádná struktura a žádný význam.

Přijel jsem celkem velmi brzy. Šel jsem na přepážku Qantas, abych se odbavil, a oni mi řekli: „Váš let byl zrušen.“

„Cože!“

Pak dodali: „Ale za půl hodiny odlétá další. Pokud projdete bezpečnostní kontrolou, budete tam mít místo.“

„Cože!“

„Tento let letí do australského Sydney, takže až se tam dostanete, budete muset přestoupit na další let do Aucklandu.“

„Dobře“, řekl jsem.

Přebookovali mi let a vše bylo během okamžiku připraveno. V letadle jsem byl jen pár minut před odletem. Kdybych nebyl na letišti dřív, čekal bych v Los Angeles celou věčnost, protože v Chile vybuchla sopka a lety byly zrušeny.

Takhle vypadá životní forma, když fungujete bez formy, bez struktury a bez významu.

Dain: Lidé se stále ptají: „Jak se takové věci přihodí?“

Když se Gary bavil s řidičem o tom, v kolik by měli odjet, a ten navrhl sedmou, připadalo mu to lehké. Odpovídalo to energii lehkosti, kterou Gary byl. Nepouštěl se do přemýšlení o tom, jaký čas je nejlepší. Jinými slovy, nevytvářel formu, strukturu a významnost, což by vypadalo jako: „Aha, trvá to přesně hodinu a půl, pokud není žádná dopravní špička, a dvě hodiny navíc, pokud je to v dopravní špičce. Proto bychom měli vyrazit v takovou a takovou dobu." Místo toho se Gary řídil energií.

Následování energie umožnilo dosáhnout tohoto výsledku. Kdyby se Gary řídil formou, strukturou a významem, struktura by zněla: „Cesta na letiště trvá tak a tak dlouho." Kdyby to udělal, zmeškal by letadlo, protože by tam nebyl dost brzy na to, aby stihl let, který mu nabídli. Myšlence, jak dlouho údajně trvá cesta na letiště, nepřikládal žádný význam, jen dovolil, aby tam ta informace byla.

Gary: A taky pro mě nemělo žádný význam, když jsem na letiště dorazil o tři a půl hodiny dřív. Říkal jsem si: „Prostě se půjdu odbavit", namísto „Ale ne, jsem tu tak brzy a letadlo mi odlétá až za několik hodin!".

Kdybych tam byl o pět minut později, nestihl bych nastoupit do letadla. Zmeškal bych ho.

Dain: Nikdy to není kognitivní – nikdy. Je to interakce energií vás a vašeho života a volby, které se objevují.

A tak když Garyho řidič řekl: „Sedm," a Gary řekl: „Dobře," a řidič přijel za pět sedm – nic z toho nebylo kognitivní. Pokud by se energie neshodovala, Gary by položil otázku. Řekl by: „Dobře. Dřív nebo později? Dřív. Dobře, musím jet dřív. Nevím proč, ale pojeďme o něco dřív."

To už jsme udělali stokrát. Řidič se zeptá: „Mám vás vyzvednout v tuto dobu?" A jeden z nás řekne: „Hm, pojeďme o něco dřív." A tak se to stane. Nevíme, proč se tak rozhodujeme, ale v důsledku toho se nakonec vyhneme dopravním zácpám a nehodám.

Otázka: Chtěla bych, aby mé tělo nebylo tak významné.

Dain: Když se snažíš vymanit se z významu, už jsi to významným učinila. Jinak bys ses nemusela snažit se z významu vymanit.

Gary: Jediné, co tvoje tělo může udělat, je vytvořit strukturu, o které jsi usoudila, že má taková být. To je jediná možnost, kterou tělo má.

Soud je struktura, kterou používáš k vytvoření omezení svého těla. Ať už jakkoli soudíš své tělo, musí si tuto strukturu a formu vytvořit. Když se podíváš do zrcadla, automaticky děláš významným to, jak tvé tělo vypadá.

Pokud soudíš to, že jsi tlustá, tělo si vytvoří další tuk. Pokud budeš soudit, že jsi příliš hubená, tělo si vytvoří více hubenosti. Pokud budeš soudit, že máš příliš mnoho vrásek, tvé tělo vytvoří více vrásek. Cokoli soudíš, to tvé tělo vytvoří.

Dain: A jak je pro většinu lidí důležité, když mají nadváhu? Nebo když mají vrásky? Nebo když mají děti pupínky? Je to ta nejdůležitější věc v jejich životě! Když se snažíte zapnout si kalhoty a ono to nejde, je to tak důležité. To z toho dělá významnou věc – spíš než „Zajímavý úhel pohledu, že mám tenhle úhel pohledu" nebo „To je zajímavé! Zajímalo by mě, co bude potřeba udělat, abych to změnil."

Je-li něco významné, nemáš svobodu, protože jediné, co tam může být, je ona pevná energie.

Gary: Význam upevňuje věci v existenci.

Otázka: Dala jsem si závazek spustit si několik tělesných procesů z kurzu pro pokročilé a několik jsem jich udělala. A tady mě to začíná mást: Ty procesy mají formu a strukturu a já mám daný nějaký počet, kolik jich udělat. Jak to, že se nejedná o formu a strukturu?

Dain: Lidé špatně identifikovali a aplikovali strukturu a její podstatu. Struktuře je vlastní neměnnost. To je klíčový bod. Tělesné procesy nejsou neměnné. Neustále je měníme. V pokročilém kurzu o těle se Gary nedávno zbavil všech druhů tělesných procesů, které jsme vymysleli, protože zjistil, že dva jiné procesy jsou tím, ze kterých ostatní vycházejí. Tělesné procesy tedy nejsou strukturou, ale systémem, což je úplně jiný způsob, jak s věcmi zacházet. Je proměnlivý a tvárný, což je to, co máš, když nemáš strukturu.

Takže nejde o formu, strukturu a význam procesů? Jde jen o uvědomění si toho, co je potřeba k dosažení požadovaného výsledku? Nejde o to, abyste se nechali strhnout energií toho, že je musíte provést? Pokud je něco snadné, je to vodítko, že to nemá žádnou formu, strukturu ani význam?

Gary: Ano, jestliže máš pocit lehkosti, znamená to, že se dostáváš mimo formu, strukturu a význam. Pokud používáš sílu nebo cítíš potřebu něco dělat, upevňuješ formu, strukturu a význam.

Takže nejde o to, jaká je činnost nebo sdělení, ale o energii, která je kolem toho?

Gary: Ano.

Dain: Neříkáme, že by nic na světě nemělo mít strukturu. Důležité je, jakým způsobem se rozhodneš žít svůj život a tvořit sebe sama a zda jsi ve společenství se vším, co ve tvém životě a světě je.

Gary: Pokud existuje nějaká struktura, se kterou můžeš mít společenství, pak nemá žádnou významnost. Její podoba je pro tebe tvarovatelná nebo proměnlivá, i když pro někoho jiného ne.

Jednou z věcí, na kterou jsme narazili, je myšlenka potřeby. Pokud se rozhodneš, že je něco nutnost, nemáš na výběr. A když si nevytvoříš žádnou možnost volby, obvykle se rozzlobíš. Každý si ten vztek vezme a udělá s ním něco jiného. Někteří lidé si v těle vytvoří více tukových buněk. Někteří lidé si zpomalí hlavu. Někteří lidé ustrnou a zatuhnou. Potřeba se v našem těle stává obrovským zámkem. Někteří lidé ze sebe dělají emocionální případy.

Jde o místa, kde si myslí, že nemají na výběr, což vychází z představy, že je to potřeba, ne volba. Musíš se naučit fungovat na základě volby a uvědomit si, jakou volbu máš.

Zaměřuješ-li se na formu, strukturu a význam, sedíš ve vesmíru, kde není možnost volby. Říkáš: „Tohle je potřeba. Tak to má být. Tohle je to, co musím udělat."

Pokud máš možnost volby, ptáš se: „Co je ještě možné? Cosi mohu zvolit? Jaké jsou další přínosy? Jakou otázkou mohu být nebo jakou otázku mohu přijmout, která by to všechno změnila?"

Jednou z věcí, která nás drží ve formě, struktuře a významnosti této reality, je myšlenka, že neexistuje žádná volba; existuje pouze nutnost a ty musíš dělat to, co musíš dělat, protože to musíš dělat.

Jsou věci, které jsou prioritní, a věci, které musíš udělat. Například jsou věci, které děláš, protože jsi členkou rodiny. Musíš je dělat. Ve skutečnosti to není nutnost; je to jen volba, kterou jsi učinila před dlouhou dobou, když ses rozhodla do této rodiny vstoupit. Vytvořila sis nějakou volbu. Není to tak, že bys neměla na výběr; je to tak, že si musíš vybrat, co ti usnadní život. Většina lidí se snaží vyhnout tomu, co pro ně bude snadné, protože chtějí, aby se ostatní lidé změnili.

Dain: Jakmile zjistíš, že se ti něco protiví, můžeš se zeptat: „Kolik nezbytností to vytváří?" - a POD a POCuj to. Nebo když zjistíš, že jsi pomalá nebo že něco kazíš, zeptej se: „Kolik nezbytností mám, že tohle dělám?" a znič to a přetvoř. Podívej se na to a kognitivně si přiznej: „Počkat. To já si ve skutečnosti volím, že to udělám. Není to nutnost. Vybírám si, že to budu dělat."

Nedávno jsem chtěl něco napsat. Odjížděli jsme s Garym z města, další den byl zcela zaplněný a měl jsem ještě milion věcí na práci. Gary mi řekl: „Mám schůzku s editorem, abychom pracovali na knize. Chceš jít se mnou?"

Řekl jsem: „Ano." Než se objevila tato nutnost, byl bych naštvaný, že jsem s ním šel, protože jsem měl tolik věcí, které jsem potřeboval udělat, ale řekl jsem: „Tohle je moje rozhodnutí. Přispěje to k lepší budoucnosti pro všechny."

Pochopení, že to není nutné, změní místa, kde sis kdy něco zazlívala.

Gary: A všechnu tu nechuť uzamkneš ve svém těle.

Dain: Zpevníš ji a zošklivíš.

Otázka: Je být v otázce, například vždy se ptát, co je ještě možné s tělem, sérem proti formě, struktuře a významu? Funguje to takhle?

Gary: Ano. Dobrá poznámka. Když funguješ bez formy, bez struktury a bez významu, věci se dějí velmi snadno a velmi rychle. Věci, se kterými mají jiní lidé potíže, pro tebe obtížné nebudou.

Každý soud, který učiníš, tě uzavírá do určité formy, struktury nebo významu. Jak již Dain řekl dříve, pokud nedáváš ničemu žádnou formu, žádnou strukturu a žádný význam, nemůžeš mít žádný soud.

Pokud něco „znamená" něco, pak je to význam. Význam vytváří strukturu a vytváří formu.

Otázka: Mohli byste uvést příklady bez formy, bez struktury a bez významu v souvislosti s vytvářením příjmů, bohatství a hojnosti v životě a žití?

Gary: Příkladem může být, když mi někdo nabídne příležitost a já jsem ochoten důvěřovat svému vědomí a položit otázku typu: „Když si tě koupím, vyděláš mi peníze?".

Můžeš se také zeptat:

- Co je třeba udělat pro to, aby se v mém životě objevilo bohatství, peníze a hojnost?
- Jakou formu, strukturu a význam jsem učinila tak důležitými, že to nemohu mít?

Tento proces ti ukáže místa, kde jsi nebyla ochotná vytvářet bohatství, peníze a hojnost.

Řekl jsi: „Žádná forma, žádná struktura, žádný význam *nic neznamená.*" *Znamená to tedy, že mohu tvořit a generovat po svém a žádné zákony této reality neplatí?*

Gary: Ano i ne. Má fyzikální realita nějaké zvláštní zákony, kterými se řídí? Tak nějak, ale ne vždy. Každý si myslí, že pokud jde o fyzikální realitu, nemáš na výběr, ale když jsi v prostoru ne-volby, je to úhel pohledu potřeby.

Nikdy nás neučili klást si otázky:

- Co je tady skutečně možné?
- Jaké volby doopravdy mám?
- Jakou otázku bych si mohl/a položit a co by tato otázka vytvořila?
- Jakým přínosem tady mohu být nebo jaký mohu obdržet?

Přispívání je obousměrné, probíhá oběma směry. Můžeš být i přijímat zároveň. Pokud nemáš žádnou formu, žádnou strukturu a žádný význam toho, jak vytváříš a generuješ peníze, místo toho, abys například řekla: „Aha, všechny peníze získávám tím, že dělám x , y nebo z ," zeptej se: „Jaké možnosti tady dnes jsou?".

Musíš fungovat z otázky:

- Kde jinde mohu vydělat peníze?
- Odkud odjinud mohou plynout peníze?
- Co jiného je možné?

Dokud budeš průběžně nastavená ptát se „Co ještě?", budeš mít stále expanzivní způsob, jakým vytváříš a generuješ peníze.

Pokud řekneš: „Peníze si mohu vydělat pouze hlídáním dětí nebo každodenním chozením do práce," dosáhneš jiného výsledku. Nakoupila jsi jako významné, že práce rovná se peníze. To se velmi liší od otázky „Jak mohu vytvořit a vygenerovat peníze, o kterých se mi ani nesnilo?".

Jaké by to bylo, kdybys nepřistoupila na „musím odpracovat x hodin, abych to vytvořila"? Co kdyby ses místo toho ptala: „Jak rychle bych to mohla udělat a získat spoustu peněz?".

Můžeš si to vytvořit po svém, pokud jsi ochotna nemít žádnou formu, žádnou strukturu a žádný význam toho, jestli máš peníze, bohatství a hojnost. Můžeš si vytvořit cokoli, pokud máš ochotu fungovat jako otázka a zjistit, co všechno je ještě možné.

Dain: Také nemusíš mít žádnou formu, žádnou strukturu a žádný význam pro to, jestli ji vytvoříš po svém nebo ne.

Gary: Existuje spousta dobrých způsobů, jak vydělat peníze, tak proč je nevyužít?

Dain: Přesně tak. Proč znovu vynalézat kolo, když nemusíš? Pak k němu můžeš přidat to, co už znáš.

Otázka: Můžete mi prosím pomoci? Obvolávala jsem všechny lidi, kteří navštěvovali můj kurz Bars, abych je pozvala na kurz, který bude mít Dain. Jedna z dam, které jsem volala, mi řekla: „Nevybírám si Access Consciousness, protože neděláte vyšší stav vědomí. Jde jen o peníze." Chci v této situaci hájit sebe a Access Consciousness. Opravdu nevím, co na to říct...

Gary: Můžete říct: „Pravděpodobně máte pravdu. Jsem ráda, že jste více vědomá a mnohem dál než já. Ve skutečnosti nepotřebujete Access Consciousness. Máte pravdu."

Děkuji. Udělala jsem její poznámku velmi významnou a byla jsem z toho frustrovaná.

Dain: Žádná forma, žádná struktura a žádný význam mohou přijít v jakémkoli bodě na naší cestě, a po tomto bodě se všechno změní.

Kdybys nedělala formu, strukturu a význam, mohla bys být na místě, kde bys mohla říct přesně to, co řekl Gary. Ale protože se to stalo významným, udělala jsi soud té dámy hodnotným a skutečným. Když to uděláš, zůstaneš tam ležet jako kámen, se kterým nemůžeš nic dělat.

Jediný způsob, jak se s takovou situací vypořádat, je zbavit ji významu, který se jí snažíš přisoudit. Najdi způsob, jak tenhle význam zrušit. Rozpusť kámen, který tam před tebou leží, a pak se osvobodíš.

Pokud nebudeš považovat za důležité, jestli tato dáma přijde do Access Consciousness, jestli přijde na tvůj kurz nebo na kurz někoho jiného, jestli získá vědomí nebo něco jiného, pak budeš ochotna říct: „Dobře, už nebudu dělat tuhle dámu významnou, už nebudu dělat významným její úhel pohledu na Access Consciousness ani cokoli dalšího. Už nebudu dělat její soudy významnými." Kdykoli máš někde formu, strukturu a význam, soudíš.

Gary: Žádná forma, žádná struktura a žádný význam znamená, že nemusíš nikoho shánět, aby přišel na kurz. Je to „Nechceš přijít? Dobrý nápad, tak nechoď. Ahoj, uvidíme se později! Mimochodem, díky za tvůj soud."

Dain: „Děkuji ti za tvůj soud, děkuji za sdílení, přeji hezký den. Ať tě při odchodu nepraští dveře po zadku!"

Otázka: Je rozhodnutí, že něco má hodnotu, totéž, jako učinit to významným?

Gary: Ano. Vytváříš význam jako způsob, jak nemít to, o čem jsi se rozhodla, že je významné.

Pokud se stále snažíš hledět na formu nebo strukturu a význam toho, zda je máš, nebo nemáš, musíš je ztratit. To platí pro všechno v životě, včetně peněz.

Dain: Všechny věci ve vědomí, včetně tebe, mají svůj prostor. Pokud se jim snažíš dát formu a strukturu, narušuješ jejich vědomí. Snažíš se je napasovat do této reality a krása toho, čím jsou, se vytrácí.

Jestliže něčemu dáváš formu, jestliže se snažíš dát něčemu strukturu, zaručuješ si, že to ztratíš. Když dáš něčemu význam, buď to ztratíš, nebo to odsoudíš tak, že to nebudeš moci přijmout.

Otázka: To mi vhání slzy do očí. Vidím, že tím, že jsem si vážila tebe a svých zkušeností s tebou, svého růstu a rozvoje, jsem se dotýkala něčeho nekonečného a snažila se to učinit konečným. Je to jako zavřít motýla do sklenice.

Dain: Ano.

Gary: Je to jako udělat z Daina exemplář, který si dáš do rámečku a budeš se na něj každý den dívat.

Ano, uvědomuji si, že dávat něčemu formu, strukturu a význam tomu bere svobodu nového, kterým to může být v každém desetisekundovém intervalu.

Gary: Ano.

Otázka: Ráda bych měla proces, který by dokázal zničit a přetvořit místo, kde mám pocit, že jsem uvízla. Pokud jsem s někým, kdo sdílí názor, který je opačný než ten můj, upadám do paralýzy, protože...

Gary: Páni! „Upadám do paralýzy, protože...“ je význam toho, proč upadáš do paralýzy. Místo toho si polož otázku: „Co je to, co tuto paralýzu generuje a vytváří?".

Možná jsi paralyzovaná, protože dotyčný neslyší, co mu chceš říct. Možná, že upadnout do paralýzy je jedna z nejchytřejších věcí, které jsi kdy udělala!

Hmm... jak se tedy dostanu z toho ochromení?

Gary: Nechceš se dostat z ochromení. Chceš si uvědomit, že ta paralýza nejspíš nastává, když někdo neslyší, co máš na srdci – takže prostě zmlkni a poslouchej. Nemá to žádnou formu, žádnou strukturu ani význam.

Vytváříš strukturu a význam: „Jsem paralyzovaná“ je struktura. „Musím jim říct svou pravdu“ je význam. Nemusíš jim říkat svou pravdu.

Forma, ve které přichází, je pocit ochromení. Možná sis dostatečně vědoma toho, že druhý člověk je zcela paralyzován správností svého názoru a rozhovor s ním nepřinese nic dobrého. Proč by ses tedy tím obtěžovala?

Řekněme, že řeším business *a situace vyžaduje řešení nebo akci.*

Gary: Kdykoli se ocitneš v nějaké obchodní záležitosti, musíš se zeptat: „Dobře, o co tady jde? Co dodáváte vy a co dodávám já? A jak to přesně vypadá?"

Ptej se tak dlouho, dokud nedostaneš přesnou odpověď. Když to uděláš, lidé nemohou být zamotaní v tom, co říkají. Musí být výstižní v tom, co uvádějí. Pokračuj tak dlouho, dokud nezískáš výstižnost a uvědomění, co přesně požadují, co přesně máš zajistit ty a co přesně zajistí oni.

A co když říkají jednu věc, kterou hodlají udělat, a pak udělají pravý opak?

Gary: Pokud se zeptáš: „Jak přesně to vypadá?" a dostaneš přesnou odpověď, pak nemohou udělat opak.

Musíš se zeptat: „Jak přesně to vypadá? Co to přesně znamená? Co přesně ode mě požadujete? Co přesně hodláte udělat?"

Pokud to uděláš, musí mít jasnou a stručnou představu o tom, co to bude.

Nesnaž se je pochopit, uznat jejich platnost nebo je konfrontovat. Nic z toho nefunguje. Ochromí tě to, protože konfrontace nefunguje. Necháš je vyváznout s nesmysly a oni pak nesplní to, co řekli, že splní.

Další věcí je, že vytváříš formu, strukturu a význam ohledně obchodních záležitostí. Formu, strukturu a význam vytváříš ještě předtím, než se do nich pustíš. Říkáš si: „Tak tohle bude fungovat" nebo „Tohle bude dobré" nebo „Myslím, že tohle je to pravé".

Mohu se vás zeptat na další aspekt mé situace? Jedna žena, se kterou pracuji, řekla, že se chystá situaci napravit, a o deset sekund později tvrdila, že to nikdy neřekla. Nevěděla jsem, jak to mám řešit. Zasekla jsem se ve snaze situaci změnit, pak jsem si uvědomila, že se snažím napravit její pomatenost, což nefunguje. A mlčela jsem, což také nefunguje.

Gary: No, ono to funguje.

Opravdu? Jak?

Gary: Protože mlčení ti může dát vědomí. Máš vědomí, ale snažíš se ji přimět, aby se přizpůsobila a souhlasila s tvým názorem a nahradila škody, které z tvého pohledu napáchala. Snažíš se ji konfrontovat a přimět ji ke změně. Opravdu to bude fungovat?

Ne.

Gary: Proč bys to dělala? Vytvořila sis ve svém světě formu, strukturu a význam toho, jak by věci měly být, místo toho, abys byla v otázce, jaké jsou.

Tady je příklad. Přemýšlej o své rodině, která je formou. Jsi to ty, otec, matka, sestry, bratři, je to tak?

Nyní se zamysli nad strukturou své rodiny a nad tím, jak báječná a úžasná byla (nebo nebyla).

Nyní se zamysli nad významem zda mít rodinu, nebo ji ztratit. Dává ti to prostor a volnost, nebo to dělá něco jiného? Vlastně si uvědom význam toho, že se jich nikdy nebudeš moci zbavit.

(Směje se) Dobře.

Gary: Jaký je to pocit? Cítíš se potom lehce a příjemně?

Ne, ne, když jsem si uvědomila, jak je to stísňující.

Gary: O to jde. Chtěl jsem, aby sis uvědomila, jaké to je, když tě něco stahuje.

Dain: A všimni si, že ses zasmála. Když Gary řekl: „Uvědom si význam toho, že se jich nikdy nezbavíš," bylo to: „Ha-ha! Já jsem to dělala tak zatraceně významným – to je legrační!" Takže to teď můžeš změnit. Teď už máš jinou volbu. Se všemi deseti klíči je to tak, že jsou založeny na uvědomění. Jakmile si něco uvědomíš, lež z toho odpadne. Může se změnit přímo před tebou v okamžiku, kdy si ji uvědomíš.

Chápu. Vytvoření něčeho významného bude právě tou energií, která mi to bude znemožňovat.

Gary: To je pravda. Pak se musíš podívat na formu, strukturu a význam čehokoli a říct: „Tohle nefunguje. Zkusme něco jiného."

Nedávno mi volala jedna žena z Nového Zélandu a říkala: „Chtěla bych přijet a absolvovat váš kurz, ale mám už jen 4 000 dolarů."

„Jak to myslíš, že máš jen 4 000 dolarů?" zeptal jsem se.

„Už rok jsem bez práce a zbývají mi jen čtyři tisíce dolarů."

Zeptal jsem se: „Proč se nezačneš dívat na jinou realitu? Co kdybys místo: 'Zbývá mi už jen 4 000 dolarů' řekla: ,Pořád mám 4 000 dolarů'? Cítíš rozdíl v energii těchto dvou výroků? ,Zbývá mi už jen 4 000 dolarů' znamená, že o všechny přijdeš. Když řekneš: „Stále mám 4 000 dolarů," můžeš se zeptat: „Jak si je mohu udržet?". Je to úplně jiná energie."

Ona na to: „Chodím na pracovní pohovory a nabízejí mi 15 dolarů na hodinu, ale nevnímám to jako péči o mě a mé tělo."

Řekl jsem: „Došly ti peníze. Najdi si nějakou zatracenou práci. Žádná práce ti nebude připadat úctyhodná, dokud se tam nedostaneš a něco nevyprodukuješ a někdo neřekne: ,Jsem za tebe tak vděčný', nebo nepochopí, že jsi dar – nebo nepochopí, že chceš jít dělat jinou práci. Musíš se přestat snažit vytvářet formu, strukturu a význam. Tvá struktura spočívá v tom, že to musí být práce, kterou máš ráda, kde tě mají rádi. Přenes se přes sebe. Je to práce. Dostáváš peníze za to, že pracuješ. Dodávej práci a buď zticha."

Dain: Takže si myslíš, že to dělala trochu významným?

Gary: Ano, jen trochu! Řekla: „Ale když to udělám, nebudu moct chodit na tvé kurzy." Tak na ně nechoď. Nech si svých 4 000 dolarů. Zbláznila jsi se? Měl jsem říct: „Uvědomuješ si, že jsi blázen?" To by byla vhodnější odpověď.

Otázka: Posledních pár dní jsem žádala o energii péče a měla jsem mnohem více péče o Zemi a těla. Dnes ráno jsem se probudila a nemohla jsem tuto energii načerpat; nemohla jsem jí být a nemohla jsem ji najít. Řekla jsem si: „Kde je ta energie? Žádám o ni. Kde je?" a začalo mě to stresovat.

Stává se mi to, když něco důležitého udělám nebo když o něco žádám a zdá se mi, že to prostě nejde nebo... Slyším od vás: „Na tom nezáleží. Nech to být." Já pak na to: „Ale to mi připadá, jako by mi na tom nezáleželo".

Gary: Vytvořila sis formu péče, jako by ses mohla starat o Zemi nebo o těla. To je méně, než co starání se je, a více, než jsi ochotna být.

Vytvořila sis strukturu péče, která vypadá, že pochází z určitého místa nebo že má nějak konkrétně vypadat. A své pocity jste učinila významnými.

Formou, strukturou a významností toho, co jsi definovala jako péči, jsi vytvořila omezení toho, co péče je. Omezila jsi to, co je péče, abys měla význam toho, co cítíš, strukturu toho, jak to cítíš nebo prožíváš, a formu, ve které to k tobě musí přijít, abys věděla, že to máš.

Jakmile *dosáhneš* péče, nemůžeš ji *cítit.* Jakmile se staneš pečující, nemá to žádnou formu, nemá to žádnou strukturu, nemá to žádný význam; prostě to je. A je to prostě to, co jsi.

Dain: Gary, navrhl bys jako nástroj: Jakou má tohle formu? Jaká je struktura? Co tu dělám významným?

Gary: To je dobrý začátek. Mám tu také proces:

Jakou fantazii, bytí a skrytou agendu pro vytváření formy, struktury a významu jsem učinil tak skutečnou, že ji ani tváří v tvář naprostému vědomí nemohu a nechci změnit, zvolit ani poupravit? Všechno, co to je godzilionkrát, zničíte to a přetvoříte to? Right and wrong, good and bad, POD and POC, all 9, shorts, boys, POVADs and beyonds.

Otázka: V dětství mi bylo vždy vštěpováno, že musím získat vzdělání, práci a zkušenosti, abych si vydělal na dobré živobytí. Jak mohu zničit a odbourat žebřík a schody k úspěchu?

Gary: Nemusíš to ničit. Stačí se na to podívat a zjistit, je-li to významné. Tvoji rodiče se ti snažili dát formu, strukturu a význam, jak si mysleli, že to má být. Většina z nich se tím neřídila, a protože to nedělali, mysleli si, že to musí být správně.

V naší rodině platilo: „Musíš získat vzdělání, musíš si najít práci, musíš si vydělat na dobré živobytí. Jdi do školy“. Ale jít do školy nic neznamenalo, protože moje matka tam nechodila.

Pro mě to bylo všechno v pořádku, ale nebyl to život, který bych si přál mít. Nebyla to forma, struktura a význam, s nimiž jsem chtěl žít. Jak se ukázalo, vlastně jsem chtěl žít bez formy, struktury a významu.

Když nemáš žádnou formu, žádnou strukturu a žádnou významnost čehokoliv, máš naprostou volbu. Není to založeno na „forma je taková, struktura je taková, význam je takový, takže to musím udělat“. Je to spíše „Dobře, jakou mám tady možnost volby?“. Žádná forma, žádná struktura a žádný význam ti dávají úplnou volbu.

Otázka: Jedno přísloví říká: „Nevědomost je blaženost.“ Věřím, že pokud o něčem nevíte a nepřemýšlíte o tom, nemůže to dělat významným. Nicméně od doby, co znám Access Consciousness, si začínám uvědomovat úplně všechno, takže jak mohu tento klíč uplatnit ve svůj prospěch?

Něco významného vlastně děláte tím, že o tom nevíte. Tento klíč můžete využít ve svůj prospěch tím, že si uvědomíte, že naprosté vědomí vám dává naprostou možnost volby. Když neexistuje žádná forma, struktura nebo významnost toho, co byste měli nebo neměli vědět, poznáte všechno a pak můžete všeho využít a získat v životě cokoli, co chcete.

Otázka: Moje matka dělá všechno důležitým. Všechno je skutečnost a všechny příběhy, které vytváří, jsou reálné. Je to zajímavý úhel pohledu; ale jaký zářez bych mohla vhodit do jejího vesmíru, jen tak pro legraci?

Gary: Je to matka. Co z toho nechápeš? Všechny matky znají všechna fakta. Řekni jí, že má pravdu a že jsi jí za to moc vděčná. Řekni: „Jsem tak vděčná, že mám tebe, abys mě vedla, mami."

Dain: Tohle je skvělý nápad. Řekni svým rodičům, jak jsi jim vděčná, kolik tě toho naučili a jak tě vedli. Všechno, co děláš, je pak výsledkem toho, co ti dali, takže už ti za to nemohou vyčítat nic špatného.

Gary: Ups! Když jim vyjádříš vděčnost, nevědí, co mají dělat, protože už si nemohou stěžovat. A nemohou vše činit významným a věcným a věřit všem svým příběhům, protože účelem těchto příběhů je, abyste si je uvědomili. Když jim řekneš, že jsi vděčná, protože ti dali uvědomění, přestanou se snažit dát ti uvědomění.

Otázka: Pokud neexistuje žádná forma, žádná struktura a žádná důležitost, co pak s lidskými sklony chtít navázat spojení s jiným živým tvorem, člověkem nebo zvířetem? Chtít pociťovat lásku a spojení s druhým jako čisté, pečující a dávající?

Gary: Páni, to je ale fantazie. Mám tě rád, ale tohle je prostě totální fantazie.

Dain: Zajímavé na tom je, že myšlenka, že již nejsme jednotou a nejsme již zcela propojeni, má určitou formu, strukturu a význam.

Žila jsem svůj život mimo běžné struktury a vždycky jsem měla vztahy, ve kterých jsem cítila, jako bych do nich nepatřila. Byla jsem černá ovce, hrbáč z Notre Dame, a občas mi to nevadilo. Ale jindy jsem tolik toužila někam patřit, mít nějaký význam, křičet ze zvonice a být vidět.

Gary: Je to forma, struktura a význam? Naprosto. Význam je, že péče je skutečná, i když většina lidí ve skutečnosti pečovat nemůže. Péče v lidské realitě znamená, že toho člověka zabiješ. Takže křičet z věže, aby lidé viděli, že tam jsi, že ti na nich záleží, že se o tebe někdo může starat a že bys někomu takovou péči věnovala, je spolehlivý způsob, jak se nechat zabít. Na tvém místě bych to nedělal. Bez formy, bez struktury a bez významu je to tak, jak to má být.

Patřím k těm latinskoamerickým ženám, které propadly emotivní telenovele [španělsky mýdlová opera] a vzbouřily se proti všemu, přesto jsem se držela citového dramatu hluboce prožívané lásky.

Gary: Celá myšlenka lásky je forma, struktura a význam. Místo lásky musíš přejít k vděčnosti. Zeptej se: „Za co jsem u tohoto člověka vděčná?".

Láska umožňuje soudit. Lidé říkají: „Jsem k této osobě naprosto láskyplná," dokud je tato osoba nenaštve, a v okamžiku, kdy je naštvaná, se jejich láska náhle stává podmíněnou. Opakovaně jsem to pozoroval v každé církvi, sektě a náboženství, kam jsem chodil. V jednom vesmíru můžeš mít lásku a souzení, ale nemůžeš mít vděčnost a souzení zároveň.

Dain: Láska je jednou z obrovských forem, struktur a významů. Je určena k tomu, aby tě vyvedla z prostoru, kterým je vděčnost. Láska se stará o to, abys vždy musela proti něčemu nebo někomu brojit nebo za něco či někoho bojovat.

Gary: Ve vděčnosti není žádná forma, žádná struktura ani žádný význam.

Otázka: Někdy jsem si říkala, jak ty a Dain žijete ve spojení nebo v jednotě, aniž by to bylo významné. Slyšela jsem, jak říkáte, že se navzájem zbožňujete, což je podle mě opravdu krásné. Zjevně z toho ale neděláte nic významného. Ráda bych více pochopila, jak to děláte. Mohli byste to rozvést?

Gary: Mohu říct, že Daina zbožňuji, ale sebe bych se pro něj nevzdal. Většina lidí zastává názor, že zbožňování znamená, že toho druhého uctíváte. Adorace je forma uctívání a vy uctíváte druhou osobu a děláte ji významnější než sebe.

Daine, lidé tě zbožňují. Líbí se ti, když tě takhle uctívají?

Dain: Ne, nelíbí.

Gary: Proč?

Dain: Protože, jak jsi zdůraznil, když tě někdo uctívá, musíš mu sloužit. Není to zábava. Je s tím spojeno tolik formy, struktury a významů, že to vůbec není pohodové místo.

Další část adorace spočívá v tom, že druhá osoba ve skutečnosti nedostává žádnou část mě. Dostává pouze představu toho, co si sama promítá, čím budu nebo co udělám. Nedostane změnu nebo dar možnosti, kterou bych jí chtěl zprostředkovat.

Vidím, že to vše je skutečným omezením. Zdá se, že zapomínáme, že jsme nekonečné bytosti. Kdybych někoho zbožňovala, musela bych přejít

k menšímu vymezení toho, kým si myslím, že ve vztahu k této osobě jsem.
To by nás oba omezovalo.

Gary: Ano, jestliže někoho zbožňuješ z hlediska definice této reality, děláš ze sebe méně, než je on. Usoudila jsi, že je lepší než ty, a v určitém okamžiku se od něj budeš muset automaticky oddělit a odejít, ať už fyzicky, nebo energeticky. Budeš muset uvěřit, že jsi to nějakým způsobem chtěla ty a /nebo ten druhý člověk. Dostaneš se do bodu, kdy se budeš bránit a reagovat na myšlenku, že někoho jiného děláš větším než sebe. Musíš se tomu bránit a reagovat na to, abys měla sebe.

Je to podobné tomu, co dělají teenageři. Jako děti si z mámy a táty udělali cíl všeho a pak si najednou řekli: „Kašlu na to! Nechci být jako tihle dva lidé. Chci mít sám sebe."

Co kdyby ses touto cestou vůbec nemusela vydat? Co kdybys nemusela mít formu, strukturu a význam zbožňování nebo uctívání někoho, a mohla by ses prostě zeptat: „Dobře, co mám vlastně ráda? Co mají oni, co bych já mít nechtěla? Co by bylo zapotřebí, abych měla více toho, co bych opravdu chtěla mít? Konec příběhu, pojďme dál!"

Mluvíte o volbě a společenství. Právě jste mi pomohli pochopit celé mé dětství. Máma mě naprosto zbožňovala, ale bylo to hrozné břemeno. V té energii byla nesmírná tíha. Byla jako požární hydrant lásky, který proudil mým směrem, ale vždycky mě asi o metr minul, protože nikdy nebyl skutečný. Nikdy mě neoslovila, takže jsem se vždycky cítila nemilovaná nebo bez lásky, zatímco všechno, co říkala a dělala, jako by říkalo, že jsem to nejlepší na světě. Všechno byl jen její odraz, protože jsem byla jejím výtvorem. Nikdy nepochopila, že stvořila samostatného člověka, který má svobodu vlastní volby.

Gary: Nikdy si neuvědomila, jaké monstrum stvořila.

Jo, byl to pěkný chaos. A pak mě sestra, která mě stavěla na piedestal, úplně zavrhla, když jsem nesplňovala její očekávání.

Gary: Zbožňovali svou představu, ne tebe. V padesátých a v šedesátých letech minulého století byla velmi populární kniha Chalíla Gibrána Prorok. Říká, že když necháš odejít to, co miluješ, vrátí se ti to. Pokud se však budeš toho, co miluješ, držet, musí to zemřít. Je to jako držet se ptáčka. Miluješ ho tak moc, že ho miluješ až k smrti.

Milovat někoho bez formy, bez struktury a bez významu je tam, kde ho necháš odejít. Necháš ho letět, a pokud si přeje být s tebou, vrátí se.

Před čtyřiceti lety, když jsem tu knihu četl, jsem si řekl: „Páni, to dává smysl!" Od té doby vycházím z myšlenky, že pokud tě miluje, vrátí se ti. Nechat něco být svobodné, protože to miluješ, je jediný způsob, jak to může být tím, čím to je.

Dain: Rád bych řekl něco o lásce, vděčnosti a významnosti. Kdysi dávno jsem chodil s jednou dívkou. Moc se mi líbila. Říkal jsem si: „Miluju ji, miluju ji a miluju ji." Začala o mně lhát všem známým. Pomlouvala mě všemi možnými způsoby.

Zeptal jsem se Garyho: „Jak se to stalo? Miluju tuhle osobu."

Gary se zeptal: „A jak ti ta láska prospívá v téhle situaci?"

Odpověděl jsem: „Zabíjím mě to!"

Řekl: „ Dovol mi, abych se tě na něco zeptal. Můžeš být ještě vděčný za to, co dělá?"

Odpověděl jsem: „Ano, protože si díky ní hodně uvědomuju. Uvědomuju si, že to není podstatné. Nemusí to nic znamenat. Lidé, kteří kupují lži, jsou jen lidé, kteří kupují lži. Stejně hledali důvod, aby mohli soudit."

„A dokážeš být ještě vděčný za ni a za všechno, co jsi od ní dostal, a za všechnu zábavu, kterou jste zažili, když jste se bavili, než tě začala nenávidět?"

Uvědomil jsem si, že bych jí mohl být velice vděčný. Viděl jsem, že snaha udržet si místo zvané láska mě zabíjí. Existuje forma, struktura a významnost toho, jak to vypadá pro každého z nás. Každý z nás dostává své formy, struktury a významy, když dospíváme, a u každého člověka vypadají jinak než u ostatních.

Otázka: Říkal jsi, že láska je *o obrovské formě, struktuře a významu, a že vděčnost tě z nich vyvádí. Proč je vděčnost tak osvobozující a radostná? Jak k tomu dochází?*

Gary: Láska byla formou, strukturou a významem všech písní, všech dramat, všech traumat, všech rozčilení, všech intrik, všech špatných televizních pořadů, všech dobrých televizních pořadů, všech filmů a téměř všeho ostatního.

Ale proč je vděčnost tak osvobozující a úžasná?

Dain: Protože vděčnost tě uznává a spojuje tě s ostatními. Umožňuje ti stát se jedním z aspektů a prostorů bytí, které jsou k dispozici.

Láska je z mého neobvyklého úhlu pohledu jako vzít všechno, čím by mohla být vděčnost, péče, laskavost a možnost, a překroutit je tak, že jim vždy musíš přikládat formu, strukturu a význam. Vždycky bys byla mimo starostlivost, mimo vděčnost, mimo laskavost a mimo možnost. Vždy by ses snažila k těmto věcem směřovat, ale nikdy bys nebyla schopná jimi skutečně, právě teď, být.

Otázka: Máte nějaké další čistící procesy, které bychom mohli spustit na žádnou formu, žádnou strukturu, žádný význam? Moje hlava připomíná fotbalový míč.

Gary: Spouštějte si ten, která jsem vám dal:

Jakou fantazii, bytí a skrytou agendu pro vytváření formy, struktury a významu jsem učinil tak skutečnou, že ji ani tváří v tvář naprostému vědomí nemohu a nechci změnit, zvolit ani poupravit? Všechno, co to je godzilionkrát, zničíte to a přetvoříte to? Right and wrong, good and bad, POD and POC, all 9, shorts, boys, POVADs and beyonds.

Možná budeš chtít tenhle proces spouštět často. Začne se rozpadat vše, co jsi si vytvořila jako formu, strukturu a význam, a začne ti to dávat nové možnosti.

Dobrá, přátelé, je čas ukončit náš rozhovor o žádné formě, žádné struktuře a žádném významu. V povídání budeme pokračovat příští týden!

6

Žádné soudy, žádná diskriminace, žádné rozlišování

Gary: Dobrý den všem. Dnes budeme mluvit o šestém klíči: Žádné soudy, žádná diskriminace, žádné rozlišování. Dain je s námi na telefonu, ale má problémy s hlasem, takže bude poslouchat a moc toho nenamluví.

Rád bych přečetl e-mail, který mi přišel. Myslím, že by všem pomohlo, kdybychom si o něm promluvili předem:

Mnozí z nás se učili, že rozlišování je velmi důležité. Nemohla jsem pochopit myšlenku žádného rozlišování, dokud jsem si neuvědomila, že rozlišování je posuzování a diskriminace, a že vědění nahrazuje rozlišování. Právě díky vědění můžeme jako nekonečné bytí být, vědět, vnímat *a přijímat, abychom byli bez soudů, diskriminace a rozlišování. Souhlasíte s tím? A pokud ano, mohl byste to prosím rozvést?*

Gary: Tak to přesně je. Dokud nesoudíte, nediskriminujete, nerozlišujete, můžete být vnímající, vědoucí, jsoucí a přijímající nekonečnou bytostí.

Když soudíte, diskriminujete nebo rozlišujete jakýmkoli způsobem, vyřazujete svou schopnost být, poznávat, vnímat a přijímat.

Soud je: „Ve středu nejím vepřové." Říkáte si: „Kdykoli jindy by bylo vepřové dobré, ale ve středu ho jíst nemůžu." To je váš soud. Je to závěr, ke kterému jste dospěli.

Diskriminace je způsob, jakým se snažíme vytvořit něco, co není *úplně* správné.

Rozlišování je myšlenka, že si musíte něco vybrat. Rozlišování je „Tohle se mi nelíbí, to je hrozné. Je to špatné a chutná to příšerně." Je to mírnější forma souzení. Lidé například mluví o rozlišování chuti. To je soud. Rozlišování chuti znamená: „Soudím, že to tak je." Rozlišování je závěr, ke kterému dojdete. Volba a uvědomění je možnost, kterou si uvědomíte.

Volba je „Tohle jíst nebudu."

Uvědomění je „Nechci jíst květák. Nechutná mi."

Preference zní: „Dávám přednost chutnému jídlu před obyčejným, ale obyčejné věci nediskriminuji, protože je občas jím nebo piju, podle okolností, protože *mám vždy na výběr.*

Ve skutečnosti jde ale o to, jak se na věci díváte. Máte možnost volby a uvědomění? Nebo používáte nějakou formu posuzování?

Otázka: Jednoho rána jsem se probudila a vybavilo se mi slovo intenzita. Zdá se, že čím větší hustotou jsem, tím jsem lidštější, tím více se cítím být při zemi, tím více emocí přebírám od lidí kolem sebe a tím víc soudím.

Čím jsem lehčí, *čímž mám na mysli, že více expanduji, tím více souzení odpadá. Když jsem o tom přemýšlela, cítila jsem kolem sebe pocit svobody. Je to místo, kde nenajdeme žádné souzení, žádnou diskriminaci a žádné rozlišování?*

Gary: Nejde o to, kde nenajdeš žádný soud; jde o to, jak se jím staneš. Když jsi prostorem, je velmi obtížné vytvořit formu, strukturu a významnost, které jsou nutné k vytvoření soudu, diskriminace a rozlišování.

Otázka: Mohli byste, prosím, říct více o tom co zaznělo minulý týden: Jakmile se něčím stanete, řekněme mírem, láskou nebo péčí, necítíte to, jste tím. Rovná se to tomu, že se nacházíte ve velmi klidném prostoru? Například když jste svědky dramatu nějaké události a prožíváte soucit, jste odděleným pozorovatelem, který zůstává nehybným bodem?

Gary: To je výborná otázka, protože poslední posluchačka právě řekla, že pokud se staneš hustotou, pocítíš to. Hustota je vždy pocit a pocit je vždy hustota. Když se staneš prostorem, všechno to odpadne. Takže když se staneš prostorem, veškerá hustota, která je nutná k vytvoření „pocitu" něčeho, přestane existovat. Je odstraněna a odchází.

Druhá část otázky se ptá na to, jestli jsme nehybný bod. Může být nekonečná bytost skutečně nehybná? Ne, nekonečné bytosti mohou být pouze zcela expanzivní, tak expanzivní, že mají k dispozici pouze nekonečné možnosti volby. V těch případech, kdy existuje nekonečná možnost volby, nemohou dospět k závěru, nemohou dospět k soudu a nemohou žádným způsobem, v žádné podobě ani formě přejít do rozlišování, diskriminace nebo posuzování. Proto mluvit o tom jako o nehybném bodě je nesprávné. Nehybný bod je koncept, který byl vytvořen proto, aby z nás udělal tak malé, jak je to jen možné a přivedl nás tak blízko k ničemu, jak je to jen možné.

Takže všude tam, kde jste koupili *nehybný* bod jako způsob, jak dojít k vědomí, zničíte to a přetvoříte to prosím? Right and wrong, good and bad, POD and POC, all 9, shorts, boys, POVADs and beyonds.

Otázka: Je souzení něčím, co se připojuje? Jsou to asociace, které máme k věcem z minulosti, na které si vzpomínáme? Je to energie, ať už dobrá nebo špatná, kterou připojujeme k věcem, jako je jídlo, hudba a místa?

Gary: Soud je něco, co připojuješ k jiným soudům. Není to něco, co máš jako vědomí. Pokud jsi s někým tančila a bylo ti dobře a za nějaký čas jsi znovu slyšela tu samou píseň a vzpomínka na tanec se ti vrátila, není to souzení, rozlišování nebo diskriminace. Je to uvědomění. Je to vybavení si, které ti umožňuje přístup ke všemu, co je na světě možné. Bohužel si spíš vybavujeme vzpomínky než uvědomění. Jaké uvědomění jsi měla během písničky, že sis nepřipouštěla, že sis jí vybavila, vzpomněla si na ni a měla ji k dispozici? Musíš se na to začít dívat.

Otázka: Proč je snazší vzdát se souzení druhých a mnohem těžší vzdát se souzení sebe sama? Jak úžasná bych byla bez souzení, které mě drží na místě?

Gary: Proto musíš použít tento klíč.

Jednou z věcí, na které se musíš při souzení sebe sama zaměřit, je: Je to moje? Řekněme, že máš světlé vlasy a modré oči a stojíš vedle někoho, kdo má také světlé vlasy a modré oči. Najednou si začneš říkat: „Moje vlasy dnes vypadají příšerně!“

O co tady jde? Osoba vedle tebe si myslí, že její vlasy dnes vypadají příšerně. Vždycky předpokládáš, že myšlenky, pocity a emoce, které prožíváš, jsou tvoje. Předpokládáš, že každé souzení musí být tvoje. Musíš si položit otázku: „Je to moje?“. Jen tak se přes to dostaneš a překonáš to.

Otázka: Zdá se mi, že většinou soudíme sami sebe, což nás omezuje. Minulý rok jsem si dala předsevzetí, že to změním, ať to stojí, co to stojí. Zvláštní je, co se stane, když vyslovíte požadavek. Začnete si uvědomovat všechna místa, kde si vybíráte právě to, co se snažíte změnit.

Pak začnete používat nástroje v praxi. Začnete si klást otázky typu: „Co bych tu chtěl/a mít jinak?“ POD a POCujete věci a děláte různé volby, což umožňuje, aby se objevilo něco jiného. Jak to může být jednodušší?

Gary: Bez diskriminace, bez souzení a rozlišování směřuješ k volbě a vzdaluješ se závěrům. Posuzování, diskriminace a rozlišování jsou zdrojem pro vytváření závěrů, abys mohla něco správně pochopit. Kdybys však nikdy nemusela mít pravdu a nikdy se nemusela mýlit, jakou bys vlastně měla možnost volby?

Čím méně se soudím, tím je můj život jednodušší *a svobodnější. Jednou z oblastí, kde mám stále potíže, je vstupování do špatnosti sebe sama, i když tam nezůstávám tak dlouho jako dřív.*

Gary: Jakmile začneš tyhle nástroje používat, dochází k postupným změnám. To je vše, co můžeš požadovat. Celý život ti bylo ukazováno, že se mýlíš. Učili tě soudit se a říkali ti, že musíš diskriminovat a rozlišovat. Co kdyby nic z toho nebyla pravda? Co když to všechno byla lež? Mám proces, o kterém si myslím, že ti v tom pomůže, a který vám za pár minut prozradím.

Můj život se zvětšuje a moje podnikání roste. Mám více klidu a radosti a mé děti jsou šťastné, ale stále jako by to nebylo dost velké a já jsem nedosáhla dostatečně velké změny. Čím to je? A co by bylo potřeba udělat, abych to změnila?

Gary: Musíš si uvědomit, že ke změně světa stačí změnit jednoho člověka. Každý člověk, kterého se dotkneš změnou, kterou pro něj vytvoříš, vytvoří změnu pro dva další, což vytvoří změnu pro dva další, což vytvoří změnu pro dva další. A bude to někdy stačit? Ne. Proč? Protože svět není místem, o kterém víš, že by takové mohlo být. Přišli jste sem, protože jste chtěli změnit svět. Tak co by to chtělo? Nepřestávej se snažit, nepřestávej to dělat. A přestaň hledat, co stále děláš. To je ten problém, když jsi nehybným bodem. Říkáš: „Stále (něco, ať už je to cokoli)," což znamená, že se vracíš do konečného bodu, v němž neexistuješ a v němž nejsi tou nekonečnou bytostí, kterou jsi.

Otázka: Jaký je rozdíl mezi pozorováním a soudem? Zjistila jsem, že je obtížné nepoužívat žádné soudy, žádné rozlišování a žádnou diskriminaci, zejména v rodině a u blízkých přátel.

Gary: Pokud to dělám já, je to pozorování. Pokud to děláš ty, je to soud. (To je vtip.)

Řekněme, že ti matka řekne, že máš ošklivé šaty. „To jsou tak ošklivé šaty, kéž by sis je neoblékla." Je to diskriminace, rozlišování, nebo soud?

Pak řekneš: „Moje matka je taková mrcha." Je to diskriminace, rozlišování, nebo soud?

Většina lidí zastává názor, že pokud je to pozitivní komentář, není to soud, a pokud je to negativní komentář, je to soud. Myslíš si, že když ti matka řekne, že máš ošklivé šaty, a ty odpovíš: „Moje máma je mrcha," že je to soud.

Mohlo by jít o pozorování, i když je negativní. Možná jsou ty šaty ošklivé. Možná se tvoje matka v danou chvíli chová jako mrcha. Rozdíl mezi soudem a pozorováním je především v tom, jak je ona energie cítit. Když řekneš něco, co je soudem, zvyšuje to hustotu. Když řekneš něco, co je vědomím, hustotu to sníží.

Tvá rodina a přátelé se domnívají, že smyslem jejich života je soudit tě. Ty bys ovšem tyto soudy vůbec nevnímala, že ne? Ale ano, vnímala! Děláš to nepřetržitě. Takže se opět musíš ptát: „Je to moje? Je to můj úhel pohledu?"

Otázka: Mohl bys, prosím, říct něco víc o pečování?

Gary: Péče je, když nemáš žádný soud. Dokud něco posuzuješ, nejsi pečující. Nemůžeš se o někoho starat a zároveň ho soudit. Můžeš pouze soudit a nestarat se, nebo se starat a nesoudit. To jsou jediné možnosti, které máš.

Pokud se snažíš vtěsnat péči do nějaké formy, struktury nebo významu, omezuješ ji. Takže je to spíše péče *pro* nějaký účel, než že jsi sama onou péčí. Má Země nějakou formu, kvůli které se o něco stará, nebo se prostě stará pořád? Země nás neustále obdarovává. Svou péči daruje ptákům a včelám, květinám a stromům. Dává nám všechno bez jakéhokoli úhlu pohledu. Nemá představu, že pečovat znamená starat se o lidi (což je forma). Stará se o všechno. Nemá úhel pohledu, že je třeba pečovat o jedince (což je významnost). Pečuje o všechny a o všechno stejně. Stará se o smrt stejně jako o život. Pokud se nám podaří dostat se na místo, kde můžeme pečovat tímto způsobem, ztratili jsme formu, strukturu a význam péče. Stali jsme se dovolením a péčí, kterou Země je.

Je to to, co stojí mezi námi a nekonečným prostorem? Je to to, co nám brání být nekonečnými bytostmi, kterými jsme? Je to souzení a diskriminace, je to tak?

Gary: Ano, je. Ale jsou tu i ostatní klíče. Ukážu vám, jak fungují, až je budeme procházet. Omlouvám se, že je nemůžu ukázat všechny najednou. Chvíli trvá, než si některé z nich osvojíte. A pak někdy přicházíte s otázkami, které naznačují, co nebylo pochopeno a jaká dodatečná vysvětlení a postupy jsou nutné.

Jaké vytváření a generování soudu, diskriminace a rozlišování jako absolutní nutnosti pro vytvoření života používáte k uzamčení pozičních HEPADs*, které zavádíte jako zdroj své špatnosti, správnosti vašeho úhlu pohledu a nutnosti nikdy neprohrát? Všechno, co to je, godzilionkrát, zničíte to a přetvoříte to? Right and wrong, good and bad, POD and POC, all 9, shorts, boys, POVADs and beyonds.

---

* Viz slovníček pojmů.

Dobrou zprávou je, že se všichni můžete vzdát soudů. (Žertuje) Ne, ani za milion let. Nedokázali byste se vzdát soudů, ani kdyby na tom závisel váš život.

Podívejte se na mě!

Otázka: Nedávno jsem během dvou dnů, kdy se mnou někdo pracoval, přibrala pět kilo. O dva týdny později na mně stejný člověk pracoval znovu a já přibrala dalších deset kilo. Nejdřív jsem si myslela, že se se mnou něco děje, ale tato osoba měla v minulosti poznámky o tom, že jsem příliš hubená. Mohl by to být příklad toho, že někdo do probíhajícího sezení vkládá svůj pohled na věc? A pokud je to tak, jak se to dá zvrátit?

Gary: Je to jeho úsudek, že jsi hubená, a ty se snažíš soudit, diskriminovat a rozlišovat, jestli má pravdu, nebo ne. Jsi příliš hubená? Musíš přejít k otázce. Musíš se zeptat: „Tělo, jak chceš vypadat?".

To je příklad toho, že je ti vnucován soud. Pokud na své tělo vrháš soudy, zvyšuješ na základě svého soudu svou štíhlost nebo tloušťku, protože soudy vytvářejí hustotu. Co tělo cítí? Hustotu. Když tělo pociťuje hustotu, stává se z něj větší hustota, protože předpokládá, že si ji přeješ. Jsi-li ochotna být v naprostém vědomí a naprosté péči bez diskriminace, posuzování a rozlišování, můžeš vytvořit jinou možnost jak pro sebe, tak pro své tělo.

Otázka: Zdá se mi, že se rozhoduji, a přesto jsou mé volby hutné. Když se ptám: „Bude to pro mě přínosem?" nebo „Přinese mi to do života něco navíc?", je to pro mě těžké. Dostanu odpověď „ano", ale zdá se, že něco není úplně v pořádku. Prolíná se diskriminace s volbou – vybíráme si a pak se vracíme k diskriminaci?

Gary: Ano, protože tě to tak naučili. Lidé se tě ptají: „Jak jsi se mohla takhle rozhodnout?" Když jsem byl malý a udělal jsem rozhodnutí, se kterým rodiče nesouhlasili, ptali se mě: „Jak jsi k tomu dospěl?" nebo „Proč jsi udělal takové rozhodnutí?". „To nebyla dobrá volba." Když se to stane, začneš pochybovat o všech svých rozhodnutích. Tento proces ti může pomoct.

Co jste definovali jako diskriminaci, soudy a rozlišování, což to ve skutečnosti *není?* Všechno, co to je, godzilionkrát, zničíte to a přetvoříte to? Right and wrong, good and bad, POD and POC, all 9, shorts, boys, POVADs and beyonds.

Otázka: Je to, jako by moje bytost byla soudem, rozlišováním a diskriminací. S tím jsem vyrostla. Všechno, čím jsem byla, bylo odsuzování, rozlišování a diskriminace.

Gary: To je všechno, co bylo uznáno jako ty a co ve skutečnosti tebou nebylo. Je to to, co potvrdila tvoje rodina.

Dain: Jednou z věcí, kterou jsem si uvědomil, je, že lidé neustále dynamicky dělají závěry a ani si to neuvědomují. Je to založeno na posuzovacím, diskriminačním a rozlišovacím úhlu pohledu, jako bychom to byli my?

Gary: Fungujeme tak, jako by nás soud vlastně definoval. Sami sebe definujete svými soudy, rozlišováním a diskriminací. Lidé neustále říkají: „Mám diskriminační vkus. Mám rád šampaňské, i když mám rozpočet na pivo." To není diskriminační vkus; to je soud definovaný jako „Tahle jiná věc by byla lepší než to, co si vybírám". Je to soud o tobě. Takhle se tyto věci prolínají a brání nám v tom, abychom měli skutečně možnost volby.

Učili nás, že máme jen jednu možnost nebo že existuje jen jedna dobrá volba. Nebo máš jen dvě možnosti a musíš si vybrat mezi jednou nebo druhou. Nekonečná volba je možnost vybrat si všechno. Otázka, kterou by sis měla položit, zní: „Dobře, vyberu si všechno tohle a jak to udělám?".

Máš-li na výběr a vidíš pět různých možností, můžeš si vybrat všech pět možností. Musíš si jen určit, nikoliv soudit, kterou z nich by sis chtěla vybrat jako první.

Takhle bychom měli postupovat ve všem, co v životě děláme. Jediné, co musíš udělat, je dát si řád do toho, jakým způsobem si věci do života přineseš. Stačí, když to budeš neustále používat.

Otázka: Vzpomínám si, jak jsem byla ztracená, protože jsem si myslela, že musím udělat jednu volbu.

Gary: Ztrácíš se, když diskriminuješ. Říkáš: „Musím si vybrat tohle," což vyžaduje, abys odřízla své vědomí, což pak vyvolá pocit ztráty.

Odřízneš-li jakékoli vědomí, ztratíš schopnost se dále pohybovat nebo někam jít.

O čem jste se rozhodli, že diskriminace, soud a rozlišování nejsou, co ve skutečnosti jsou? Kromě toho, co říkají vaši rodiče. Všechno, co to je, godzilionkrát, zničíte to a přetvoříte to? Right and wrong, good and bad, POD and POC, all 9, shorts, boys, POVADs and beyonds.

Soudy ke mně vždycky přicházely z úhlu pohledu: *„Dělám to jen proto, že tě mám ráda a chci ti pomoct.“*

Gary: Ne, lidé soudí, protože chtějí soudit, a ne proto, že by chtěli někomu pomoci. Souzení je prostě souzení. Nedávno jsme s Dainem byli v Boerne v Texasu. Snídali jsme v hotelu nižší cenové kategorie. Byla tam žena, která byla velmi malá a velmi silná, se svou dcerou, která byla také velmi malá a velmi silná.

Byly s hubenou holčičkou, která byla ženinou neteří. Žena dívce řekla: „Musíš víc jíst, protože jsi moc hubená. Ty nechceš vyrůst a být tak krásná jako my?“ Dívka vytřeštila oči a neřekla ani slovo.

Jsem si jistý, že se ve svém vesmíru snažila říct: „Ne, nechci být jako vy. Prosím, nenuťte mě k tomu!“

Komentář ženy byla diskriminace, soud a rozlišování. Dívčino vědomí bylo: „Ne, nechci být taková.“

Bylo ti řečeno, že něco je soud, i když *není*, a bylo ti řečeno, že něco *není* soud, i když to soud je, a vytvořila sis ve svém světě neuvěřitelný zmatek v tom, zda soudíš, nebo ne. Předpokládáš, že když řekneš něco negativního, rozhodně soudíš, a když řekneš něco pozitivního, rozhodně nesoudíš. Nemusí to tak ale nutně být.

O čem jste se rozhodli, že diskriminace, soud a rozlišování *nejsou*, co ve skutečnosti *jsou*? Kromě toho, co říkají vaši rodiče. Všechno, co to je, godzilionkrát, zničíte to a přetvoříte to? Right and wrong, good and bad, POD and POC, all 9, shorts, boys, POVADs and beyonds.

O čem jste se rozhodli, že diskriminace, soud a rozlišování *jsou*, co ve skutečnosti *nejsou*? Kromě toho, co říkají vaši rodiče. Všechno, co to je, godzilionkrát, zničíte to a přetvoříte to? Right and wrong, good and bad, POD and POC, all 9, shorts, boys, POVADs and beyonds.

Pokud se u vás neustále objevuje nějaká forma soudu, zapněte si tyto dva procesy do smyčky a nechte je běžet celou noc a celý den po dobu asi deseti až patnácti dnů. Uvidíte, co se tím změní.

O čem jste se rozhodli, že diskriminace, soud a rozlišování *nejsou*, co ve skutečnosti *jsou?* Kromě toho, co říkají vaši rodiče. Všechno, co to je, godzilionkrát, zničíte to a přetvoříte to? Right and wrong, good and bad, POD and POC, all 9, shorts, boys, POVADs and beyonds.

O čem jste se rozhodli, že diskriminace, soud a rozlišování *jsou*, co ve skutečnosti *nejsou?* Kromě toho, co říkají vaši rodiče. Všechno, co to je, godzilionkrát, zničíte to a přetvoříte to? Right and wrong, good and bad, POD and POC, all 9, shorts, boys, POVADs and beyonds.

Dain: Můžeš říct víc o vědomí něčeho, co je negativní, a o tom, že to nemusí nutně znamenat, že něco soudíš, a že pozitivní soudy nemusí nutně znamenat, že jde o vědomí?

Gary: Jeden můj přítel se svého času rozhodl, že jeho snoubenka je nejkrásnější žena na světě. To je soud, který zní pozitivně, že? Soud: „Je to nejkrásnější žena na světě." ho neustále udržoval v pocitu, že je kusem hadru, protože kdykoli udělala něco, co bylo zlé nebo nelaskavé, nebyl schopen to vidět kvůli soudu a závěru, ke kterému dospěl, že je to nejkrásnější žena na světě.

Rozlišujeme, diskriminujeme a soudíme, když máme za to, že to, co je krásné, je správné a to, co není krásné, je špatné. Obojí jsou ale soudy.

O čem jste se rozhodli, že diskriminace, soud a rozlišování *nejsou*, co ve skutečnosti *jsou?* Kromě toho, co říkají vaši rodiče. Všechno, co to je, godzilionkrát, zničíte to a přetvoříte to? Right and wrong, good and bad, POD and POC, all 9, shorts, boys, POVADs and beyonds.

O čem jste se rozhodli, že diskriminace, soud a rozlišování *jsou*, co ve skutečnosti *nejsou?* Kromě toho, co říkají vaši rodiče. Všechno, co to je, godzilionkrát, zničíte to a přetvoříte to? Right and wrong, good and bad, POD and POC, all 9, shorts, boys, POVADs and beyonds.

Otázka: Uvědomila jsem si, že jsem špatně použila a pochopila volbu jako vyvození závěru. Když jste mluvili o nákupu sladkostí, kdybych si řekla: „Dobře, dám si Snickers, " vytvořila bych si k tomu uzavřenou

energii, protože můj závěr je: Teď chci Snickers. Další stránkou toho je, že
se nekonečně soudím ohledně každé volby, kterou udělám.

Gary: Učili nás, že si musíme vybrat tak, jako by existovala jen jedna
možnost. To v nás vyvolává představu, že volba je konečná realita místo
nekonečné reality. Máme představu, že musíme volit, jako by byl závěr
volbou. Závěr nikdy není volbou – a volba nikdy nevyžaduje závěr. Volba
pouze otevírá dveře dalším možnostem a dalším volbám.

Vracíme se k desetisekundovým intervalům volby. Na těchto deset
sekund si dáš Snickers. Pak si řekneš: „Dobře, kousla jsem si. Další
už nechci.“ Pak můžeš přejít k něčemu dalšímu. „Teď bych si dala Tři
mušketýry.“

Odstraňuje to stigma z toho, že jsem si to rozmyslela. V dětství mi bylo
vštěpováno, že změnit názor je nějaký strašný zločin.

Gary: Jednou, když byly mé nejmladší dceři dva roky, jsem jí řekl:
„Grace, už se rozhodni.“ Odpověděla: „Tati, výsadou dívky je, že si to
může rozmyslet.“

Když končila střední školu, koupila si čtvery plesové šaty. Ty poslední
si vzala na sebe, ale na deset sekund byly každé z těch šatů krásné, nejen
ty, které si chtěla vzít.

A dokážeš to udělat s lehkostí? Můžeš to udělat, aniž bys vytvořil zmatek
nebo drama?

Gary: No, zmatek a drama to vytváří pro druhé.

Ano, na to jsem se ptala. Pro lidi kolem tebe to je jako „Ach můj bože!“

Gary: Co tedy dělají, když se pouštějí do dramatu a zmatku?
Diskriminují, rozlišují a soudí.

Ano.

Gary: Mohli by jen pozorovat: „V tomto ohledu je prostě blázen“,
a nebylo by to odsouzeníhodné. Bylo by to pozorování. Říkají:
„Výsada změnit názor, je na základě mého diskriminování, rozlišování
a posuzování praštěná“.

Pak jde o to, nezapojovat se do mentálního ping-pongu s ostatními lidmi?

Gary: To nepomůže. Když Grace někdo něco řekne o její volbě, ona
řekne: „No, jsem holka. Můžu si to rozmyslet. Líbí se mi být holka.“

Děkuji.

Otázka: Nedávno jsem mluvila s jednou ženou, která si pletla soud a vědomí. Pokaždé, když si něco začala uvědomovat, udělala z toho soud. Ráda bych, kdybyste k tomuto rozdílu něco řekli.

Jedná se o osobu, která se snažila pracovat s Access Consciousness a používat nástroje, ale zdálo se, že každý klíč používá proti sobě. Například když nebyla spokojená s místem, kde žije, místo toho, aby to bylo vědomím, řekla: „No a je nekonečná bytost schopná žít kdekoli?"

Můžete také něco říct o rozdílu mezi použitím klíčů k expanzi a jejich použitím proti nám samým?

Gary: Většina lidí používá klíče proti ostatním, ne proti sobě. Zní to, jako by osoba, o které mluvíš, používala otázku „Zvolila by si nekonečná bytost skutečně toto?" jako meč, nikoli jako otázku.

„Nekonečná bytost by měla být schopna žít kdekoli" je závěr. Závěr, že byste měli být schopni žít kdekoli nebo všude, není vůbec žádnou volbou.

Jaký je jiný přístup? Ptát se: „Co bych si opravdu chtěla vybrat?" A držíš to mimo kategorii hustoty. Musíš si uvědomit, jestli ti to připadá lehké, nebo těžké, když něco říkáš.

Ano.

Gary: Ano, tyto nástroje můžeš používat jako zbraně proti sobě nebo proti druhým, nebo je můžeš používat tak, jak jsou určeny, tedy tak, aby ti poskytly úplnou volbu a svobodu. To je to, co hledáš.

Jaká byla tvoje první otázka?

Ptala jsem se na rozdíl mezi soudem a vědomím. Jak poznáte, že jde o vědomí? Zdá se, že se mi to nedaří vysvětlit tak, aby to opravdu fungovalo.

Gary: Vědomí je něco, co vytváří ve tvém světě lehkost. A soud je to, co se snažíš udělat, abys něco upevnila v existenci.

Například si mohu uvědomovat, že mám rád koně a chtěl bych vytvořit plemeno Costarricense. Kdybych to udělal jako závěr nebo soud, bylo by to „musím to udělat".

Právě teď jsem na rozpacích, co mám dělat, protože věci nefungují tak, jak bych si přál. Mám vědomí všech věcí, které je třeba změnit, aby to skutečně fungovalo, a jsem také ochoten se na všechno podívat a zeptat se: „Dobře, mám pokračovat, nebo přestat? Co mám dělat?"

Otázka ve vás vždy zanechá pocit volby. Mohu tedy deset sekund dospívat k jednomu závěru a dalších deset sekund k jinému nebo si mohu být vědom a říci: „Mám k dispozici tuto volbu, tuto volbu, tuto volbu a tuto volbu."

Pokud se cítíte zmateni z volby, je to proto, že nemáte dostatek informací, abyste se mohli „rozhodnout". V tomto případě se pro mě jedná o rozhodnutí, které ovlivní mě a spoustu dalších lidí, takže se na něj musím podívat z jiného úhlu.

Jak se na to mám jinak dívat? Potřebuji se ptát, potřebuji být v otázce a žít jako otázka a neuchýlit se k rozlišování, diskriminaci nebo souzení.

Můžete to spustit jako proces:

Jaké vědomí jste definovali jako závěr, co ve skutečnosti není, a jaký závěr jste definovali jako vědomí, co ve skutečnosti není? Všechno, co to je, godzilionkrát, zničíte to a přetvoříte? Right and wrong, good and bad, POD and POC, all 9, shorts, boys, POVADs and beyonds.

To je skvělý proces, Gary. Můžeš ho použít na cokoliv.

Gary: Ano, na cokoliv.

Mohla bys to spustit jako: Co jste definovali, že je nekonečná bytost, co ve skutečnosti není, a co jste definovali, že není nekonečná bytost, co ve skutečnosti je?

Gary: Přesně.

Děkuji.

Gary: Na to jsem narazil, když jsem jednal s jednou ženou, která měla problém s majetkem. Zeptal jsem se jí: „Co jsi si definovala jako bohatství?"

Řekla: „Že platím účty."

Zeptal jsem se: „Páni, to je bohatství?"

„Je to šílené, že?"

„Ano, protože pokud chceš být opravdu bohatá, musíš si pořídit více účtů."

Otázka: Snažila jsem se najít znamení, která mi říkají, kdy jsem v soudu, a pár věcí mě zaujalo. Je to, když říkám, co cítím nebo co si myslím, a slyším, jak ta slova vycházejí z mé hlavy nebo z mých úst.

Gary: Ano, to jsou dvě hlavní z nich.

Začala jsem místo toho říkat: „*Vnímám tuto informaci, která ke mně přichází.*" A pak jsem začala používat Deset klíčů a klást si otázky typu: „*Jednala by podle toho nekonečná bytost?*" nebo „*Je to něco, co potřebuji?*". Je to dobrá technika, nebo se jen zavádím na scestí?

Gary: To je dobrá technika. To je začátek. Až se dostaneme k některým z našich dalších hovorů, dám vám další nástroje, které můžete použít, abyste si to usnadnili.

Takže slova „cítím" a „myslím" jsou známkou toho, že jste se dostali do souzení. Existují ještě nějaká další slova, která by naznačovala, že jste se dostali do souzení?

Gary: Pokaždé, když slyším někoho říct: „Mám pocit, že _____ ," všimnu si energie, kterou předává. Když někdo něco předává silou, je to souzení, diskriminace a rozlišování.

Někteří lidé mají představu, že objektivita je cestou k tomu, aby nemuseli soudit. Myslí si, že jsou objektivní, když poodstoupí, podívají se na to a dojdou k nějakému závěru, rozhodnutí nebo soudu. Myslí si, že objektivita dokazuje, že rozhodnutí, které učinili, je správné.

Nejde ale o objektivitu. Nechceš být objektivní. Nechceš stát mimo něco a dívat se na to. Chceš se na věci dívat s vědomím. Chceš *pozorovat*, ne být *objektivní*.

Objektivita vyžaduje, aby ses stala něčím jiným, stála mimo to a dospěla k závěru.

Jestliže pouze pozoruješ, je to jen zajímavý úhel pohledu. Je to „Páni, to je zajímavá volba" nebo „Páni, jsem ráda, že jsem si to nevybrala" nebo jakýkoli úhel pohledu, který tě napadl.

Takže když se chystáš učinit rozhodnutí, použiješ své tělo, abys zjistil, jestli se po svém rozhodnutí budeš cítit lehčeji?

Gary: Nemusíš nutně používat své tělo. Když se ptáš: „Která volba je lehčí?", snažíš se použít soud, abys došla k závěru. Lepší otázka zní: „Kterou z těchto možností bych si opravdu rád/a vybral/a ?".

Pokud použiješ tuto otázku, nastanou dvě věci. Začínáš se přesouvat z „*já*" do „*my*", protože to, co by sis opravdu ráda vybrala, je něco, co rozšiřuje tebe i všechny kolem. Neumíš být sobecká, přestože tě z toho obviňují, přestože ses snažila udělat ze sebe sobce, přestože ses snažila udělat ze sebe jedničku v celé škále věcí.

140

Jsi-li jiným prostorem, pak vše, co jsi dělala vždy, funguje jinak. Je to docela fajn. Prospěje to tobě, ostatním lidem i světu. Tomu se říká win-win-win.

Co jste definovali jako nesouzení, nediskriminaci a nerozlišování, a ono to tak ve skutečnosti *je*? Všechno, co to je, godzilionkrát, zničíte to a přetvoříte? Right and wrong, good and bad, POD and POC, all 9, shorts, boys, POVADs and beyonds.

Co jste definovali jako souzení, diskriminaci a rozlišování, a ono to tak ve skutečnosti *není*? Všechno, co to je, godzilionkrát, zničíte to a přetvoříte? Right and wrong, good and bad, POD and POC, all 9, shorts, boys, POVADs and beyonds.

Co jste definovali jako nesouzení, nediskriminaci a nerozlišování, a ono to tak ve skutečnosti *je*? Všechno, co to je, godzilionkrát, zničíte to a přetvoříte? Right and wrong, good and bad, POD and POC, all 9, shorts, boys, POVADs and beyonds.

Jak jsme to dělali, bylo to stále těžší a těžší.

Věří někdo z vás, že smyslem života je soudit, diskriminovat a rozlišovat, abychom vše správně pochopili? Všechno, co to je, godzilionkrát, zničíte to a přetvoříte? Right and wrong, good and bad, POD and POC, all 9, shorts, boys, POVADs and beyonds.

Otázka: Uvědomuji si, že každá moje identita i neidentita je založena na nějakém druhu posuzování, diskriminace nebo rozlišování. To je to, co používám, abych měla identitu.

Gary: Ve skutečnosti nejde o tvou identitu, ale o tvou individualizaci. Je to způsob, jakým ze sebe děláš individualitu. Identita je bytí, individualizace je způsob, jakým se odděluješ od ostatních a jak se odděluješ sama od sebe, tím, že se posuzuješ.

Děkuji. To je výborné.

Gary: Každá forma individualizace vyžaduje soud, což je možná důvod, proč se to objevilo.

Co jste definovali jako nesouzení, nediskriminaci a nerozlišování, a ono to tak ve skutečnosti *je*? Všechno, co to je, godzilionkrát, zničíte to a přetvoříte? Right and wrong, good and bad, POD and POC, all 9, shorts, boys, POVADs and beyonds.

Co jste definovali jako souzení, diskriminaci a rozlišování, a ono to tak ve skutečnosti *není?* Všechno, co to je, godzilionkrát, zničíte to a přetvoříte? Right and wrong, good and bad, POD and POC, all 9, shorts, boys, POVADs and beyonds.

Otázka: Je individualizace způsob, jakým se odděluji od druhých tím, *že soudím sebe i je?*

Gary: Ano. Souzení používáme jako způsob, jak se oddělit od druhých, ale také jako způsob, jak se oddělit od nekonečné síly a moci, kterou jsme. Když si konečně začnete uvědomovat: „Počkat! Mám dost síly na to, abych převálcoval býka v aréně," pak se musíte zeptat: „Jak to, že jsem ve zbytku života tak patetický?".

Máte sílu přivolat déšť, ale říkáte: „Nemohu nic dělat. Jsem bezmocný." Ne, nejste. Jen nepoužíváte nástroje a nevyužíváte svou potenci. Musíte se dostat na místo, kde jste ochotni toto všechno mít. Deset klíčů je základem všeho, co vám tuto svobodu poskytne. Nebude to okamžité, ale nastane to. Bude vám trvat šest měsíců až rok, než je budete neustále používat, a pak se najednou ocitnete v úplně jiném vesmíru, v němž se vám splní vše, o co požádáte. Ale musíte ty nástroje používat. Musíte je aplikovat. To, že si o nich přečtete v manuálech na kurzu Foundation a Level One, se nerovná používání.

Otázka: Jen jsem si uvědomila něco, co mě učili o tom, že nemám být loser. Vždycky mi říkali, že musím mít dobrou pověst.

Gary: Ano, s tím, že nejsi loser, přecházíš do sedmého klíče o žádné konkurenci. Soutěž je vždy o tom, kdo vyhrává a kdo prohrává. S ostatními soutěžíš o to, kdo z vás je lepší než ten druhý.

Diskriminujeme, rozlišujeme nebo soudíme, a pak z toho vyvozujeme závěry, abychom to považovali za správné nebo nesprávné. Od volby přecházíme přímo k souzení, rozlišování a diskriminaci a odtud automaticky přecházíme k soutěžení. Soutěž se ukáže být mnohem větší věcí, než si myslíte.

A je to všechno výchova?

Gary: Ano, je to všechno, k čemu jsme v této realitě vychováváni. Moje matka říkávala: „Můžeš si vybrat buď tohle, nebo tohle."

Ptal jsem se: „Proč nemůžu mít obojí?"

Odpovídala: „Můžeš mít jen jedno nebo druhé, nemůžeš mít obojí.“

Říkal jsem: „Ale já chci obojí.“

Řekla: „Chováš se jako spratek. Nech toho. Máš na výběr buď tohle, nebo tohle – nebo nedostaneš nic.“

Řekl jsem: „Dobře, fajn, beru si tohle.“ Ale teprve když jsem byl nucen si vybírat a nucen posuzovat, kterou věc chci, dostal jsem se k tomu, že jsem se snažil vybírat podle matčina úsudku. Její názor byl: „Jsi spratek, když se snažíš vybrat si něco jiného než ty dvě možnosti, které ti byly dány.“

To je v podstatě to, co nám bylo dáno, když jsme vyrůstali, a pak máme samozřejmě test života s výběrem z několika možností. V testu s výběrem z několika možností máte na výběr ze čtyř věcí. Musíte rozlišit a diskriminovat, které dva jsou určitě špatné, abyste mohli uhodnout, který ze zbývajících dvou je správný.

A máš na to časový limit.

Gary: Ano, a máš časový limit, takže spěcháš, abys dospěla k závěru. Snažíš se rozhodnout a určit, které dvě odpovědi jsou nejhorší, abys mohla vybrat ze dvou nejlepších. Takto jsme vychováváni a učeni od mládí.

Byli jste tak vychováváni a učeni. Všechno, co jste se učili a co pro vás ve skutečnosti nefungovalo, všechno, co jste se snažili, abyste byli, dělali, měli, vytvářeli a generovali, a všude, kde jste se ohýbali, sešívali, skládali, mrzačili a cpali do krabice reality někoho jiného, zničíte to a přetvoříte to? Right and wrong, good and bad, POD and POC, all 9, shorts, boys, POVADs and beyonds.

Otázka: Zajímalo by mě, jak to funguje s vědomím, které zahrnuje všechno a nic nesoudí, včetně soudu?

Gary: Musíš být ochotna vidět, když tě někdo soudí, jinak se staneš důsledkem jejich soudu.

Pokud vidíš: „Aha, to je soud,“ pak neexistuje žádný soud o soudu. Je to jen uvědomění si soudu. Můžeš si vybrat, co chceš. Většina lidí používá své soudy, aby se tě pokusila přesvědčit, že mají pravdu a ty se mýlíš.

Nedávno jsem se setkala s mužem, který mi neustále tvrdil, že je velmi otevřený. Z mého zajímavého pohledu bylo být s ním jako být s někým, kdo je v malé krabičce. Nebyl vůbec otevřený. Pomyslela jsem si: „No, to je relativní. Z jeho pohledu je otevřený, ale podle toho, co vím, to vypadá, že je velmi uzavřený“.

Právě jsem si uvědomila, že ho soudím. Zajímalo by mě, jak jsem se k němu mohla chovat jinak.

Gary: Nejde o posuzování, ale o to, abys viděla, co vidíš. Řekl, že je otevřený. Ok, dobře. Je to pravda? Je to skutečné? Nebo je to jeho úsudek o tom, jaký by měl být?

To poslední.

Gary: Ano, musíš pochopit, že lidé takhle fungují. „Pokud chci na tuto osobu udělat dojem, musím vypadat, že jsem otevřený, a proto jí řeknu, že jsem otevřený, i když jsem naprosto uzavřený.“

To je pravda.

Gary: Musíš se dívat na to, co je – a dostaneš se k tomu tak, že nebudeš diskriminovat, rozlišovat ani odsuzovat. Dostaneš se tam pomocí uvědomění. Když řekl, že je otevřený, nepřišlo ti to lehké, nebo ano?

Je to tak, bylo to těžké.

Gary: Takže to byla lež. Takže si prostě musíš říct: „To není pravda.“ „To není pravda“ není soud, je to vědomí.

Takže jak bych mohla být v této situaci víc expandující? Jak bych mohla být víc nekonečnou, abych mohla mít více radosti pro sebe, ať už jsem na něj měla nějaký vliv nebo ne?

Gary: Musíš začít poslouchat svou hlavu. Když jsi o tom se mnou začala mluvit, říkala jsi: „On udělal tohle a tohle a tohle a já jsem udělala tohle a tohle a tohle“. Zamotala jsi se do své hlavy ve snaze věci vyřešit. Přijít na něco je další forma diskriminace, rozlišování a souzení, kterou tě naučili.

Ano. To je krásný úvod k druhé části mé otázky. Když jsi mluvil o tom, jak to udělat správně, energie, která mě napadla, byla: „Tohle je tak stresující. Je to život s Damoklovým mečem nad hlavou, protože když to neudělám správně, tak ten meč spadne. Udělám to špatně a pak...“.

Gary: Zadrž, zadrž, zadrž! Už jsi to zase udělala.

(Směje se) Jak se dostanu z tohohle točícího se kruhu?

Gary: To je ten problém, že jsi v točícím se kruhu. Je to kruh snahy na něco přijít. Snažíš se přijít na to, proč to je a co to je a jak se z toho dostat na základě toho, co to je, že to není to, o čem ses už rozhodla, že to musí být, protože už to děláš.

Takto se vyvinula „mysl" obrovskému množství z nás. Snažíme se zjistit: „Co si mám sakra vybrat?", místo abychom se ptali: „Co bych si opravdu chtěl/a vybrat?". Místo toho, abys byla v otázce, snažíš se na to přijít.

Všechna místa, kde přijít na něco je soudem, diskriminací a rozlišováním, které se snažíte použít k tomu, abyste něco udělali správně, zničíte to a přetvoříte to? Right and wrong, good and bad, POD and POC, all 9, shorts, boys, POVADs and beyonds.

Ano.

Gary: Naštěstí jsi jediná, kdo tohle dělá.

(Směje se) Děkuji, to byl velmi radostný proces.

Otázka: Jeden můj kolega mě poslední měsíc soudí. Cítila jsem to a nevěděla jsem, jak na to reagovat. Snažila jsem se to ignorovat, ale nahromadilo se toho tolik, že mě dnes málem nechal vyhodit. Nevím, jak se vypořádat s tím, když mě někdo soudí. Začínám být tak vnímavá, že už to cítím.

Gary: Dobře, teď to děláš taky. V hlavě se ti to honí pořád dokola a snažíš se na to přijít. Nefunguje to. Položila sis otázku: „Je ten člověk ELF, nebo chřestýš?".

Dain: Jsou to lidé, kteří se skutečně vyžívají v tom, že druhým vnášejí do života co nejvíce utrpení. Jsou to chřestýši. Výraz chřestýš mluví sám za sebe. Chřestýš je ve skutečnosti hrdý na své chřestění a potenciálně smrtící krutost. Není nutné chřestýše odsuzovat, ale chceš ho rozpoznat takového, jaký je. Pokud potkáš chřestýše na silnici, můžeš obdivovat jeho krásu? Ano. Vzala byste si ho domů? Pravděpodobně ne.

ELF je akronym pro zlého malého zmetka (angl. Evil Little Fuck pozn. překladatele). ELFové mají stejné zákeřné úmysly jako chřestýši. Rozdíl mezi nimi však spočívá v tom, že chřestýši tě kousnou, jen tehdy, když se k nim přiblížíš na méně než osm stop, zatímco elfové jsou natolik oddáni svému nekalému záměru, že po tobě usilovně půjdou, aby zjistili, jakou škodu mohou ve tvém životě napáchat.

Dostanu se do bodu, kdy vidím, že je to ELF, ale co s tím mám dělat?

Gary: Počkej, počkej, počkej, děláš to znovu. Vracíš se k příběhu a snažíš se, aby pro tebe fungoval, abys mohla něco odůvodnit a vymyslet, co máš dělat.

Ne, musíš si položit otázku: „Je tahle osoba ELF nebo chřestýš?". Aha, je to ELF. Takže když udělá něco ošklivého tvůj kolega, přistoupíš k němu a řekneš: „Ty jsi takový ELF," a odejdeš. Neříkej mu, co to znamená – nikdy. Jen uznej, že je ELF...

Ale co mám dělat, když...

Gary: Drahoušku! Ty neposloucháš! Zase mluvíš z hlavy! Místo abys položila otázku, vrátila ses zpátky do hlavy a snažila se to vyřešit.

Pořád se snažíš něco vymyslet hlavou. Ptáš se: „Co se stane, když udělám tohle?" dřív, než se to stane.

Lepší otázka by byla „Jak by to vypadalo?". Vypadalo by to takto: Řekneš: „Ty jsi takový ELF," a on řekne: „Děkuji." Pak řekne: „Počkej! Co to mělo znamenat?" Pokud jsi chytrá, tak v tu chvíli odejdeš.

Pokud uznáš, že je někdo ELF, obvykle jím být přestane. Ale když se snažíš vypořádat s jejich ELFstvím, nikdy se ho nevzdají.

*Dobře, ale já od n*ěj *nemohu odejít. To není...*

Gary: Je pravda, že nemůžeš jen tak od někoho odejít, ale můžeš opustit prostor. Ve skutečnosti nemůžeš odejít, ale můžeš tu situaci kontrolovat. Uznání toho, co je, je způsob, jak něco ovládat.

Ok.

Gary: Vyzkoušej to. Pokud si myslíš, že kecám, dáš mi pak dolar, až zjistíš, že to tak není.

Dobře.

Ještě dvacet pět minut? Už mě to nudí. Už bych se chtěl někam posunout. Je to pozorování, soud, diskriminace nebo rozlišování?

Je to vědomí.

Gary: (Žertovně) Samozřejmě, když jde o mě, je to vždycky vědomí. Ne, kdepak, je to soud, rozlišování a diskriminace.

Co jste definovali jako souzení, diskriminaci a rozlišování, co to ve skutečnosti *není*? Všechno, co to je, godzilionkrát, zničíte to a přetvoříte? Right and wrong, good and bad, POD and POC, all 9, shorts, boys, POVADs and beyonds.

Prve jsem hovořil o tom, jak se stavíte ke správnému nebo špatnému úhlu pohledu, k úhlu pohledu vítěze nebo poraženého. Jakmile to uděláte, přesunete se od souzení, diskriminace a rozlišování k soutěžení. Pokud si neuvědomíte, kam jste se přesunuli, budete si i nadále znovu a znovu hrát se stejným soudem, jako byste chtěli dosáhnout jiného výsledku.

Co jste definovali jako nesouzení, nediskriminaci a nerozlišování, co tím ve skutečnosti *není*? Všechno, co to je, godzilionkrát, zničíte to a přetvoříte? Right and wrong, good and bad, POD and POC, all 9, shorts, boys, POVADs and beyonds.

Otázka: Především bych chtěla poděkovat za srozumitelnost tohoto callu. Je to skvělé. Ráda bych se zeptal na soutěživost. Můžeš říct něco o soutěživosti se sebou samým?

Gary: Snažíte-li ve svém vesmíru udělat něco správně nebo špatně, snažíte se zjistit, zda vyhrajete, nebo prohrajete. Soutěžíme sami se sebou a soudíme se, protože se snažíme, aby bylo všechno správně, abychom vyhráli. To je soutěž, kterou děláme sami se sebou. A je to také soutěž, kterou děláme s ostatními.

Jestliže si uvědomíte, že máte úplnou a nekonečnou možnost volby, můžete skutečně prohrát? Nebo se prostě můžete rozhodnout jinak, pokud první volba nefunguje?

Vítězství a prohra jsou prvky, které vytvářejí soutěživost. O tom soutěživost je. Existuje tolik způsobů, jak to děláme. Nedávno jsem mluvil s jednou ženou a řekl jsem jí: „Musíš přestat být tak soutěživá."

Ona řekla: „Nemám pocit, že bych byla soutěživá."

„To je soutěživost, miláčku, protože s ‚nemám pocit' se nedá polemizovat, což znamená, že v této argumentaci vyhráváš a já prohrávám."

Je to schopnost uznat, že vesmír je nekonečný.

Gary: Ano, a že neexistuje žádná výhra ani prohra. Existuje pouze volba. Diskriminace, soudy a rozlišování předchází soutěživosti. Jdou s ní ruku v ruce.

Co jste definovali jako soudy, diskriminaci a rozlišování, co tím ve skutečnosti *není*? Všechno, co to je, godzilionkrát, zničíte to a přetvoříte? Right and wrong, good and bad, POD and POC, all 9, shorts, boys, POVADs and beyonds.

Co jste definovali jako nesouzení, nediskriminaci a nerozlišování, co tím ve skutečnosti *je*? Všechno, co to je, godzilionkrát, zničíte to a přetvoříte? Right and wrong, good and bad, POD and POC, all 9, shorts, boys, POVADs and beyonds.

Otázka: Když jsi mluvil o sladkostech, řekl jsi: „Vyber si, co máš ráda." Jak mohu určit – nebo jak si mohu uvědomit – co bych chtěla bez rozlišování, posuzování a vyvozování závěrů? Nebo bez toho, abych měla nějakou vazbu na výsledky?

Gary: Půjdeš do cukrárny a zeptáš se: „Co z toho bych si chtěla dát?". A pak si koupíš všechny sladkosti. Přijdeš domů, položíš je na stůl a pak ty sladkosti požádáš, aby ti řekly, kdy si je chceš sníst.

Hmm…

Gary: Kdybys tohle udělala se svými milenci, byla bys v lepší formě.

(Směje se) Čteš mi myšlenky. To jsem chtěla říct, skvělé!

Otázka: Je tu něco, co se týká volby, na co se snažím přijít. Mluvíš o tom, že koupíš všechny bonbony a necháš je, ať ti řeknou, kdy je chceš sníst. Sama se potýkám s načasováním. Zaseknu se ve snaze rozlišit nebo rozeznat vhodné načasování, které by mi umožnilo volbu.

Gary: Je čas skutečný? Nebo je to konstrukt?

Je to konstrukt.

Gary: Když jdu do obchodu a koupím všechny sladkosti, strčím je do šuplíku. Někdy je ani nesním.

Někdy je ani nesníš?

Gary: A teď, proč je tedy nejím? Jakmile už jsem se jednou rozhodl, nemusím je jíst. Většinu z nás učí, že když se jednou rozhodneme, musíme s touto volbou žít. To není pravda. Nemusíme!

Učíme se, že když si něco vyberete, musíte v tom pokračovat. Ne, je to „Chci to jíst? Nebo to nechci jíst?" Musíte začít tím, že si uvědomíte, že máte možnost volby. Když jsem byl ženatý, přinesl jsem domů krabici bonbonů a moje bývalá žena je jedla tak dlouho, dokud je nesnědla všechny.

Mohl jsem si přinést domů krabici bonbonů, sníst jeden kousek a tři až pět dní si nedat další. Pak bych snědl další a čekal další dva až tři dny. Nemusel bych je sníst všechny najednou. Z pohledu mé bývalé ženy se předpokládalo, že je sníte všechny najednou, protože jste se rozhodli si je koupit.

Takhle jsme se učili vytvářet vztahy: Protože jsem se rozhodl být s touto osobou, musím je všechny sníst.

Souzním s tím, ale nevím, jak se od toho odpoutat.

Gary: Odpoutáš se praxí. To je důvod, proč si kupuješ sladkosti a cvičíš. Přichází to po troškách. Zkusme si dát další proces:

Jaké vytváření a generování soudu, diskriminace a rozlišování jako absolutní nutnosti pro vytvoření života používáte k uzamčení pozičních HEPADs, které zavádíte jako zdroj vaší špatnosti, správnosti vašeho úhlu pohledu a nutnosti nikdy neprohrát? Všechno, co to je, godzilionkrát, zničíte to a přetvoříte to? Right and wrong, good and bad, POD and POC, all 9, shorts, boys, POVADs and beyonds.

Ten je dobrý.

Otázka: Když jsem byla malá, máma mi říkala: „Prostě se rozhodni!" Byla v tom určitá definitivnost. Jako by to uzamklo mou bytost, mozek nebo mysl, takže jakmile jsem si něco vybrala, bylo to definitivní. Nikdy jsem si to nemohla rozmyslet. Bylo to: „Rozhodni se a už to neměň."

Gary: Ano, tak nás to tady učí. Neříká se vám, že musíte být schopni změnit názor během každých deseti sekund, protože pak se může stát, že vás to uvrhne do neštěstí.

Během 11. září bylo ve věžích několik lidí, kterým bylo řečeno, aby šli nahoru. Polovina z nich řekla: „To je hloupost. Měli bychom jít dolů," ale protože jim bylo vštěpováno, že se mají rozhodnout a držet se svého rozhodnutí, zůstali u něj – a zemřeli.

Chcete se držet svého úhlu pohledu, který je zárukou smrti? Všechno, co to je, godzilionkrát, zničíte to a přetvoříte to? Right and wrong, good and bad, POD and POC, all 9, shorts, boys, POVADs and beyonds.

Chtěl bych, abys změnila svou mysl. Je v pořádku, když ti změním mysl?

Ano, prosím, do toho.

Gary: Dobře, rád bych, aby ses na něco podívala. Byla tvoje matka idiot?

Ano.

Gary: Byla tvá matka méně vědomá, než jsi ty?

Ano.

Gary: Z jakého důvodu bys poslouchala nějakého idiota, který je méně vědomý než ty? Odpovím za tebe. Chceš, abych odpověděl za tebe?

Ano.

Gary: Poslouchala jsi ji, protože jsi ji milovala, a myslela sis, že když budeš věci odpozorovávat sama pro sebe, bude to soud.

Přesně tak.

Gary: A abys ji mohla milovat, nemohla jsi ji soudit, protože ve tvém světě by soud a láska nemohly existovat současně.

Zavřela ses, zlato. Klidně se rozbreč, protože je spousta míst, kde ses uzamkla, když ses snažila učinit své vědomí méněcenným, než je soud, že kdybys danou osobu milovala, nemohla bys mít tohle vědomí.

Děkuji ti. Mám pocit, jako by mé bytí bylo v jiném prostoru.

Gary: Ano! To je to, co hledáme.

Otázka: To pěkně zapadlo. Já mám uvědomění, které pak soudím, a pak se uchýlím na bezpečné místo. Je to uvědomění, soud a uchýlení se do bezpečí. Můžete říci něco více o tom, proč se uchylujeme na bezpečné místo?

Gary: Ve skutečnosti přestáváš být – nikam se neuchyluješ. Když si něco uvědomíš, přejdeš do stavu „jsem soudící", protože to je to, co ti bylo dáno na celý život. Nebyla jsi soudící, byli jsi vlastně vědomá, ale když soudíš sama sebe, máš pocit, že nemáš na výběr.

Je pravda, že nemáš na výběr? Nebo máš tolik vědomí a při rozpoznávání dostupných možností se musíš snažit rozlišovat a rozpoznat, která volba je nejlepší, abys neprohrála?

Ano, to je ono.

Gary: Raději by ses vzdala bytí, než abys prohrála?

Všechno, co to je, zničíte to a přetvoříte to? Right and wrong, good and bad, POD and POC, all 9, shorts, boys, POVADs and beyonds.

Otázka: Chci se zeptat, jak obejít mysl a vycházet ze srdce. Je to to, k čemu nám tyto procesy pomáhají? Vycházet ze srdce nebo z toho, čím skutečně jsme?

Gary: Dovol mi položit otázku. Je srdce omezením?

Může být, ano.

Gary: Takže nepotřebuješ vycházet ze srdce. Chceš vycházet z naprostého vědomí a absolutního bytí.

Musíme si ujasnit význam slov, která používáme.

Gary: Ano, ať už vytváříš formu, strukturu a význam čehokoli, definuješ a omezuješ se významem slov. Říkáš: „Musí to vycházet ze srdce." Pak musíš definovat srdce na základě svého úhlu pohledu, úhlu pohledu jiných lidí a toho, co tě učili jako úhel pohledu nebo vědomí nekonečného srdce.

Vycházela jsem z vědomí nekonečné bytosti, kterou jsme, z jejího srdce.

Gary: Ale to je nekonečné bytí; to není srdce.

Děkuji.

Gary: Lidé používají srdce, aby určili, kde musí tyto věci ve svém těle cítit. Tak to ale není. Jde o to, abys měla naprosté vědomí něčeho skrze celé tvé tělo. Je to mnohem větší možnost.

Mnohem větší! A co obcházení mysli?

Gary: Mysl je konstrukt, který byl vytvořen, aby definoval omezení toho, co už víš, a aby vás udržoval v neustálém spojení s omezeními toho, co již víte. Neznamená to, že byste se měli snažit mysl obejít. Jednoduše si uvědomte, že i mysl je omezení.

A musíme si toto omezení vybrat, nebo můžeme mít něco většího?

Vždycky něco většího.

Gary: Mluvili jsme o tom, jak matka řekla své dceři, že se musí rozhodnout a držet se toho. To byl prostor pro to, aby se ji snažila ovládat, místo aby jí dovolila být nekonečnou bytostí, kterou je. Když to lidé dělají, snižují hodnotu bytí druhých a odrazují je od toho, mít nekonečný prostor úplného vědomí, úplného vnímání, úplného vědění a celkového bytí, spolu se srdcem, duší, myslí a celým tím, kým jsou.

Pokud už nemá nikdo další dotaz, tak tady skončím, protože teď už s vámi nemůžu nic dělat. Děkuji vám všem. Prosím, pamatujte si: Nikdy jste nebyli tak diskriminující, soudící a rozlišující, jak se snažíte ze sebe dělat.

Vstoupíte-li do nekonečného vnímání, poznávání, bytí a přijímání, zmizí soudy, diskriminace a rozlišování jako šupiny, když kucháte rybu. Pěkná představa, co říkáte?

Dain: Děkuji, že jsi to za mě dnes večer vzal, Gary. Omlouvám se za svůj hlas. Děkuji všem.

Gary: I tak tě máme rádi, Dr. Daine. Jsi úžasný.

Tak jo, lidi, bylo to skvělé. Doufám, že vám to hodně pomůže. Další klíč se týká konkurence. Tím je třeba se dále zabývat. Díky všem. Mám vás moc rád! Přeji vám hezký den!

7

Žádná konkurence

Gary: Ahoj všichni. Dnes večer se budeme bavit o sedmém klíči: Žádná konkurence.

Součástí konkurence a soutěžení je *správně* a špatně, vyhrát a *prohrát*. Pokud děláte „musím to mít správně" nebo „nesmím se mýlit", soutěžíte.

Dain: Kdykoli potřebujete mít pravdu, vyhrát nebo neprohrát – soutěžíte. Kdykoli chcete mít pravdu nebo se snažíte mít pravdu, snažíte se vyhrát a neprohrát – je to soutěž.

Gary: Neprohrát je pro lidi někdy důležitější než vyhrát. Kdykoli musíte něco dělat špatně nebo správně, soutěžíte. Když řeknete: „Vnímám, že se mnou soutěží," znamená to, že také soutěžíte.

Žádná konkurence vypadá úplně jinak. Je to v otázce. Je to: „Co se tu děje? Jak to mám řešit?"

Minulý týden mi zavolala facilitátorka Access Consciousness, která vedla kurz společně s další osobou. Tato facilitátorka měla pocit, že nebyla do společné facilitace kurzu dostatečně zapojena, a měla to za něco špatného. To, co se stalo, ji rozčílilo. Poté šla s jedním z účastníků kurzu na oběd a nechala si od něj facilitovat své rozčílení. Rozčilování je formou konkurence. Snažila se, aby druhý facilitátor vypadal špatně, a snažila se, aby ona sama vypadala správně. Myslíte si, že dělat ze sebe správného a z druhého člověka špatného je způsob, jak neprohrát.

Dain: To je příklad toho, co se děje v životě každého z nás. Kdykoli se snažíte někoho získat na svou stranu proti někomu jinému, ať už je to z jakéhokoli důvodu někdo, s kým pracujete, nebo někdo, s kým jste ve vztahu, vytváříte konkurenci, soutěžíte.

Cítíte se naprosto oprávněně v tom, co děláte. Zdá se vám to nezbytné nebo vhodné. Ale ve skutečnosti, když to děláte, zabíjíte svou tvůrčí schopnost. Zabíjíte to, co byste mohli ve světě přijmout, a nakonec vytváříte spoustu blbostí ve svém vlastním vesmíru.

Gary: A zároveň tím ničíte své podnikání a svou budoucnost. Konkurování je způsob, jakým lidé své podnikání zabíjejí. Když podnikáte, musíte být nejlepší, jak jen můžete být, a nabízet to nejlepší, co můžete za všech okolností nabídnout. To však nenabídnete, pokud potřebujete mít pravdu nebo se nemýlit nebo pokud potřebujete vyhrát nebo neprohrát.

Dain: Musíte pochopit, že váš úhel pohledu tvoří vaši realitu. Realita nevytváří váš úhel pohledu.

Pokud někoho pomlouváte nebo přimějete jiného člověka, aby se s vámi ztotožnil a souhlasil s tím, že někdo jiný je špatný a vy máte pravdu, jaký je váš pohled na věc? Je vaším úhlem pohledu to, že máte hodnotu, nebo to, že ji nemáte? Že máte přínos, který můžete přijmout, nebo že nemůžete? Zastáváte názor, že nemáte žádnou hodnotu. Na základě tohoto úhlu pohledu si kazíte život, protože váš úhel pohledu vytváří vaši realitu.

Jak řekl Gary, protilátkou na soutěžení je položit otázku. Kdykoli děláte závěr, je to soutěž.

Gary: Daine, pojďme se chvíli pobavit o tom, jak děláme společnou facilitaci. Na začátku, když jsem s tebou začal spolupracovat, jsem měl tendenci mít věci pod kontrolou. Co to vytvořilo v tvém vesmíru?

Dain: No, vytvořilo to místo, kde jsem se cítil, jako bych se zmenšoval. Měl jsem pocit, že se na mě lidé dívají a ptají se: „Co ten idiot dělá na pódiu s Garym?".

Gary: Počkej chvíli. „Mám pocit, že, bla, bla, bla" je začátek soutěžení. Jdeš do správně nebo špatně, nebo se snažíš neprohrát.

Dain: To je skvělé. Rozhodnout se pro „mám pocit" je začátek konkurence. To je okamžik, kdy ji můžete potlačit hned v zárodku. Pokud uděláte ještě jeden krok po této cestě, neskončíte nikde, kde byste chtěli být, protože jediné, co vidíte, je závěr, ke kterému jste již dospěli: „Cítím se takhle" a „Mám pocit že". Budete se snažit, aby to, jak se cítíte, bylo správné.

Musíte se vrátit k okamžiku, kdy jste poprvé řekli: „Cítím se jako " a uvědomit si, že je to místo, kde se uzamykáte do omezujícího úhlu pohledu. Je to místo, odkud začínáte proces konkurence.

Gary: Daine, kdykoli ses tak „cítil", šel jsi za někým jiným, nebo jsi přišel za mnou?

Dain: Šel jsem za tebou a řekl ti: „Tady je to, co mě potkalo." Vím, že pokud se kvůli něčemu cítím těžce nebo méněcenně, je tu něco, co se dá pomocí nástrojů Access Consciousness zrušit. Tečka. Vím, že si kupuji něčí úhel pohledu nebo jdu na staré místo nebo soutěžím nebo cokoli jiného.

Přišel jsem za tebou a řekl: „Dobře, tohle se mi děje. Co s tím můžeme udělat? Necítím se s tím lehčeji – a lehkost je místo, odkud bych chtěl fungovat."

Gary: Vždycky jsi za mnou přišel, protože jsme facilitovali společně. Za nikým jiným jsi nechodil. Jste-li facilitátor, je vaším úkolem být přítomen a klást otázky a nic jiného. Pokud to děláte, můžete se vypořádat s čímkoli.

Otázka: Když si uvědomím, že se mnou někdo soutěží, mám tendenci se zmenšit, aby ten druhý necítil potřebu soutěžit. To samozřejmě nefunguje. Co mohu dělat, když se mnou někdo soutěží? Stačí mít toto vědomí a říct: *„Zajímavý úhel pohledu"?*

Gary: To, že s tebou někdo soupeří, není vědomí. Je to soud. Musíš se na situaci podívat a zeptat se: „Co dělám nebo čím jsem, že to vytvářím? Čeho jsem si vědoma, že nejsem ochotna mít úplné vědomí?"

Můžeš použít zajímavý úhel pohledu, ale musíš uznat, že druhá osoba cítí potřebu mít pravdu nebo se nemýlit – nebo potřebu vyhrát či neprohrát. Musíš se na to podívat a zeptat se: „Co vytvářím nebo generuji, co přispívá k tomu, že cítí něco z toho?".

Přesně to jsem udělal s Dainem. Řekl mi: „No, cítím se jako bla, bla, bla," a já se zeptal: „Jak to můžu změnit? Co dělám, že to potřebuji změnit?"

Zeptej se:

• Jak to změním?
• Co je to, co ode mě potřebuješ?

Tak zjistíš, co od tebe druhá osoba potřebuje. Pokud řekne: „Potřebuji víc mluvit, když společně facilitujeme," tak jí můžeš předat slovo a nechat ji mluvit víc.

Dain: Když se to u mě objevilo, a během let, kdy jsme spolu vedli kurzy, se to objevilo mnohokrát v různých podobách, tento pocit se po rozhovoru s Garym zmenšil, kromě případů, kdy jsem opravdu neměl pocit, že si sám sebe vážím. Říkal jsem si: „Proč jsem tady nahoře s tímhle chlapíkem, který má tolik geniálních věcí na srdci?".

Přesto mi Gary řekl: „Kámo, kdybys nepřispíval, tak bych tě tady nahoře neměl." Jakmile jsem se stal ochotnější být přínosem tím, že jsem sám sebou, a ne tím, že se snažím mít verzi Garyho úhlu pohledu, začal jsem si uvědomovat, že mohu vytvořit větší přínos. To nebylo možné, když jsem fungoval z místa soupeření, z něhož jsem se naučil, že musím fungovat v této realitě.

Gary: To je zatraceně skvělé. Pokud se pustíte do soutěžení, nemůžete být takovým přínosem, jakým byste mohli být. Když s někým soutěžíte, musíte se přizpůsobit jeho vesmíru, takže se nemůžete projevit jako vy. Abyste mohli soutěžit, musíte koupit realitu někoho jiného.

Dain: Jestliže si neuvědomíte, že jste přínosem, přejdete na stranu vytváření konkurence.

Gary: A právě v tom spočívá skutečná soutěž se sebou samým. Považujete-li se za méněcenného, vytváříte konkurenci sami sobě i ostatním. Soutěžení spočívá v tom, že nikdy nevidíte přínos, kterým jste.

Otázka: Zjistila sem, že kdykoli se s někým bavím v přítomnosti své dcery, přerušuje nás a vyžaduje pozornost. Je to příklad konkurence? Jak bych to podle vás mohla řešit? Dceři jsou čtyři roky.

Gary: Každé čtyřleté dítě ve vesmíru si přeje být zapojeno do rozhovoru. Pokud děti z konverzace vyloučíte, mají pocit, že si k tomu musí říct své. Kdykoli vedete rozhovor s jiným dospělým, místo abyste dítě ignorovali, zapojte ho do rozhovoru. Děti si jsou vědomy a jsou přítomny, tak proč je nezapojit? Můžeš se zeptat: „Tak co si o tom myslíš?". Až to uděláš třikrát nebo čtyřikrát během jakéhokoli rozhovoru, přestane je to bavit a odejdou. Konverzace s dospělými je omrzí téměř okamžitě.

Dain: Jejich přínos byl uznán, ony se k němu vyjádřily a o to jim jde.

Zajímalo by mě, kolik lidí se zasekne v nějakém mladším věku, když se objeví všechny tyhle věci týkající se soutěžení; například když se snaží naučit věci, které dělají ostatní, a moc jim nerozumí. Zaseknou se tam a snaží se na to přijít – a zdá se, že nedokážou jít dál.

Gary: Jedním z problémů je, že si myslíte, že jste vyloučení. To je součástí „cítím se špatně" nebo „cítím se odstrčený". Je to jeden ze spouštěčů celé soutěživosti, která se děje.

Soutěž předpokládá, že nikdo jiný váš přínos nevidí, a proto se malé děti chtějí do konverzace zapojit. Nezáleží na tom, zda rozumí tématu, o kterém mluvíte. Chtějí přispět.

Co kdybyste se druhých prostě zeptali: „Co byste k tomu mohli dodat, aby to bylo lidem jasné?" Devadesát procent lidí řekne: „Bu-bu-bu... Jsem roztomilý." Dobře. To je v pořádku, být roztomilý je také přínos.

Dain: To byl můj největší přínos po několik let. Když si myslíte, že nejste přínosem, hodíte to na někoho jiného. Říkáte: „Ty mě nevidíš jako přínos."

Pokud v sobě vidíte přínos, většina ostatních lidí si nebude moct pomoci a uvidí vás také jako přínos. Pokud však sami sebe jako přínos nevidíte, mohou vás vnímat jako konkurenci.

Jste-li v situaci, kdy si myslíte, že někdo nevidí přínos, kterým jste, je to proto, že máte takový pohled na sebe. Pokud víte, že jste přínosem, ostatní lidé mohou mít jakýkoli úhel pohledu a vás to neovlivní.

Gary: Přesně!

Otázka: Když vidíte, že je někdo velkým přínosem, ale on to nevidí, jak se s tím vypořádáte?

Gary: Ignoruj to, protože nemůžeš dát někomu něco, co není ochoten přijmout. Jediné, co můžeš udělat, je říct: „Víš co? Jsi pro můj život úžasným přínosem. Díky, že v mém životě jsi." Chovej se k nim, jako bys byla muž obdivující ženu. Řekni: „Když vím, že jsi tady, je všechno lepší."

Může existovat darování a přijímání, když se jedná o konkurenci?

Gary: Ano, když s tebou někdo soupeří, je darem uznat jeho pocit, že je méněcenný, a přijetím je uznání skutečnosti, že nemusí být méněcenný. Je to jeho volba. Pokud to tak chce, je to jeho volba.

Kde jinde, než v přírodě existuje obdarovávání a přijímání?

Dain: U zvířat, u miminek. Byla jsi někdy s miminkem, jen ses ho dotýkala a uznávala ho jako bytost a ono tvé uznání přijímalo? Zdálo se, že to otevírá jeho i tvůj svět. To je příklad takového obdarování a přijímání.

Na kurzu Být sám sebou ve Stockholmu byla žena, které se teprve před měsícem narodilo dítě. Dítě nechtělo samo spát. Musela u něj neustále být. Pochoval jsem si ho a položil jsem si jeho hlavičku do dlaní. Jen jsem ho pozdravil a uznal vše, co jsem na něm jako na bytosti vnímal.

Druhý den přišla jeho matka na kurz a řekla: „Včera večer to bylo poprvé, co jsem ho mohla nechat samotného, a byl v pohodě."

Uvědomil jsem si, že obdarovávání a přijímání je uznáním bytí, které tu je. To je něco, co v konkurenci chybí.

Jinými slovy, miminka takhle nesoutěží. Přirozeně v někom uznávají bytí a my je musíme uznávat jako bytí, ne jako hodnotný produkt na základě toho, co dělají, co říkají, co si myslí, jak jsou hezká nebo cokoli jiného. Musíme je uznávat jen proto, že *jsou.*

Právě absence uznání je jednou z věcí, které nás vedou k tomu, že se pouštíme do soutěžení. Snažíme se dokázat, že máme hodnotu, o které nevěříme, že ji skutečně máme. Nejsme ochotni uznat svou hodnotu jako bytosti, protože jsme nikdy nebyli uznáni jen proto, že jsme.

Gary: Chceš říct, že kdybys lidi skutečně uznával jako úžasné osoby, které jsou, mohlo by to stačit k tomu, aby přestali soutěžit, jako by něco bylo špatně nebo něco nebylo v pořádku nebo aby museli vyhrát nebo prohrát?

Dain: Ano.

Gary: To je velmi dobrý příklad. Uvědomte si prosím, že to je vše, co musíte udělat i s velkými lidmi, protože velcí lidé mají rádi uznání stejně jako malí drobní lidé.

Dain: Ano.

Gary: Jde o to, že je snazší uznat malého člověka, protože od vás nic nevyžaduje. Myslíte si, že když uznáváte velké lidi, budou od vás něco vyžadovat, což nemusí být nutně pravda.

Otázka: Všimla jsem si, že vděčnost mi při soutěžení úplně chybí. Mám pravdu, nebo je to něco jiného? Mohli byste o tom něco říct?

Gary: Ano, to máš pravdu. Vděčnost nemůže existovat tváří v tvář konkurenci, protože v soutěži jde vždy o vítězství, prohru, dobro nebo zlo. Nikdy nejde o to, za co jste dané osobě vděční.

Když jsme s Dainem měli potíže se soutěživostí, říkal jsem: „Páni, to si děláš legraci. Máš pocit, že jsi méněcenný? Jsem tak vděčný, že jsi na podiu se mnou, protože máš geniální způsob, jak se dívat na věci trochu jinak než já, a to lidem umožňuje vidět věci, které jim já dát nemůžu."

Je úžasné, pokud dokážete být vděční za to, čím vám někdo přispívá. Přejděte k vděčnosti a sledujte, jak se konkurence vytrácí.

Přejdete-li k vděčnosti za někoho, řeknete: „Jsi úžasný. Jsem ti vděčný, že jsi tady, protože díky tomu je život jednodušší a lepší."

Dain: Pokud to děláte a jste vděční, často to rozptýlí potřebu lidí soutěžit. Jak jsi řekla, soutěžení eliminuje vděčnost. A mnohokrát jste to vy, kdo se cítí nějakým způsobem méněcenní, protože kdybyste se nikdy méněcenní necítili, soutěžili byste vůbec?

Jestliže je někdo vděčný za to, kým jste, jací jste a jak se projevujete, můžete začít být vděční i vy. To samo o sobě často začne rozpouštět soutěživost – protože když soutěžíte, kupujete si lež, že nemáte žádnou hodnotu.

Gary: To je přesně to, co jsi udělal s tím miminkem.

Dain: Ano.

Otázka: Nevím si rady s jednou konkrétní situací. Hodil by se mi jiný pohled. Jsem facilitátorkou Access Consciousness a své kurzy inzeruji na webových stránkách Access Consciousness. Volá mi velké množství lidí, kteří mě žádají o telefonní čísla facilitátorů, kteří na stránkách neinzerují. Na jednu stranu mi nevadí, že lidi odkazuji na kurzy jiných facilitátorů, ale stalo se to už mnohokrát a něco mi na předávání zakázek facilitátorům, kteří neinzerují, nesedí. Ta energie mi připadá divná. Je to soutěžení?

Gary: Především to není reklama, když informace vypustíš do éteru. Reklama je, když se vydáš do reálného světa a vystavíš se jiné možnosti. Když soutěžíš, zavádíš to, co už bylo zavedeno, a zajišťuješ, aby se to nikdy nezměnilo. Nevydáváš se do světa.

Musíš být ochotna soutěžit v této bláznivé realitě, což znamená, že musíš být ochotná prohrát a musíš být ochotná vyhrát. Musíš být ochotná se mýlit a musíš být ochotná nemít pravdu, pokud chceš opravdu něco generovat a vytvářet.

V situaci, kterou popisuješ, soutěžíš, protože si myslíš, že prohráváš. Myslíš si, že se něčeho vzdáváš. Když něco rozdávám, vím, že vyhrávám, protože nemusím řešit ty idioty. Ať se s nimi vypořádává někdo jiný.

Pokud tě někdo žádá o informace o někom jiném a nevidí v tobě hodnotu, opravdu se s ním chceš zabývat? Nikdy v tobě hodnotu neuvidí. Oslovuje je něco na tom druhém člověku.

Na začátku se lidé obvykle obracejí na toho, kdo se shoduje s jejich názory. Je to vlastně dar, když jdou za někým jiným, protože ty o ně pravděpodobně nestojíš. Pokud si lidé přejí jít k někomu jinému, jsem velmi rád, že jdou. Nedávno přišlo několik lidí za Dainem. Nepřišli za mnou a já jsem mu řekl: „Díky Bohu, že jsi je dostal ty."

„Můžu je dát někomu jinému?" zeptal se.

Řekl jsem: „Ano, chceš doporučení?" Dal jim mé doporučení a oni šli k někomu jinému. Byli spokojení a Dain byl šťastnější.

Otázka: Žádná konkurence může znamenat mnoho věcí. Viděl jsem mnoho lidí z Access Consciousness, kteří se neúčastnili akcí jiných lidí, aby s nimi nesoutěžili. Také jsem vypozoroval, že se facilitátoři v jedné lokalitě cítí ohroženi jinými facilitátory a jdou s nimi do konfliktu. Někteří z nich zaujímají postoj: „Tohle je moje území a vy byste se mi měli přizpůsobit. Pokud jsem na tomhle místě já, nikdo by se mnou neměl soutěžit".

Gary: Pokud to chceš začít dělat, měl bys začít rozepínat kalhoty a močit na každém rohu, protože jen tak si můžeš označit své území. Takhle to dělají psi. Pokud nečůráš na každém rohu, nesoutěžíš, protože skutečná soutěž jsou značky tvojí moči.

Dain: Ti z vás, kdo jste facilitátory a takhle soutěžíte, měli byste začít močit na lidi, kteří k vám přijdou, abyste viděli, jaký to má účinek. Uvidíte, jestli se jim soutěž, kterou děláte, líbí.

Říkáte, že bychom měli pomáhat každému, kdo soutěží, a být pro něj přínosem. Dobře, ale kde jsem ve výpočtu této činnosti já? Jak se mám podle vašeho způsobu uvažování uživit?

Gary: Můžeš se lidí zeptat: „Když vás budu propagovat, dáte mi procento z lidí, které k vám přivedu?". Každá hloupá hlava ví, že když ti někdo přispěje, měla bys mu sakra zaplatit! Většina z vás se snaží přimět všechny ostatní, aby pracovali zadarmo, abyste dostali víc peněz, což je soutěž! Když děláte věci proto, abyste dostali víc peněz a někdo jiný méně, je to konkurence. Něco vám chybí a jediný způsob, jak se stát vítězem, je získat peníze.

Otázka: Zajímalo by mě, zda by tento klíč neměl znít: Co kdybyste zvedli zadek a něco udělali, místo abyste se vymlouvali na soupeření, které vám neumožňuje být velkolepým tvůrcem? Musíte si položit otázku: „Jakým přínosem mohu být pro to, abych prostřednictvím svých aktivit umožnil dosáhnout ostatním více vědomí."

Gary: To je docela dobrý úhel pohledu. Ten se mi osobně líbí, z něj vycházím i já.

Kdekoli se dostávám do nedostatku vědomí na základě strachu ze ztráty...

Gary: Není to strach. Nemáš žádný strach. Mám tě rád, ale jestli zase budeš mluvit o strachu z prohry, tak ti jednu vrazím přímo do nosu, protože žádný strach nemáš. To je lež. Přenes se přes to.

Dain: Pokud to uděláš, seženeme někoho, kdo uspořádá soutěž v močení na tebe. Pokračuj, Gary.

Jaký vzkaz vysílám široké komunitě, když odmítám podporovat ostatní facilitátory nebo se rozčiluju, jsem hnidopich nebo protivný na někoho, kdo mě nepodporuje?

Gary: Pokud jsi facilitátorem Access Consciousness a tohle děláš, říkáš, že Access Consciousness je lež. A pokud si myslíš, že Access Consciousness je lež, pak bys pravděpodobně neměl být facilitátorem. Měl by sis najít něco jiného, čím byste si vydělávali peníze, protože ses rozhodl, že Access Consciousness je tvůj systém, jak vydělat peníze. Je to systém, který budeš používat a zneužívat, nikoli něco, k čemu budeš přispívat, abys vytvořil něco většího pro všechny.

Dain: Skvělé.

Gary: Musíš se dostat do bodu, kdy nepůjde o soupeření. Jde o to, jak my všichni přispíváme vědomí. Pak může vědomí přispívat nám. Když soutěžíš, vylučuješ příspěvek celé molekulární struktury, jakou si Země přeje pro tebe být.

Nesoutěžím, naopak přispívám mnoha svým kolegům tím, že lidem vyprávím o jejich kurzech a samozřejmě i o těch svých. Lidé, které zvu na své kurzy, si často vybírají kurzy vedené jinými facilitátory Access Consciousness. V poslední době se mi stává, že mám na kurzy málo účastníků nebo žádné. To mi nevyhovuje. Co mohu udělat jinak?

Gary: Musíš pochopit, že nejde o konkurenci. Musíš se ptát: „Jakou generativní energii konkurence nevyužívám?".

Tady je další aspekt soutěžení, který se ve světě projevuje a projevuje se také v Access Consciousness. Někdy si můžete být vědomi toho, že někdo buď soutěží, nebo druhé oslabuje. Uvidíte, že je lidé následují, a to vytvoří ve vašem světě místo, které se bude jevit jako konkurence. Musíte si uvědomit, že lidé musí dělat přesně to, co potřebují. K člověku, ať už je to facilitátor, realitní makléř nebo zubař, jsou přitahováni z nějakého důvodu. Mají důvod, proč tam chtějí jít. A dostanou to, co tam mají dostat.

Dain: Nedávno jsem byl v Angsbacce, v konferenčním centru ve Švédsku, kde jsem se věnoval Access Consciousness. Byli tam nejrůznější lidé, kteří se věnovali všem možným duchovním modalitám pod sluncem a kteří se mnou a s Access Consciousness velmi soupeřili. Můj pohled na věc byl: „No, to je zábavné".

Gary: To, co děláte vy, je úplně jiné než to, co dělají ostatní. Pokud někoho přitahujete a potřebuje to, co nabízíte, měl by to mít. Proč by nemohli dělat to, co dělám já, proč by nemohli dělat to, co děláte vy, a proč by si nemohli vybrat, zda budou dělat jedno nebo druhé, nebo žádné, jak uznají za vhodné? Pokud se pustíte do soutěžení, v podstatě říkáte, že vědomí neexistuje. Lidé vědí, co požadují.

Někdy lidé vědí, jak se dostat tam, kam chtějí – a to, kam chtějí jít, nezáleží na vás. Nemá to s vámi nic společného. Budou dělat jiné věci s jinými lidmi, jak sami uznají za vhodné, protože jim to tak více vyhovuje. Místo toho, abyste vynášeli soudy, že jiný facilitátor je pro ně špatný, uznejte, že pokud jsou u jiného facilitátora, má to svůj důvod. Vaším úkolem není spasit svět; vaším úkolem je umožnit lidem volbu stejným způsobem, jakým dáváte možnost volby sobě. A pak se ptát: „Jakým přínosem mohu být já?".

Teď si promluvme o generativní soutěži. Na kurz Access Consciousness, který jsme pořádali na Kostarice, kdysi přišla jedna žena. Zlobila se na Daina, protože pro ni nechtěl udělat něco, co by podle ní udělat měl – například vzdát se kvůli ní všech ostatních žen.

Dain se chystal na Floridu, kde chtěl vést kurz Access Consciousness, a tato žena našla facilitátorku, která Daina nenáviděla, a domluvila se s ní, že týden před Dainovým kurzem pojede na Floridu uspořádat kurz.

Dain řekl: „Když bude mít tahle facilitátorka kurz týden přede mnou, na můj nikdo kurz nepřijde!"

Řekl jsem: „Soutěží s pocitem, že prohraješ. Víš co? Musíš být ochoten ji přetvořit."

Jela na Floridu, protože Daina nenáviděla. Nejela kvůli Access Consciousness ani proto, aby vytvořila více vědomí pro lidi. Jela tam, protože chtěla Daina „dostat". Co je to za dohodu?

Zeptal se mě: „Jak mám tu ženu přetvořit?"

Řekl jsem: „Její přetvoření je větší pozvánka k větším možnostem. Ona se zlobí. Jede tam, protože věří, že ti může něco vzít. Lidé tuto energii vycítí. Když s někým soupeříš, většinou si to nakonec sám poděláš.

Buď větší pozvánkou, než je ona. Když někoho přetváříš, nesoupeříš. Nesoupeříš přímo s danou osobou. Ptáš se: „Čím vyniknu? Co ze mě a z toho, co mohu nabídnout, udělá něco většího?".

Pokud fungujete ze soutěžení, velikost vašich kurzů se začne zmenšovat – a když se snažíte fungovat ze žádného soutěžení, velikost vašich tříd se také zmenšuje, protože stále zůstáváte v soutěživosti; jen děláte anti soutěžení. Snažíte se dokázat, že jste správnější než ten druhý, protože nesoutěžíte.

Dain tedy přetvořil facilitátorku. Odjel na Floridu a ve třídě měl asi patnáct nebo devatenáct lidí. Ukázalo se, že druhá facilitátorka měla na kurzu devět lidí.

Dain: Musíte konkurenci vnímat – a přesto dělat to, co děláte. Jinými slovy, vnímejte konkurenci, kterou si ostatní vybírají, a buďte přínosem, kterým jste. A bez ohledu na to, co lidem nabízíte, když to uděláte, stanete se pozvánkou, kterou celý život hledali. To proto, že bez ohledu na to, jak s nimi komunikujete, energie, kterou vytváříte, jim umožňuje poznat, že v každé oblasti jejich života je k dispozici jiná možnost. Když jí budete, změní to i je.

Gary: Jestliže s vámi někdo soutěží, jde proti vám. Pustíte-li do generativní soutěže, toho člověka přetvoříte. Místo abyste se pustili do hněvu, vzteku, zuřivosti a nenávisti kvůli tomu, že mají něco, co si myslíte, že vám chybí, podíváte se na jejich soutěžení a zeptáte se: „Jak mohu tuto situaci využít jako zdroj energie pro to, abych byl přínosem?".

Dain: Když jsem byl na Angsbacce s lidmi z Access Consciousness, mohli jsme si používání těchto nástrojů vyzkoušet. Ve středisku byla spousta dalších skupin a na mě a na Access Consciousness se sneslo obrovské množství soudů. V jednu chvíli jsem předváděl ochutnávku Energetické syntézy bytí a jeden z procesů, který jsme prováděli, vyvolával rozličný hluk.

Někteří lidé z ostatních kurzů se rozčilovali, že jsme tak hluční. Na chodbě byla velká nástěnka, kde byly vyvěšeny všechny kurzy, a někdo sundal můj popisek, aby ostatní nevěděli, že tento kurz vedu.

Lidé za mnou přišli a ptali se: „Váš je kurz zrušený?"

„Ne," řekl jsem.

„Vážně ne? Tak my řekneme ostatním, že se to koná."

Můj kurz byl plný. A zajímavé bylo, že tam byla další skupina, která dělala obrovský hluk. Dělali rámus, jak jen to šlo. Řekl jsem lidem ve svém kurzu: „Možná jste si všimli, že vás ten hluk rozptyluje. Nenechte se jím rušit. Jen nechte tuto energii, aby vašemu tělu přispěla. Dělají tam všelijaký randál a mají tam všelijakou energii. Super, to je úžasné. Dovolte, aby to vašemu tělu přispělo a více ho to probudilo. Nesnažte se uzavřít, nesnažte se s tím soupeřit, jen tu buďte a dovolte si to vnímat a přijímat od toho. Dovolte, aby to přispělo vám a vašemu tělu." To se jim podařilo a všichni se stali přítomnějšími a probuzenějšími. A přestalo oddělování, které se ostatní lidé snažili vytvořit. Úplně ho to odstranilo.

Gary: To, co jsi teď popsal je kvantová provázanost[*] všech energií, které jsi ochotný přijímat způsobem, který ti přispívá. Krásně jsi to teď popsal.

Kvantová provázanost je v podstatě spojením s tvůrčími, generativními prvky vesmíru. Kvantová provázanost vám umožňuje přijímat komunikaci od ostatních lidí. Kdybychom neměli kvantovou provázanost, neměli bychom psychické vědomí, intuici ani schopnost slyšet myšlenky někoho jiného.

Nedávno jsem byl v restauraci a jedl paštiku. Nebylo to jako když jím paštiku s Dainem. Když jím paštiku s Dainem, má ji tak rád, že tou energií, kterou je a energií, kterou z ní má, chutná tak zatraceně dobře, že máte skoro orgasmus.

To dělá kvantová provázanost. Všiml jsem si, že když jdu na večeři s lidmi, kteří si jídlo opravdu užívají a prožívají všechny pocity s ním spojené, jejich požitek přispívá ke všemu, co se děje v místnosti, a ke všem, kdo na tom místě večeří. Při takových příležitostech je jídlo vždy skvělé pro všechny.

Mohu jít do stejné restaurace s jiným člověkem, který nemá tuto smyslovou radost, a jeho jídlo není nikdy úplně v pořádku. Nikdy nic není tak, jak by chtěl, nic není tak dobré, jak by chtěl, a vždycky mluví o tom, že jiné restaurace jsou lepší. Za těchto okolností jídlo nikdy nechutná skvěle.

---

[*] Viz slovníček pojmů.

Ale když jdu na večeři s někým, kdo má smysl pro velkolepost jídla a dostane z něj veškerou energii, přispívá to mým chuťovým pohárkům. Tak funguje kvantová provázanost. Jde o způsob, jakým jsou všechny energie navzájem propojeny. Nezáleží na tom, o jakou energii se jedná. Pokud máte energii hněvu nebo rozčilení, přispívá to k dalšímu hněvu a rozčilení ve světě. Pokud máte energii radosti a potěšení, přispívá to ve světě k větší radosti a potěšení.

Chcete využít kvantovou provázanost, abyste přispěli k tomu, co vytváříte? Takže jdeme na to:

Jakou generativní schopnost pro upevnění prvků v realitě na základě požadavků kvantové provázanosti, naplněných jako vždy přetvářející veškeré soutěžení, odmítáte vytvořit a uvést v život? Všechno, co to je, godzilionkrát, zničíte to a přetvoříte to? Right and wrong, good and bad, POD and POC, all 9, shorts, boys, POVADs and beyonds.

Doufám, že vás to přiměje k tomu, abyste přestali soutěžit sami se sebou tím, že se budete dělat méněcennými, abyste mohli soutěžit s ostatními, protože abyste měli o co soutěžit, musíte se nejprve rozhodnout, že se budete dělat méněcennými.

Otázka: Říkáš, že všechno je jako jablka a pomeranče a grapefruity a melouny, ale abys mohl soutěžit, musíš se na všechny dívat jako na jablka?

Gary: Abyste mohli soutěžit, musíte nevidět, jací lidé jsou, a musíte nevidět, co je možné. Nemůžete vidět, co je možné, a nemůžete vidět, co je, dokud máte ve svém vesmíru špetku soupeření. Zabýváte se správností nebo nesprávností nebo vítězstvím nebo prohrou – a tím, jak vám něco chybí a jak vám nebude chybět, když vyhrajete.

Ptal jsem se na to proto, že soutěž je vždy o srovnávání a nelze srovnávat dvě rozdílné věci.

Gary: Rozdílné věci nelze přesně srovnávat. Je Australan jako Američan? Ne. Je Ital jako kdokoli jiný? Ne.

Otázka: V této realitě mě nenapadá nic, co by po nás nechtělo, abychom soutěžili.

Gary: Přesně tak, všechno v této realitě po vás chce, abyste soutěžili. Ale pokud jste ochotni tuto realitu přetvořit, pak tato realita nemůže být místem, kde vám něco chybí.

Je to neustálý stav generování.

Gary: Ano, a neustálý stav možností místo neustálého stavu nedostatku. Právě teď všichni soutěžíte o to, kdo bude v kolonce nedostatku na prvním místě. Říkáte: „Jsem lídrem v červeném sloupci těch, co nemají peníze. Jsem lídrem v červeném sloupci emocí." Ten, kým musíte být, je někdo, kdo všechny předčí.

Nemůžeš srovnávat jablka s pomeranči, to je pravda, ale co když jsi jablko a myslíš si, že být pomerančem je lepší, než být jablkem?

Gary: Pokud si myslíš, že jedno je lepší než to druhé, pak se vidíš v soutěživé roli. Místo toho, bys měl být jako Pepek námořník a říkat: „Já jsem, co jsem, a to je všechno, co jsem."

Dain: Jestliže říkáš: „Jsem pomeranč, ale jablko považuji za hodnotné," rozhoduješ se proti sobě. Je to forma soutěže. Chceš-li soutěžit, vždy se rozhoduješ proti sobě.

Gary: Kdykoli soutěžíš, rozhoduješ se proti sobě. Nemůžeš soutěžit s nikým jiným než sám se sebou a soutěž je vždy proti tobě, ne pro tebe.

Otázka: Řekněme, že do situace není kromě vás zapojen nikdo jiný. Díváte se na něco, co máte dělat sami se sebou, *a přemýšlíte o tom, zda je to správné, nebo špatné, nebo zda vyhrajete, nebo prohrajete. Je to soutěž se sebou samým?*

Gary: Ano, nicméně u soutěžení se sebou samým existuje mírná odchylka. Jediná osoba, se kterou můžeš skutečně soutěžit, jsi ty. V každém z nás je něco, kdy víme, že chceme být lepší, než jsme byli včera. To vlastně není projevem soutěžení, ovšem pokud sami sebe zneužíváte, stává se z toho něco jako soutěž. Jestliže se ponižujete, soutěžíte sami se sebou ve vztahu k lidem, kteří mnohdy ani nejsou přítomni.

Dain: Jsi jediná osoba, se kterou můžeš skutečně soutěžit, a jediná osoba, se kterou se můžeš měřit. Snaha být dnes větší, než jste byla včera, vytvoří generativní možnost. Ale to ve skutečnosti není soutěžení; je to vědomí.

Gary: Je to soutěž, ale je to soutěž bez soudů a závěrů. Je v ní generativní energie. Je to generativní soutěž a vy musíte vidět rozdíl mezi ní a tím, když děláte něco proto, abyste měli pravdu nebo abyste se nemýlili nebo abyste vyhráli nebo abyste neprohráli. To jsou prvky soutěže v negativní podobě.

Tady se ptáš: „Jak mohu potřebu „být přínosem" využít k tomu, abych využil všeho a přispěl ke všemu a udělal z toho výhodu pro sebe i pro všechny ostatní?". Je to trochu jiný úhel pohledu.

Když sportuji, někdy nechám soupeře vyhrát, aby měli novou šanci vyhrát. Na výhře a prohře mi přitom nezáleží.

Gary: Pokud skutečně nesoutěžíš, je ti jedno, jestli vyhraješ, nebo prohraješ. Není to o výhře a o prohře. Jde o to, jakým přínosem můžeš být, když necháváš lidi vyhrávat. Víš, že je to pro ně důležitější než pro tebe.

Jako malý jsem býval v hláskovací soutěži druhý, protože jsem znal kluka, který měl pocit, že musí vyhrát. Věděl jsem, že by ho to zničilo, kdyby nevyhrál. Mně na tom nezáleželo, a tak jsem byl druhý. Vždycky jsem byl druhý nejlepší, i když jsem uměl hláskovat všechna slova. Věděl jsem, která slova ten druhý nezná, a nechtěl jsem ho zničit tím, že nevyhraje. Dalo by se říct, že jsem se choval trochu nadřazeně, ale v devíti letech je dobré si trochu nadřazenosti dopřát.

Jak mohu použít tento klíč, když hraji sport nebo cokoli, co vyžaduje vítěze a poraženého? Všichni v této realitě jsou tak soutěživí. Jak si hrát s lidmi bez soupeření?

Gary: Když sportuješ, je to hra. Není to život. Jakoukoli hru můžeš hrát tak, abys vyhrála a neprohrála, pokud víš, že je to hra. Problém je v tom, když z ní děláme součást života a žití.

Pokud se mnou budete hrát šachy, vyhraju, nebo zemřete. To jsou dvě možnosti, které máte. Opravdu rád vyhrávám. Když hraji bridž, také rád vyhrávám, takže udělám vše pro to, aby se mi to podařilo. Jsem v těchto oblastech soutěživý? Ano. Ale vím, že je to hra. Vím, že to není život.

Ve hře je vždycky generativní dělat to, že vyhrajete nebo prohrajete, protože to je výzva pro druhého člověka, aby byl větší, než je. Není nic špatného na tom, když je člověk vyzýván, aby byl větší, než je. Problém nastává, když soutěžíte v životě a žití. To není místo pro soupeření.

Je soutěžení polarizovaný úhel pohledu této reality?

Gary: Ano, a to je důvod, proč jsem řekl, že je v tom generativní prvek. Existuje generativní soutěžení a destruktivní soutěžení. Kdykoli se snažíte vyhrát, neprohrát a mít pravdu, nemýlit se, hledáte destruktivní část soutěžení, protože ten, kdo musí být za těchto okolností vždy zničen, jste vy.

Otázka: Představte si, jak by planeta vypadala, kdyby se ve všech školách na světě mluvilo o těchto klíčích! Mám několik otázek ohledně žádné soutěže. Je pro mě obtížné hrát hry s lidmi, kteří jsou soutěživí. Pro mě je to prostě hra. Je to pro zábavu. Dokud se bavíme a užíváme si hru, nemám na prohru žádný názor.

Gary: Ale ne, musíš hrát pro radost z výhry! To není problém, ano? Dělám si legraci, když mluvím o tom vyhrávání, ale zkus to. Příště možná vyhraješ.

V mládí jsem se asi patnáct let věnovala klasickému baletu, takže vím, jak vypadá soutěž. V mém každodenním životě, když je teď soutěž přítomna, je to pro mě těžké. Často to prostě vzdám a jdu od toho pryč, ať už jde o cokoli. Přemýšlím, jestli se ze mě nestala rohožka.

Gary: Ano, stala.

Často, když se střetnu s konkurencí, přejdu s dotyčnou osobou na super milý režim v naději, že ji přátelství rozptýlí. Obvykle to nefunguje.

Gary: To nikdy nefunguje!

Když se to stane, cítím, jak mi jdou bariéry nahoru a jak se energie podivně mění. Někdy mám dokonce pocit, že by mě dotyčná osoba chtěla zabít a naopak. Co je ještě možné? Jak se s tím ty a Dain vyrovnáváte?

Gary: Zabíjíme se navzájem!

Dain: Dovol mi uvést příklad z kurzu, který se konal tento víkend. Byl tam chlapík, který zvedl ruku a tvářil se, jako by se chtěl na něco zeptat. Řekl: „Říkáte nám spoustu věcí, které už víme. Proč jsme tady?"

Pomyslel jsem si: „Opravdu? To je zajímavé," protože jsem říkal různé věci, které lidé nevěděli.

Řekl jsem mu: „Jistěže už všechno víte, ale slyšel jsi to někdy vyjádřené těmito slovy? A jak vypadá tvůj život? Projevuje se to, co víš, skutečně ve tvém životě? Nebo se projevuje něco jiného, jako bys vlastně nevěděl, co už víš?"

„Ok."

Později jsem mu řekl: „Mluvíš o otevřenosti, ale celou dobu jsi tu seděl a soudil jsi mě. To je v pořádku. Já to neodsuzuju, protože už mám tvoje peníze. Můžeš mě soudit, jak chceš, a nemusíš se nikdy měnit, když nechceš."

Věděl jsem, že se snaží z peněz udělat problém. Soupeřil se mnou, jako by věděl víc než já. To mi nevadilo. Můj postoj byl: „Můžeš vědět víc než já. Je mi to jedno." Ale on stál v cestě tomu, aby si ostatní lidé uvědomili, co mohou mít. Uznával jsem, co dělá, aby se na to mohl podívat a rozhodnout se, zda se toho bude držet, nebo se rozhodne jít dál. Tím, že jsem to udělal, jsem vytvořil svobodu pro všechny ostatní na kurzu, protože tu energii mohli vnímat.

Takže místo toho, abych koupil jeho soupeření, kdy vzdoroval a reagoval a snažil se dokázat: „Hej, já jsem tak úžasný. Všichni by mě měli poslouchat," řekl jsem: „Víš co? Umíš toho hodně. A jak ti funguje to, co sis vybral? Uvědomuješ si, že tohle je to, co si vybíráš?"

On to možná nikdy nepochopí, ale všichni ostatní na kurzu ano. Viděli, kde něco takového udělali, a řekli si: „Páni, víte co? Nechci soudit tebe, ani sebe, ani nikoho jiného. Pojďme dál." A to se stalo.

Pokud jde o soutěžení, tak se příliš často nedaří přejít do módu „super milý".

Gary: To nikdy nefunguje.

Dain: Ale pokud je super milé chování jediným nástrojem, který jste kdy dostali, jak víte, že to nefunguje? Jde o to, že nám nikdo nikdy neukázal jiný způsob bytí, a proto vedeme tento rozhovor o deseti klíčích. Když se s vámi někdo pustí do soutěžení a vy dokážete být naprosto přítomní, můžete si uvědomit, co se ve vašem vlastním vesmíru děje.

Mluvit o tom s druhou osobou často nefunguje, ale můžete si ve svém vlastním vesmíru přiznat, že se jedná o soutěžení. Můžete si říct: „Prostě tady s tím budu a uvidíme, kam to povede." To může vytvořit jiný výsledek.

Otázka: Jsem si vědoma toho, že existují energetické formy soutěže, které lidé za soutěž ani nepovažují. Ani vám nedokážu říct, jaké to jsou. Je to jen energetický pocit, že existují jemné podoby soutěžení, které by obecně nebyly jako soutěžení rozpoznány.

Vyhýbám se soupeření. Mám tendenci ustupovat, když si myslím, že v konkurenčním boji prohraji.

Gary: Nemůžeš se ničemu vyhnout. Musíš být u všeho přítomná. Stažení se je soutěžení. Myslet si, že bys tváří v tvář konkurenci prohrála, je soutěživost. Nechtít prohrát je soutěživost. Účelem soutěžení je přimět někoho, aby se stáhl, aby prohrál a ty bys mohla vyhrát.

Otázka: Celkově se nepovažuji za soutěživého člověka, ale mám zkušenosti s tím, že se soutěživost nečekaně projeví, a když se tak stane, snažím se s ní bojovat. Samozřejmě, že když se bráním a reaguji, ještě víc se to zvětšuje.

Co by bylo potřeba k tomu, abychom měli schopnosti a nadání, které by lidi přitahovaly?

Gary: Ty dary už máte – ale nevybíráte si je, protože se stále staráte o to, zda máte pravdu, nebo ne, nebo zda vyhráváte, nebo prohráváte.

Soutěž je vždy, když se snažíme vyhrát. Je také tehdy, když se snažíte neprohrát, když se snažíte mít pravdu a když se snažíte se nemýlit.

Otázka: Gary, mluvil jsi o rozhovoru, který jsi vedl s facilitátorkou. Řekl jsi, že jsi jí řekl, že je soutěživá. Ona řekla, že ne. Řekl jsi, že to samo o sobě je soutěživost. Je soutěžení vždy, když někdo musí dokazovat, že má pravdu? Je soutěžení pokaždé, když někdo musí mít poslední slovo?

Gary: Ano. Zavolal jsem jí a řekl: „Musíš zastavit tu zatracenou soutěž.“ Řekla: „Nevnímám, že bych byla soutěživá.“

Řekl jsem: „Přesně tohle je soutěživost. Právě jsi se postarala o to, abych neměl prostor kam jít, takže jsi vyhrála.“ Taková je soutěž. Musela mít poslední slovo. Vždycky se ujišťujete, že vy jste vítěz, tím, že nikomu jinému nedáte žádnou otázku, ze které by mohl mluvit. Žádná otázka rovná se soutěž.

Otázka: Předtím jste mluvili o možnosti být „milí“, kterou někteří lidé volí, když cítí soutěž. Já to mívám naopak. Řeknu: „Nechci s tebou jednat,“ a prostě odejdu. Vím, že to také není generativní.

Gary: Ano, snažíš se dělat „nesoutěž“, jako by to bylo lepší. To je nadřazování se, což je odsuzování, což je oddělování, což není přínosné.

Pokud chceš někoho opravdu dobře „dostat", zkus se místo „Jdi do pr...", jdu pryč" zeptat: „Jak mohu přispět k tvému kurzu, abys získal více lidí?" nebo „Jak mohu přispět k tomu, co děláš, abys získal více lidí?".

Pokud soutěží, myslí si, že nemají dost. Lidé si myslí, že v životě nemají dost, že mají málo peněz, málo pochval, málo čehokoliv. Soutěží proto, aby získali více toho, o čem si myslí, že jim to chybí. Nabídka, že jim přispěješ v oblasti, kde mají pocit, že jim něco chybí, vybije soutěžení rychleji než cokoli, co byste mohli udělat.

Děkuji.

Dain: Paráda.

Otázka: Mohl bys to říct ještě jednou?

Gary: Daine, řekni to.

Dain: Lidé mají pocit, že musí soutěžit, aby jim někdo přispěl nebo aby dostali to, co chtějí. Jestliže nabídneš přispění někomu, kdo soutěží, okamžitě mu to usmaží všechny obvody, rozbije mu to všechna paradigmata a vyřadí ho to ze soutěžení.

Uvědom si ale, že někteří lidé soutěží jen proto, že soutěží. Ale i v takovém případě, když jim nabídneš, že jim přispěješ, usmažíš jim všechny obvody a eliminuješ jejich soutěžení s tebou. Nemohou se už déle udržet na místě. Právě jsi je obešla zadními vrátky, o kterých ani nevěděli, že je mají.

Gary: A tím, že jim přispíváš, vytváříš také generativní soutěžení, což znamená, že oni pak musí přispívat tobě. Musejí přestat být tak potřební, jak si to dělali, což je důvod, proč vůbec soutěžili. Pokud jim přispíváš, je to výzva k tomu, aby místo soutěžení začali přispívat.

Dain: Úžasné. To je skvělá otázka: Jakým způsobem mohu přispět k tomu, aby se oni stali přínosem, nebo abych se já sám stal přínosem, a ne konkurencí? Buď se snažíte přispívat, nebo soutěžit. Je to vaše volba.

Otázka: Slyšela jsem vás říkat spoustu různých věcí. Jednou z nich bylo: „Co dělám, abych v té osobě vytvořila soutěžení?" To by mohl být jeden z klíčových faktorů. Další věc byla, že se druhá osoba může cítit potřebná nebo méněcenná a v důsledku toho soutěží. Mohlo by to jít oběma směry? Jde to jen jedním směrem, nebo oběma?

Gary: Snažíme se vám zprostředkovat povědomí o tom, o čem je soutěž. Snažíme se vám také poskytnout povědomí o tom, jak ji změnit a přimět vás, abyste se ptali. Všechno, na co ses právě zeptala, byla otázka. Jakmile se pustíš do otázek, už nemůžete soutěžit. Z otázky už nemůžeš soutěžit. Soutěžit můžeš pouze ze závěrů a pocitů.

Jsi tedy přítomen a uvědomuješ si, že tu existuje soutěž. Zajímá tě, zda ji vytváříš ty, nebo zda se ve světě toho druhého děje něco, co ji vytváří, a nabídneš se, že k ní přispěješ, což je tu soutěživost rozbije.

Gary: Ano, zeptáš se: „Jak k tomu mohu přispět?" Jakmile si tuto otázku položíš, začneš měnit energii.

Dain: A pokud zůstaneš u otázky, soutěživost ve tvém světě nebude existovat. Jinými slovy, dokud budeš v otázce, soutěž pro tebe nebude existovat.

Dobře. Takže pokud zůstanu v otázce, soutěž v mém světě nemůže existovat, i když ji dělá někdo jiný?

Gary: Přesně tak, pokud si to sama nezvolíš.

Ach…výborně.

Otázka: Funguje většina sexu na základě konkurence?

Gary: Jednoznačně, protože lidé si myslí, že když získám tuhle holku nebo tohohle kluka, tak už nejsem smolař. Sex je velmi konkurenční oblast, protože si lidé myslí, že jim sex chybí. Myslí si, že musí soutěžit o vítěze nebo o poražené. Jednou jsem se bavil s kamarádkou, která mi řekla: „Eh! Už si nikdy nevrznu!"

Řekl jsem: „No, je tu tenhle chlap, tenhle chlap, tenhle a tenhle. Všichni by s tebou chtěli mít sex."

„To jsou loseři."

„Cože?", řekl jsem.

„Jsou to loseři", ona na to.

Pokud je dotyčná osoba vítěz a vy s ní máte sex, pak jste vítězem i vy. Pokud si vás vybere vítěz, stanete se vítězem. V souvislosti se sexem se dostáváte do konkurenčních situací, kdy se díváte na to, kdo je vítěz, kdo poražený a ten, kdo se nepočítá.

Opravdu to pro vás něco znamená, nebo je to jen ospravedlnění či reakce na myšlenku, že je s vámi něco v nepořádku, že to nezvládáte? Víte co? I to je soutěžení.

Otázka: Je závislost snahou vyhnout se soutěžení?

Gary: Ano.

Wau, děkuji.

Otázka: Právě jsem se vrátila z kina z filmu X-Men. Po čtyřiceti minutách filmu jsem chtěla tak moc odejít, že jsem se musela pevně chytit sedadla a zůstat. Uvědomila jsem si, že jsem se vždycky snažil dodržovat pravidla a mít je v pořádku, abych se nepouštěla do toho, co jsem považovala za svou anarchii a bezohlednost. Ze stejných důvodů jsem se držela dál od zjevného soupeření. Jakmile jsem si to uvědomila, vznesla jsem požadavek, abych si anarchii a bezohlednost nárokovala, vlastnila a uznala a měla je k dispozici jako volbu. Zajímavé je, že poté, kdy jsem to udělala, jsem si uvědomila jemnost, ke které jsem nikdy předtím neměla přístup. Mohli byste to nějak okomentovat?

Gary: Předpokládala jsi, že nejsi bezohledná ani nejsi anarchistka. Přátelé, musíte pochopit, že jste anarchisté. Jste anarchisté, protože nejste ochotni žít podle pravidel této reality, a proto je pro vás tak těžké vypořádat se se soutěžením. To je důvod, proč když se stanete soutěživými, musíte se mýlit. Tak či onak, soutěživost nemá nic společného s volbou, vědomím ani velikostí.

Dain: A když si nepřipouštíš všechno, co jsi, vnucuješ si svůj pohled na věc. Pokud nedokážeš uznat nějakou svou část, nemůžeš mít celé své já, což zahrnuje i jemnost, která je pro tebe doopravdy skutečná a pravdivá. Měla bys být schopna mít všechny své části a používat je a být tím, co je ve vhodnou chvíli zapotřebí.

Gary: Jemnost je místem, které zabíjí soutěživost v tobě i v druhých.

Dain: Ano.

Otázka: Nedávno jsem zažila velmi zajímavou zkušenost s naprostým dovolením. Jela jsem vést skupinu. Bojovala jsem s infekcí dutin. Byla jsem podrážděná a jízlivá a měla jsem chuť všechny ty blbce na silnici seřezat. Na skupinu přišla žena, které už deset měsíců dělám Barsy a která prožila spoustu změn. Zeptala se mě, jak se mám, a já odpověděla: „Dobře – a jsem pěkně podrážděná".

Řekla: *„Do toho, holka! Jen do toho a buď tak podrážděná, jak se ti jen líbí." Najednou všechna moje podrážděnost a vztek zmizely. Jak to může být ještě lepší?*

Už se mi stalo, že mi lidé říkali podobné věci, ale jejich energie byla přizpůsobivá a souhlasná. Soucit nás oba jen uzamkl. Tohle bylo úplně jiné; ona se nepřizpůsobovala a nesouhlasila, nebránila se ani nereagovala; byla v naprostém uvolnění. Cítila jsem, jak veškerá intenzita a hustota mizí.

Gary: Takto uznání toho, co je, změní vše, v čem jste uvízli – včetně soutěžení. Jde o uznání toho, co je – ne o soutěžení, abys zjistila, v čem máš pravdu a v čem se nemýlíš nebo v čem vyhráváš či neprohráváš.

Otázka: Když poslouchám tento rozhovor, je mi čím dál hůř. Dochází k nesprávnému ztotožnění a uplatnění soutěživosti jako něčeho, co je nezbytné k přežití?

Gary: Ano. Přežití nejsilnějšího je myšlenka, že soutěžení je jediným způsobem, jak se něco stane. To však není pravda. Ve světě zvířat nejde o přežití nejsilnějších, ale o přežití založené na tom, že někteří živočichové jsou od přírody větší než jiní. Před lety provedli studii na vlcích, která ukázala, že když vlci loví, a to je pravděpodobně příznačné pro všechny dravé druhy, vybírají si ze stáda nemocné jedince, protože nemocní mají specifickou auru.

Byla jste někdy v blízkosti někoho, koho bys nejraději udupala k smrti? To proto, že ten člověk měl specifickou auru, která naznačovala, že není dost silný na to, aby byl ve světě cenným artiklem. Když soupeříš, vytváříš sama ze sebe nemocný element, což je důvod, proč od tebe lidé začnou odcházet. To je důvod, proč nechodí na tvoje kurzy.

Snaha nesoutěžit není totéž co přispívat. Nesoutěžit je nesnažit se vyhrát, aby ses nestala poraženou.

Otázka: Právě se dívám na oceán. Jako by nás oceán žádal, abychom byli stejně velcí jako on. Jako bychom to žádali jeden od druhého, když nesoutěžíme.

Gary: Ano, je to jako být oceánem. Znamená to žádat všechno o příspěvek a být ochotný ke všemu přispívat, takže jste přínosem – a nesoutěžíte.

Dain: Rád bych ještě něco řekl o lži, že soutěž je nezbytná pro přežití. V soutěži získáte pouze přežití, ale ne prosperitu. Prospívání a rozkvět nepřicházejí v úvahu, pokud se věnujete soutěžení, protože zcela vylučujete oceán, který vás vybízí k tomu, abyste byli tak skvělí, jak jen jste. Říkáte: „Nemohu toho být součástí. Musím to zvládnout sama." Vyřazujete sami sebe z úspěchu.

Připadá mi, že myšlenka, že soutěž je nezbytná pro přežití, je pro mě jakoby zcela uzamčená. Jako by na to přišla každá částečka mé bytosti. Zdá se, že se zasekla. A je to nenápadné.

Gary: Je možné, že to zaseknutí je způsobeno tím, že jsi uvěřila lži, že jsi tu od toho, abys přežila?

Ano, snažila jsem se přežít, abych se s tím vyrovnala.

Gary: Pokud žiješ svůj život z „vyrovnávání se", musíš si vždycky vytvořit nějakou překážku, se kterou se musíš vypořádat, abys mohla zvládnout to, co se děje.

Jo, úplně to chápu! Předtím jsem to neviděla. Poznala jsem to až při tomto rozhovoru. Najednou všechno vidím vícero očima. Je to: „Panebože, já to dělám ve všech směrech, formách a podobách!" Tohle se mi líbí. To je geniální. Děkuji vám.

Gary: Ano, vidím, že to je místo, kde soutěžíš. Pokud věříš v přežití, pak jdeš do soutěže, abys dokázala, že dokážeš přežít. Musíš to dělat s každým člověkem, se kterým přijdeš do styku.

Jakou generativní schopnost pro upevnění elementálů v realitě na základě požadavku kvantových zapletení naplněných jako vždy přetvářející veškeré soutěžení odmítáte vytvořit a uvést v život? Všechno, co to je, godzilionkrát, zničíte to a přetvoříte to? Right and wrong, good and bad, POD and POC, all 9, shorts, boys, POVADs and beyonds.

Otázka: Můžeme si na chvíli promluvit podrobněji o penězích? Když jdu s lidmi na večeři nebo si s nimi beru taxíka nebo dělám cokoli, co je spojeno s penězi, vždycky platím já. Vnímám jejich pocity a často nechápu, co je moje a co cizí. Takže když jsou z peněz nesví a vybírají si ty nejlevnější věci na jídelním lístku nebo počítají peníze, protože si nemohou dovolit dobré jídlo, nebo když se jim opravdu nechce platit za taxi, prostě to zaplatím.

Gary: Máš na výběr. Jednou z věcí, kterou jsem používal, bylo pravidlo: Když mě zveš, platíš. Když tě pozvu já, platím já. A když jsou lidé nepříjemní, platím já, protože je to nasere. Pokud se chovají nepatřičně, vždycky se tvářím panovačně a nadřazeně, protože tak využívám jejich soutěživé omezenosti jako způsob, jak jim ukázat tůdle. Tím přetvářím jejich omezenou realitu.

Ve spoustě případů bych stejně ráda zaplatila, protože ráda platím, a pak se začnu zabývat tou otázkou o přežití. Když chci dál platit a být štědrá, tak mi peněz ubude, to je teorie přežití, ne?

Gary: Ano, to je to, co se týká přežití. Myšlenka, že bys někdy mohla být bez peněz. Nikdy nebudeš bez peněz, to není součástí tvé reality, zlato. Mám tě rád, jsi zatraceně roztomilá, ale být bez peněz nebude součástí tvé reality. Je to projekce toho, co do tebe neustále hustí. Je to projekce budoucí reality, která se nikdy nemůže stát.

Kolik lidí vám předhazuje, že by vám mohly dojít peníze, že byste mohli být bez peněz nebo že je nebudete mít, pokud budete utrácet tak, jak utrácíte? To vám bylo předhazováno v dětství. Zastavilo vás to v něčem? Ne. Nekupovali jste od nich takovou blbost tehdy a nekupujete ji ani teď, protože to je soutěž, kterou lidé dělají, aby dokázali, že nejsou loseři!

Všechno, co to je, godzilionkrát, zničíte to a přetvoříte to? Right and wrong, good and bad, POD and POC, all 9, shorts, boys, POVADs and beyonds.

Ráda bych to změnila a ono se to nemění. Co mám udělat?

Gary: To, že jsi malomyslná, je lež. Vidíš malomyslnost druhých a předpokládáš, že musíš mít něco podobného, protože to dokážeš vnímat.

Jsou-li lidé v nepohodlí ohledně peněz a já jim je dám, vždycky jim to vyrazí dech a změní to jejich paradigma.

O to jde. Nemůžu takhle pokračovat a platit za jiné lidi.

Gary: Proč ne?

No tak, Gary!

Dain: Dobře, tak udělej tohle. Vezmi si částku, kterou máš právě teď v bance, a podívej se, kolik večeří bys musela koupit, než ti dojdou peníze.

(Směje se)

Dain: Vezmi si, kolik set tisíc večeří, ať je to pro tebe kolik chce, a teď je vyděl počtem dní v roce. Kolik let večeří by sis mohla koupit, aniž by ti došly peníze?

Gary: Ti z vás, kdo máte nějaké peníze, se na to musíte takhle podívat. Nikdy nebudete bez peněz, protože to není vaše volba. Neudělali byste to.

Jedním z největších darů, které jsem kdy dostal, byla práce pro United Way. Musel jsem chodit a mluvit se všemi charitativními organizacemi, které lidem dávaly věci a jídlo. Pak jsem musel mluvit s lidmi, kteří ty věci dostávali.

Při rozhovorech s lidmi bez domova jsem zjistil, že si myslí, že jsem blázen, když mám tolik peněz, protože to znamená, že musím platit nájem a musím pracovat!

Podíval jsem se na to a pomyslel si: „Nechci žít na ulici." Jediný rozdíl mezi vámi a někým, kdo nemá peníze, je ten, že vy si nikdy nedovolíte nemít peníze, protože to není vaše realita. „Mohly by mi dojít peníze." Ne, nedojdou!

Nepříjemné pocity lidí, kteří chtějí zaplatit účet, jsou pro mě téměř nesnesitelné. Je to jen otázka toho, jak se s tímto nepohodlím vyrovnat?

Gary: Ano, jde o to, aby ses s tímto nepohodlím vyrovnala a pak ho ještě více prohloubila. Když mě lidé zvou do restaurace a předpokládají, že zaplatím, sedím tam s rukama v klíně a nic nedělám. Sedím tam a sedím a nechávám je, ať si to vyřeší. Říkají si: „Panebože, panebože, on nezaplatí, on nezaplatí, on nezaplatí." A když se konečně dostanou do bodu, kdy začnou sahat po účtu, řeknu: „Zaplatím to." Musíš se naučit dovolit, aby lidé trpěli. Raději zaplatíš účet, než abys lidi nechala v jejich nepohodlí. Miluju je nechávat sedět v jejich nepohodlí.

Znal jsem jednu paní, která si nechávala platit od všech. Nikdy nenabídla, že za něco zaplatí. Nechával jsem ji čekat. Seděl jsem tam, dokud jí to nebylo tak nepříjemné, že řekla: „Eh, eh, eh." Věděla, že musí odejít, že musí sehnat odvoz a že se musí někam dostat a že nemůže využít někoho jiného, když mě nedokáže přimět, abych jí dovolil využít mě. Jen jsem tam seděl, díval se na ni a usmíval se, jako bych chtěl říct: „No tak, kdy už přispěješ ty?"

Věděl jsem, že to neudělá, ale říkal jsem si, že ji můžu klidně mučit. Když mě chtěla mučit tím, že mě donutí zaplatit, tak jsem jí to chtěl oplatit. To není pomsta, přátelé. To je uznání, že jediný způsob, jak si člověk uvědomí, co si vybírá, je použít to, co si vybírá, jako něco, čím mu můžete přispět, aby si uvědomil, co je jeho volba.

Jestliže je dostanete do dostatečně nepříjemné situace, možná s tím přestanou. Ale možná také ne. Nejde o to, k čemu se je snažíte přimět. Jde o to, že si musíte užívat, že je to pro ně nepohodlné. Proveďme tento proces ještě jednou:

Jakou generativní schopnost pro upevnění elementálů v realitě na základě požadavku kvantových zapletení naplněných jako vždy přetvářející veškeré soutěžení odmítáte vytvořit a uvést v život? Všechno, co to je, godzilionkrát, zničíte to a přetvoříte to? Right and wrong, good and bad, POD and POC, all 9, shorts, boys, POVADs and beyonds.

Otázka: Gary, je to příklad toho, o čem jsme včera mluvili, radostného překonávání omezení druhých lidí?

Gary: Ano, je to radostné překonávání omezení druhých lidí. Sedíte tam s někým, kdo plánuje, že za něj zaplatíte, a vy radostně překonáváte jeho omezení. Jejich pohled na věc je takový, že vás mohou donutit zaplatit. Vy je donutíte pochybovat o tom, že zaplatíte. Když jejich pochybnosti stačí k tomu, aby je přivedly k hysterii, zaplatíte. Překonáte jejich omezení do té míry, že si řeknou: „Panebože, možná budu muset zaplatit! Už to víckrát nemůžu udělat!" Jediné, co chci, je, aby mi to přestali dělat, protože to není laskavé.

Mít z toho radost znamená, že přetváříš?

Gary: Ano.

Rozumím. Koupila bych si všechno to nepohodlí a ztělesnila ho. Ale být radostnou je přetvářející.

Gary: Být radostní znamená přetvářet jejich omezení a přetvářet jejich soutěživost. Za těchto okolností spočívá jejich soutěžení i v tom, že „Dokážu zbavit tuto osobu soutěživosti a počkat tak dlouho, než za mě zaplatí?". Tak vyhrávají oni a vy prohráváte. O to se snaží. Musíte si ujasnit, jak všechny tyto věci fungují, jinak se stanete obětí působení lidí, kteří jsou dostatečně mazaní na to, aby vaše peníze použili proti vám.

Dain: Jakou generativní schopnost pro upevnění elementálů v realitě na základě požadavku kvantových zapletení naplněných jako vždy přetvářející veškeré soutěžení odmítáte vytvořit a uvést v život? Všechno, co to je, godzilionkrát, zničíte to a přetvoříte to? Right and wrong, good and bad, POD and POC, all 9, shorts, boys, POVADs and beyonds.

Gary: Pěkné! Tento rozhovor je pro některé z vás nepříjemný, což mě těší. Přetvářím vaše omezení.

Dain: S potěšením.

Jakou generativní schopnost pro upevnění elementálů v realitě na základě požadavku kvantových zapletení naplněných jako vždy přetvářející veškeré soutěžení odmítáte vytvořit a uvést v život? Všechno, co to je, godzilionkrát, zničíte to a přetvoříte to? Right and wrong, good and bad, POD and POC, all 9, shorts, boys, POVADs and beyonds.

Gary: Doufejme, že jste načerpali několik nových náhledů na tuto oblast.

Tohle byl fenomenální hovor, pánové, prostě fenomenální.

Opravdu dobrý, děkuji.

Gary: Mějte se všichni hezky, mám vás moc rád!

Dain: Díky všem.

8

Žádné drogy jakéhokoliv druhu

Gary: Dobrý den všem. Dnes budeme mluvit o osmém klíči: Žádné drogy. Droga je cokoli, co jakýmkoli způsobem, v jakékoliv podobě nebo formě omezuje nebo snižuje vaše vědomí. Cokoli, co snižuje vaše vědomí, je droga.

Lidé mi říkají: „Ty nemáš rád drogy."

Já říkám: „Je mi jedno, jestli bereš drogy. Je to tvůj život. Dělej si, co chceš."

Potíž s braním drog spočívá v tom, že když berete drogy, otevíráte dveře jiným entitám, aby převzaly kontrolu nad vaším tělem a využívaly ho. Každé místo, kde ztratíte kontrolu nad svým tělem, se stává místem, kam může vstoupit jiná entita nebo vaše tělo používat. To je hlavní důvod, proč drogy nebrat.

Otázka: Je láska droga?

Gary: No, vymazává láska vědomí? Nebo abyste mohli milovat, musíte si vytvořit fantazii, která vymaže vědomí? V tom případě je láska droga.

Dain: V této realitě láska funguje jako droga, protože v lásce nejde o vytváření většího vědomí. Obvykle je založena na fantazii, která vede k další fantazii s představou, že nakonec povede k dokonalosti fantazie, ale to nevytváří vědomí toho, co je ve skutečnosti možné.

Gary: Přesně.

Otázka: Používají lidé jídlo, alkohol, extrémní cvičení nebo sex jako drogy? Zneužívají své tělo a odstřihávají se od svého vědomí?

Gary: Cokoli, co ti odstřihne vědomí, je droga. Musíš být ochotna být si vědoma všeho. Je spousta lidí, kteří nejedí z vědomého místa. Nedívají se na to, po čem jejich tělo touží; dělají jen to, pro co se rozhodli. Největší drogou na planetě je nevědomí.

Co kouření cigaret? Jsou cigarety droga?

Gary: Mění ti vědomí? Přerušuje ti kouření vědomí? Nebo cigarety omezují druh vědomí, které jsi ochotná mít? Záleží na tom, k čemu je používáš. Pokud na tebe kouření cigaret nemá téměř žádný vliv, je to irelevantní.

Dain: Jsou lidé, kteří si dají cigaretu a zdá se, že to na ně nemá žádný vliv. Čas od času si jednu dají a nevadí jim to. Pak jsou lidé, kteří jsou na cigaretách závislí. Pokaždé, když je něco, co si mají uvědomit, vezmou si cigaretu, aby toto uvědomění zastavili.

Takže to není „vykouřil jsem cigaretu, proto jsem porušil tento klíč" nebo „dal jsem si pivo, proto jsem porušil tento klíč". Jde o vědomí, které přerušuješ, kterému se vyhýbáš nebo před ním utíkáš.

Gary: Můžeš pít alkohol, a přesto být při vědomí. Ale pokud ho používáš, abys snížila to, co si uvědomuješ, není to dobré. Když jsem začínal s Access Consciousness, zastával jsem názor, že lidé by neměli kouřit cigarety, protože cigarety škodí zdraví. Co je to za otázku? Je mi líto, ale některým lidem kouření vyhovuje. Důležité je položit si otázku: „K čemu to používám?".

Otázka: Musím se zeptat: „Kolik velkých uměleckých, literárních a hudebních děl vytvořili umělci, kteří byli pod vlivem nějaké drogy?" Chápu, že v některých případech je droga zničila, ale mohla by tato umělecká díla vzniknout i bez drog?

Gary: To není úplně správná otázka. Zajímavější otázka zní: Byli by větší, kdyby nebrali drogy?

Dain: Díváte se na to z úhlu pohledu: „Vznikly by tyto věci, kdyby umělec neužíval drogy?". A co se ptát: „Mohlo být jejich umění větší, kdyby nebrali drogy? Pozvali by nás k ještě větší možnosti?". Krása

182

umění spočívá v tom, že nám otevírá jiné možnosti; vytváří v našem vesmíru otázku a zve nás k prožitku jiné energie.

Po dokončení vysoké školy jsem měl spolubydlícího, který studoval fotografii na Brooksově institutu. Každý den začínal tím, že si naplnil dýmku a vykouřil dávku marihuany. Dělal to i odpoledne. Byl to prý skvělý fotograf, ale vypozoroval jsem, že když byl zaujat kouřením, mohli jste mu mávnout rukou před očima a říct: „Ahoj. Jsi tam?"

Byl jako by říkal: „Kámo, připravuji další fotku."

Zajímalo by mě, jestli by úroveň jeho geniality byla větší, kdyby byl více přítomen.

Kdysi jsem rád kouřil trávu, protože mi připadalo, že je to jediná chvíle, kdy se cítím skutečně dobře, a přesto jsem se po ní vždycky cítil hůř. Velký podíl na tom má to, že když se v drogách vzdáte kontroly nad svým tělem, otevřete dveře entitám, aby vstoupily dovnitř. Trvalo mi dlouho, než jsem se těch zatracených věcí zbavil.

Zjistil jsem také, že můj osobní smysl pro kreativitu dynamicky roste, jakmile se dostanu za hranice drog. Zajímalo by mě tedy, jaké další možnosti mohli tito umělci vytvořit, kdyby se rozhodli být více přítomní. Bylo by zajímavé zjistit, co dalšího by bylo možné.

*Otázka: Minulý týden jsme se bavili o t*ématu žádná konkurence, *a někdo se zeptal, jestli je závislost způsob, jak se vyhnout soutěžení. Gary, odpověděl jsi, že ano. Můžeš to spojit s tím, o* čem právě mluvíme?

Gary: Drogy jsou způsob, jak se vyhnout soutěžení. Drogy se používají k odstřižení vědomí, takže pokud je někdo vysoce soutěživý a odstřihne se od vědomí, čeho si je potom vědom?

Lidé obvykle užívají drogy a alkohol, protože nezvládají všechno to vědomí, které mají. To je hlavní důvod pití a užívání jakýchkoli drog. Nevíš, co si se vším tím vědomím, které máš, počít, a tak ho zmenšuješ a omezuješ drogami.

Otázka: Pokud jsou umělci na drogách, jsou to oni, kdo vytváří umělecká díla, nebo to dělá nějaká entita? Vezměme si například Van Gogha. Možná, že on to malování nedělal. Možná to převzala nějaká entita?

Gary: To je možné, ale myslím si, že umělci berou drogy spíš proto, že mají rozostřené vidění, protože vnímají myšlenky, pocity a emoce jiných lidí. Jsou senzibilní a tyto věci zachycují, což mění jejich vnímání způsobem, který nedokážou pochopit nebo zvládnout. Drogy užívají proto, aby odřízli vědomí myšlenek, pocitů a emocí jiných lidí.

Dain: Nechápou, že vnímají myšlenky, pocity, emoce a názory ostatních lidí – a také si neuvědomují svou vlastní sílu. Zdá se, že lidé, kteří berou drogy a jsou na nich závislí, se snaží vyhnout uvědomění si tvůrčí, generativní energie, která by jim umožnila vytvořit v životě cokoli, co by chtěli. A zdá se, že se chtějí vyhnout uvědomění si své potence a síly. Zdá se, že mají pocit, že se jí musí za každou cenu zbavit.

Gary: Říkáme „žádné drogy", protože se snažíme, abyste vstoupili na vyšší úroveň vědomí a svých schopností.

Dain: Drogy způsobují, že se vracíte zpět do určité úrovně hustoty. Intenzivní vibrace prostoru, kterou můžete být, je ve skutečnosti mnohem cennější než hustota, ke které tíhnete pomocí drog.

Gary: Další součástí je to, že protože si většina z vás myslí, že soutěžení je špatné, snažíte se mu vyhnout a zároveň jste soutěživí. Abyste se vyhnuli soutěžení s ostatními, snažíte se ze sebe udělat největšího společného jmenovatele Jinými slovy, snažíte se ze sebe udělat stejně nevědomého a nedostupného člověka jakými jsou všichni kolem vás.

Lidé za mnou přicházeli a říkali: „No, myslím, že nemůžu být v Access Consciousness."

Ptal jsem se: „Proč?"

Říkali: „No, víš, čím si vydělávám peníze?"

„Ne."

Řekli: „Pěstuji trávu."

Řekl jsem: „Pěstuješ trávu. No a co?"

Zeptali se: „Jak to myslíš,,No a co?'"

Zeptal jsem se: „ Prodáváš to malým dětem?"

„Ne."

„Tak komu to prodáváš? Lidem, kteří prodávají drogy?"

„No, jo."

„Kdybys vyráběl alkohol, neměl bych s tím problém. Kdybys vyráběl ošklivé židle, neměl bych na to úhel pohledu. Je to prostě to, co děláš."

„Ale, ale, ale, neznamená to, že se věnuji nevědomosti?"

„Ne, ty vytváříš peníze prostřednictvím nevědomí. Právě odtud se vytváří většina peněz v této realitě. Z nevědomí."

Otázka: Karel Marx řekl, že náboženství je opiátem mas z určitého důvodu, protože mění vaše vědomí.

Gary: Nemění vaše vědomí, ale odstraňuje ho.

Ano, to by byla změna.

Gary: Byla by to změna, ale ne k tomu nejlepšímu. Ano.

Když se na závislost podíváš z pohledu abstinenta a věřícího, jsou na opačných koncích spektra.

Gary: Ano. To udržuje masy přesně v tom, že dělají hlouposti jako na běžícím pásu.

Platí totéž i pro politiku?

Gary: Tím se nebudeme zabývat. To je droga sama o sobě.

Jen se ptám.

Gary: Samozřejmě, že platí. Jak hloupí musí být, aby se stali politiky? A jak velcí hlupáci to musí být, aby si mysleli, že je tam chceme mít?

Můžeš to přenést i na televize a další média?

Gary: Můžeš to přenést na všechno, co se nazývá touto realitou. Důvod, proč říkáme „žádné drogy", je ten, že chceme, abyste našli svou realitu, ne, abyste si kupovali tuhle.

Otázka: Jsem moc vděčná za prostor, kde můžeme o těchto věcech diskutovat úplně jinak. Dlouho jsem slýchávala stejné závěry a odpovědi o drogách, i když vím, že existuje i jiná možnost. Moje otázka se týká léků, které nám předepisují, abychom ovládali své tělo, například antikoncepční pilulky. Když jsem je začala brát poprvé, byla jsem velmi rozzlobená, že je musím užívat, abych neotěhotněla. Musela jsem si být vědoma toho, že existuje i jiná možnost, jak mít se svým tělem na výběr, ale nevěděla jsem, jaká by to mohla být.

Gary: Především, pokud jdeš k lékaři a ten ti předepíše léky, budeš věřit jeho úhlu pohledu, nebo svému vlastnímu? Můžeš se podívat na jejich pohled a říct: „Oni mají odpověď" a předat jim kontrolu nad svým tělem. Je to to, kam chceš jít? Mluvíme o kontrole nad svým tělem.

Mnoho let jsem se spoléhala na pilulky a teprve nedávno jsem se rozhodla je přestat brát, protože jsem si uvědomovala, že se mé tělo po všech těch aktivitách v rámci Access Consciousness mění. Už nereagovalo tak jako dřív. Nedlouho poté jsem si vytvořila těhotenství. Prošla jsem si přerušením těhotenství a vším tím, což nebylo úplné drama, jak jsem se z toho snažila udělat. Z této zkušenosti jsem získala povědomí o tom, jak jsem si to, že jsem žena a že mám ženské orgány, udělala tak významným zejména proto, že mám pocit, že nemám kontrolu nad tím, jak mé tělo funguje a kdy funguje.

Gary: Být mužem nebo ženou může být droga, protože ti umožňuje odříznout se od všeho ostatního. Když funguješ z nekonečného bytí, nekonečného těla, máš zcela jinou volbu, jak se svým tělem fungovat.

Chápu, že braní pilulek, alespoň pro mě, byl způsob, jak se vyhnout vědomí a volbě, kterou jsem mohla mít se svým tělem. Teď se ptám: „Co je ještě možné?", protože se stále cítím zaseknutá ve významu toho, co mé tělo a má mysl vytvářejí bez léků, které by to kontrolovaly. Co je s naším tělem skutečně možné? Můžeme si opravdu vybrat, že chceme mít něco úplně jiného? A jak by to mohlo vypadat?

Gary: Možná budeš chtít spustit tento proces:

Jaké předpokládané budoucí reality, které se nikdy nemohou stát, používám k tomu, abych zcela a snadno odstranila vědomí svého těla? Všechno, co to je, godzilionkrát, zničíš to a přetvoříš? Right and wrong, good and bad, POD and POC, all 9, shorts, boys, POVADs and beyonds.

Otázka: Gary a Daine, tohle je úžasná série. Jsem nadšená a unešená. Mám dotaz ohledně své dcery. Máme zajímavý, úžasný, silný, krásný, zvrácený, bizarní, šílený vztah. Jsou v tom drogy a už se do toho vložil i právní systém. Tohle je to, čím se řídím a funguje to, pokud z toho nevyskočím: dovolení, žádný význam, být v přítomnosti, uvědomění si versus to, co jí přeji, a nezájem o výsledek. Minulý týden jsem otevřela manuál Foundation a našla další: žádný odpor. Můj svět se stále otevírá z dopadu těchto slov: odpor k drogám versus žádné drogy, odpor k vězení, odpor k čemukoli.

Všechny tyto věci fungují, ale stále se cítím jako tahací hračka nebo jojo.
Pořád se dostávám do problémů s tím, že chci, aby si vybrala něco jiného.
Čím to je, že mě to pořád vtahuje zpátky?

Gary: To, co tě stále vtahuje zpět, jsou předpokládané budoucí reality o mateřství, které se nikdy nemohou stát. Spusť všechny procesy o tom, že jsi matkou, že jsi matkou pro ni a že nejsi matkou a že nejsi matkou pro ni.

Spusť si také předpokládané budoucí reality o tom, že zemře, a předpokládané budoucí reality o tom, že půjde do vězení.

Otázka: Zřejmě jsem závislá na nevědomí. Jak se vypořádat s tou závislostí?

Gary: No, závislost je to, co se snažíš skrýt před svým vědomím. Takže se můžeš ptát:

Jak velkou část svého vědomí se snažím eliminovat drogami, což si vybírám? Všechno, co to je, godzilionkrát, zničíš to a přetvoříš? Right and wrong, good and bad, POD and POC, all 9, shorts, boys, POVADs and beyonds.

Pokud mluvíš o závislosti někoho jiného, věz, že závislost někoho jiného nemůžeš vyřešit. Můžeš ji pouze podpořit. Můžeš říct: „Chápu, že bys raději zemřel, než abys byl přítomen, takže pokud ti mohu nějak pomoci, dej mi prosím vědět". Tomu se říká zářez.

Otázka: Když jsem byl mladší, hodně jsem pil, a nakonec jsem se rozhodl přestat. Říkal jsem si: „Skvělé, teď budu vědomý." A přestal jsem pít. Pak jsem šel na večírek, a když tam někdo kouřil trávu, tak jsem se sjel, nebo když někdo pil, opil jsem se. Je to nějaká schopnost? Jak bych to mohl změnit nebo si to lépe vybírat?

Gary: Musíš si uvědomit, co dělá tvé tělo. Pokud patříš k lidem, kteří si berou drogy z těla jiných lidí, budeš si vědom toho, jaké drogy užívají. Můžeš se snažit, aby to bylo skutečné nebo aby to bylo tvé, protože jsi si toho vědom.

Zeptej se: „Bere tato osoba drogy?" Popsal jsi, že jsi šel na večírek a co se ti tam stalo.

Soutěžíš o to, být jako ostatní. Proto se lidé snaží sdružovat do skupin. Nikdy nechtějí být úplně sami. Skupinové myšlení je soutěžení, sdružené jako týmové úsilí, za účelem zničení druhu. O tom jsou drogy a alkohol především.

V této realitě si lidé dělají z nevědomí týmový sport. Všichni soutěží, kdo je nejopilejší, nejhloupější a nejméně vědomý. Lidé soutěží v tom, jak nevědomím být, dělat se jím, mít ho, vytvářet nebo ho generovat.

Chápu. Výraz, který vždycky používám u týmů, zní: „Nezapomeňte, že v týmu není žádné já".

Gary: Přesně. To se stane, když se staneš součástí týmu.

Ano, vzdáváš se své individuality…

Gary: Ano, lidé chtějí být součástí týmu. Proto vyhledávají společnost a věci, o kterých si myslí, že jim je společnost poskytne. Hledají, ke komu patří, a tak podobně, protože soutěží o to, kdo bude součástí týmu. Většina lidí je ochotna přidat se k týmu nevědomí.

Otázka: Byl jsem vychován lidmi, kteří zastávají názor, že drogy jsou vědomé a že brát drogy znamená mít více vědomí a být více vědomý. Existuje také pohled indiánů; například tradiční peyotlový obřad je součástí jejich náboženství a je o vědomí.

Gary: Počkejte chvíli. Šlo o to, že jsi si vzal drogy a změnil své vědomí, a pak sis uvědomil jiné reality. Šlo o uvědomění si jiných realit; nešlo o vědomí.

Ano, to je přesnější vysvětlení, děkuji.

Gary: Užívání drog nikdy nebylo o vědomí, a to ani v 60. letech. Šlo o změněné stavy vědomí, které vám měly umožnit být si vědomi jiných realit. Vyrůstal jsem v šedesátých letech; bral jsem drogy; byl jsem v tom dobrý; byl jsem lepší, než kdy bude kdokoli z vás. Úhel pohledu spočíval v tom, že se tam nemůžete dostat jinak. To je lež.

Dain: Je to ta největší lež, která se vás drží – myšlenka, že nemůžete získat takový účinek (nebo něco většího), pokud drogy neužíváte. Nevím, jak vy, ale já jsem měl mnohem větší zážitky s Access Consciousness než kdy s drogami, dokonce i s těmi psychedelickými.

Nedávno jsme měli Energetickou syntézu společenství, která se podobala spíše psychedelickému tripu možností než čemukoli jinému, co jsem kdy zažil. A jediná kocovina, kterou z toho máte, je větší uvědomění. Představa, že neexistuje jiný způsob, jak se vypořádat se svým vědomím nebo si uvědomit jiné reality a jiné možnosti než pomocí drog, je obrovská lež, která byla na lidech spáchána.

Druhá věc je, že když berete drogy, aktivujete svou senzorickou mozkovou kůru, což zvyšuje vaše nadání a schopnosti. Všechno, co vnímáte, je zesíleno a uzamčeno ve vaší senzorické kůře. Takže každé omezení, o kterém si myslíte, že ho překonáváte, když jste na drogách, se jen schovává do hlubokého kouta vaší mysli, ke kterému nemáte přístup, pokud nejste na drogách.

Gary: K těmto věcem nemáte přístup ani když jste na drogách. V podstatě si tyto věci vezmete a uložíte je do senzorické kůry. Pak se aktivují na základě nějakého spouštěče, který nemáte pod kontrolou.

Nikdy jsem to takhle neslyšel a konečně jsem to pochopil. Děkuji.

Gary: Právě teď žijeme v drogové kultuře. Vždycky se najde nějaká droga, po které se má člověk cítit lépe, vypadat lépe nebo snadněji dosáhnout sexu. S Dainem jsme pracovali s jednou ženou, která v mládí chodila na divoké večírky. Brala nejrůznější drogy. Droga, kterou užívala, se jí v těle zablokovala tak dokonale, že své tělo ani necítila. Pracovali jsme na vztahu její senzorické kůry a jejího užívání drog, a když jsem se později dotkl její ruky, málem vyskočila z auta, protože byla nesmírně citlivá. Její tělo bylo znecitlivěno drogami, které užívala.

Použili jste drogy, abyste znecitlivěli své tělo, znecitlivěli své vědomí a znecitlivěli své vědomí šílenství této reality? Všechno, co to je, godzilionkrát, zničíte to a přetvoříte? Right and wrong, good and bad, POD and POC, all 9, shorts, boys, POVADs and beyonds.

Mnoho lidí, kteří berou drogy, to dělá proto, že se cítí jako vyvrhelové, protože je to protiprávní. Tím, že berou drogy, jdou proti normě. Kdyby to nebylo proti zákonu, neměli by potřebu to dělat. Braní drog by nemělo tu romantiku, vervu a vitalitu být vyvrhelem, riskovat a žít na hraně.

Lidé rádi hrají ruskou ruletu se svými životy.

Někdo mi poslal obrázek, ve kterém se píše: „Náš způsob života ohrožuje temná síla. Musíme bránit náš způsob života." Co je to za temnou sílu, která ohrožuje náš způsob života? Je to náš způsob života!

Způsob života, který si zvolíme, určuje, jaké vědomí můžeme mít. Jaké vědomí byste chtěli mít? Jaký druh vědomí si vybíráte, který nemáte, a přitom byste ho mít mohli?

Rozhodli jste se někdy, že jste divoké dítě všech svých přátel? Mnoho lidí to udělalo. Byli jste nejdivnější, nejdivočejší a nejbláznivější a zároveň jste soutěžili o to, abyste byli normální? Nefunguje vám to, a přesto si stále myslíte, že to nějak půjde. Je to droga, kterou si v této realitě vybíráte – snažit se být normální a zároveň se snažit být vyvrhelem a zároveň se snažit nebýt normální a zároveň nebýt normální. To je Möbiova páska šílenství.

Otázka: Chci se zeptat na něco jiného ohledně drog. Spolupracovala jsem se spoustou lidí, kteří trpěli depresemi, a jakmile jsem s nimi začala používat nástroje Access Consciousness, uvědomila jsem si, že velká část jejich depresí pramení z toho, že nezapadají do společnosti. Odřízli se od sebe natolik, že nemohli být těmi, kým byli. Nemohli získat přístup ke své potenci a pak začali brát antidepresiva, která je zploštila a udělala z nich zombie. To mělo být považováno za „lepší". Je šílené, co děláme. Stále více toho, čemu se říká duševní nemoc, je jen známkou toho, že lidé vědí, že s touto realitou není něco v pořádku, ale nevědí, co s tím. Mohl byste mluvit o antidepresivech a lécích proti úzkosti?

Gary: Tyto drogy jsou způsobem, jak se vyrovnat s tím, že nezvládáš to, co si uvědomuješ. Doporučuji ti přečíst si *Brave New World* od Aldouse Huxleyho. Lidé používali látku zvanou soma, což bylo v podstatě antidepresivum. Díky ní byli všichni spokojeni s věcmi přesně takovými, jaké byly. To je totéž, čeho se zde dosahuje s drogami, ať už jde o legální drogy, pouliční drogy nebo jakýkoli jiný druh drog. Jde o to, že se můžeš dostat do bodu, kdy ti bude jedno, co se kolem tebe děje. A je ti jedno, co se děje s tebou. To je účel devadesáti devíti procent všech drog. Řeknou vám, že droga je na všechno možné, ale to není pravda. Je to způsob, jak vás učinit spokojenými se šílenstvím, které se kolem vás děje, abyste teď zapadli a neměli problém s tím, co se děje.

Nedávno jsme prováděli pokročilou práci s tělem a poté, kdy jsem si nechal spustit proces proti stárnutí, jsem měl pocit spokojenosti, který mi připomínal doby, kdy jsem bral drogy, abych si odřízl vědomí a mohl žít pocit spokojenosti. Před lety jsem každé ráno kouřil trávu, abych získal pocit spokojenosti se svým životem, i když jsem vůbec spokojený nebyl. Po tomto procesu jsem byl spokojený i bez drogy. Byl jsem prostě spokojený se svým životem.

Dain: Mám velmi podobné zkušenosti s pokročilými tělesnými procesy. Je to spokojenost, která mě přesahuje. Je to, jako by spokojenost byla v prostoru kolem mě, takže když jsem v blízkosti lidí, vystupují z bolesti a utrpení, o kterých si myslí, že je musí prožívat. Vyzařuje z nich pocit klidu.

Daine, to, co jsi řekl o lidech, kteří netuší, jak vyjádřit svou sílu a schopnost, bylo geniální. Berou antidepresiva a ta je od jejich potence ještě více vzdalují. Jako by si nebyli vědomi své síly nebo schopnosti vyjádřit odlišnost, kterou jsou. Deprese je o tom, že nejsou schopni jí být a dělat jí. Je to spojeno s neschopností vyjádřit tuto schopnost a potenci v životě *a* žití. Vnímám, že to je hlavní důvod, proč lidé do deprese vůbec upadají. Úspěšnost, kterou s *těmito lidmi dosahuji pomocí nástrojů Access Consciousness, je úžasná.*

Gary: Mám tu proces, který ti trochu pomůže, pokud budeš chtít.

Jaké generování a vytváření tajných agend, bytostností, fantazií a projektovaných budoucích realit, které nikdy nemohou být tak dokonalé jako drogami ovlivněný corpus callosum senzorických kůrových filtračních systémů, používáte k uzamčení existence pozičních HEPADs*, které zavádíte, abyste si vybrali a upřednostnili drogy a nevědomí před úplným vědomím? Všechno, co to je, godzilionkrát, zničíte to a přetvoříte? Right and wrong, good and bad, POD and POC, all 9, shorts, boys, POVADs and beyonds.

*Otázka: Co je corpus callosum?(*vazník spojující obě mozkové hemisféry pozn. překl.)

Dain: Je to úžasná věc, která spojuje obě poloviny mozku.
Děkuji.

Dain: Jaké generování a vytváření tajných agend, bytostností, fantazií a projektovaných budoucích realit, které nikdy nemohou být tak dokonalé jako drogami ovlivněný corpus callosum senzorických kůrových filtračních systémů, používáte k uzamčení existence pozičních HEPADs*, které zavádíte, abyste si vybrali a upřednostnili drogy a nevědomí před úplným vědomím? Všechno, co to je, godzilionkrát, zničíte to a přetvoříte? Right and wrong, good and bad, POD and POC, all 9, shorts, boys, POVADs and beyonds.

Otázka: Zdá se, že lidé užívají drogy, aby se zbavili pocitu viny, studu nebo odpovědnosti.

Dain: Zajímavé je, že devadesát osm procent jejich myšlenek, pocitů a emocí jim nepatří. Devadesát devět procent lidí bere devadesát osm procent drog, aby se zbavili 98 000 procent pocitů, které jim ve skutečnosti nepatří.

V Access Consciousness dáváme lidem možnost uvědomit si, co skutečně je, a tím se cítit lehčeji. Často je to právě to, co si mysleli, že jim drogy přinesou. Místo toho se vždy po užití drog cítí těžší. Dáváme jim formu pro jejich uvědomění a jejich schopnosti, které budou nadále vytvářet lehkost, což je podle mě to, co hledali na prvním místě.

Ano, to platí pro jakoukoliv závislost.

Gary: Pokud všechno, co vnímáte při užívání drog a alkoholu, přechází do senzorické mozkové kůry, nemáte k tomu snadný přístup. Může to vyvolat pouze vnější zdroj, který byl součástí původního podmíněného vnímání. Řekněme, že jste si vzali drogu a pak jste slyšeli hudbu. Pokaždé, když tu hudbu uslyšíte, vyvolá stejnou odezvu, jakou jste dostali s drogou, ale nemáte nad ní žádnou kontrolu.

Pokud se někdo, s kým pracuji, cítí provinile, mluvím o vině jako o distrakčním implantátu, kterým se nás společnost a kultura snaží ovládat. Mnoho lidí si myslí, že pocit viny je skutečný. Myslí si, že je jejich, a když o ní mluvíme, zdá se, že to v jejich vesmíru vyvolává větší vědomí. Vidí, že pijí kvůli distrakčním implantátům, a my používáme nástroje Access Consciousness, abychom tyto implantáty zničili.

Gary: Právě proto pijí. Pocit viny a studu je způsoben tím, že vědí, že by to neměli dělat. Vědí, že to chtějí dělat, a vědí, že nevědí, proč to dělají, a když si to uvědomí, mají na výběr. Je to: „Dobře, mohu mít úplné vědomí, nebo ho mohu odstřihnout. Co z toho by se mi tady líbilo?" Otevírají se různé možnosti. Spusťme tento proces znovu.

Jaké generování a vytváření tajných agend, bytostností, fantazií a projektovaných budoucích realit, které nikdy nemohou být tak dokonalé jako drogami ovlivněný corpus callosum senzorických kůrových filtračních systémů, používáte k uzamčení existence pozičních HEPADs*, které zavádíte, abyste si vybrali a upřednostnili drogy a nevědomí před úplným vědomím? Všechno, co to je, godzilionkrát, zničíte to a přetvoříte? Right and wrong, good and bad, POD and POC, all 9, shorts, boys, POVADs and beyonds.

Otázka: Odemkne tento clearing všechno, co jsme uzamkli v senzorické kůře?

Gary: V to doufám. Nemám tušení. Když jsme spolu mluvili, cítil jsem energii a proměnil jsem ji v proces. Doufám, že to začne tyhle věci odblokovávat a dá vám to větší vědomí a větší možnost volby.

Otázka: Jako teenagerka jsem dlouhá léta trpěla anorexií. Vím, že jsem si uvědomovala šílenství, které moji rodiče páchali hlavně mezi sebou, a že jsem se cítila bezmocná s tím něco udělat. Nebylo místo, kde bych k tomu mohla přispět, a věděla jsem, že mým velkým problémem je kontrola.

Gary: Hej, hej, hej, miláčku. Za prvé, prosím, poslouchej. Když říkáš „můj problém byl" nebo „můj problém je", uzavíráš se do lži.

To není tvůj problém. Problém znamená něco, co je ti dáno, takže to nemůže být tvůj problém. Problém ti byl dán. Není to něco, co by kdy bylo tvoje. Celá myšlenka „mého problému" je podvodem, který na lidi uvrhla psychologická komunita. Je to představa, že věc, která ti byla dána jako úhel pohledu, je tvoje. Není to tvoje. Nikdy. Tohle je opravdu důležité, prosím, pochop to.

Ano, tomu rozumím. Pokud ho vezmu za svůj, nikdy se od něj neosvobodím.

Gary: Přesně tak, nikdy to nemůžeš změnit a nikdy se nemůžeš očistit, protože funguješ na základě lži.

Kdysi jsem měnila své vědomí nebo to, co jsem si uvědomovala, hladověním, nedostatkem spánku a nadměrným cvičením. To mě zcela vytrhávalo z přítomnosti toho, co se děje.

Gary: To byly věci, které jsi si do těla uzamkla pomocí adrenalinové pumpy, kterou jsi používala, a je spousta lidí, kteří používají adrenalinovou pumpu jako drogu.

Vyřeší to proces, který nyní spouštíš?

Gary: Věřím, že ano. Pokud jste měli nějaké problémy s drogami nebo jste je užívali, nebo pokud jste byli v dětství vystaveni drogám a alkoholu, možná byste si měli tento proces pustit do smyčky a spouštět ho nonstop, dokud ve svém světě najednou nenajdete změnu. Zopakujme si to, doktore Daine.

Dain: Jaké generování a vytváření tajných agend, bytostností, fantazií a projektovaných budoucích realit, které nikdy nemohou být tak dokonalé jako drogami ovlivněný corpus callosum senzorických kůrových filtračních systémů, používáte k uzamčení existence pozičních HEPADs, které zavádíte, abyste si vybrali a upřednostnili drogy a nevědomí před úplným vědomím? Všechno, co to je, godzilionkrát, zničíte to a přetvoříte? Right and wrong, good and bad, POD and POC, all 9, shorts, boys, POVADs and beyonds.

Otázka: Když jsem občas kouřil trávu, bylo to pro mě příliš intenzivní, takže jsem se tomu vyhýbal. Mám stejný úhel pohledu na plné vědomí, že by to bylo příliš intenzivní.

Gary: Úplné vědomí bude intenzivní, ale také velmi prostorné. Drogy jsou o intenzitě hustoty. Plné vědomí vám poskytne intenzitu prostoru. Intenzita prostoru není stahující, impulzívní ani úderná. Je expanzivní. Je o možnostech a o radosti. Takže ano, budeš mít intenzitu vědomí.

Špatně jsme identifikovali a aplikovali užívání drog s představou, že budeme více vědomí. Mysleli jsme si, že drogy vytvoří vědomí nebo uvědomění. To je výklad, který nám byl dán o účelu drog. Předpokládali jsme, že uvědomění vytvoří stejnou intenzitu změněného stavu vědomí, jakou jsme získali díky drogám, ale tak to není. Zopakujme si tento proces, Daine.

Dain: Jaké generování a vytváření tajných agend, bytostností, fantazií a projektovaných budoucích realit, které nikdy nemohou být tak dokonalé jako drogami ovlivněný corpus callosum senzorických kůrových filtračních systémů, používáte k uzamčení existence pozičních HEPAD*, které zavádíte, abyste si vybrali a upřednostnili drogy a nevědomí před úplným vědomím? Všechno, co to je, godzilionkrát, zničíte to a přetvoříte? Right and wrong, good and bad, POD and POC, all 9, shorts, boys, POVADs and beyonds.

Otázka: Napadá mě, že volba drog a antivědomí je volbou uzavřeného systému a oddělenosti. Je to absolutní separace, zatímco uvědomění je spíš víc jako Království nás. Můžete o tom říct něco víc?*

Gary: Hlavním důvodem, proč říkáme žádné drogy, je to, že pokud berete drogy, hlavním důvodem, proč to děláte, je oddělit se od sebe. Oddělujete sami sebe od svého vědomí a sebe od všech ostatních. Zároveň se snažíte být jako všichni ostatní. To vytváří Království Mě.

Jednou, před mnoha lety, když jsem bral drogy, jeden kamarád si u mě nechal nějaké peníze. Rozhodl jsem se, že jeho peníze potřebuji, a tak jsem si je vzal. Myslel jsem si, že je v pořádku, že jsem si je vzal, protože byly v mém domě. Mohl jsem s nimi nakládat, a proto byly moje. Za normálních okolností bych něco takového nikdy neudělal. Bylo by to mimo mou realitu toho, co je možné.

Pak jsem musel prodat nějaké své věci, abych získal peníze na splacení dluhu. Trvalo mi dva týdny, než jsem ty peníze získal, ale on je potřeboval v době, kdy je potřeboval, proto si je u mě také uschoval. Ztratil jsem přítele, ztratil jsem jeho důvěru a tím, že jsem se tak rozhodl, jsem ztratil i důvěru v sebe. Takové věci děláme, když bereme drogy.

Dain: Kdybychom byli schopni být jako Království Nás, kdybychom si mohli být v této realitě vědomi věcí všech ostatních a neměli pocit, že ztrácíme sami sebe, drogy by nebyly nutné ani důležité. Byly by pro náš život skutečně nepodstatné. V této realitě nám však nejsou dány nástroje, abychom si něco takového vytvořili, takže se zdá, že musíme bojovat jakýmkoli způsobem. Kdybychom dostali nástroje k tomu, abychom mohli žít a být jako nějaký smysl spojení, místo toho, abychom se nechali pohltit a zaplavit šílenstvím, kterým tato realita je, měli bychom k dispozici úplně jiné možnosti.

Gary: Ano, bohužel si myslím, že všichni soutěžíme o to, zda dokážeme být stejně hloupí jako všichni kolem nás.

---

* Viz slovníček pojmů.

Otázka: Je to částečně také tím, že odmítáme být nebo si připustit, kde máme spojení mezi sebou a se Zemí a s energiemi, které hledáme. Napadá mě, kolikrát jsem měl sebe a vzdal jsem se toho kvůli názorům jiných lidí nebo lži o tom, co mi dají drogy.

Gary: Ano, vzdáváš se sám sebe, místo aby sis uvědomil, co je možné. Vzdáváš se sebe ve prospěch drog. To je důvod, proč jsou žádné drogy jedním z klíčů.

Nemluvím o odmítání léků, které potřebujete, když vaše tělo není v rovnováze. Musíte se svého těla zeptat: „Potřebuješ to?".

Pracoval jsem s mužem, který bral léky na krevní tlak; měl ho příliš vysoký. Jeho lékař mu neustále říkal, že musí brát více léků na tlak, ale nikdy se mu po nich neulevilo. Pouze mu trochu snížily krevní tlak. Nakonec jsem se ho zeptal: „Co vytváříš tím, že máš vysoký krevní tlak?"

Ukázalo se, že si vytvářel rozčilení, které mu zvyšovalo krevní tlak a umožňovalo mu brát na něj léky, které mu bránily v erekci, protože jeho žena nechtěla mít sex. Je to bizarní, ale právě tak si tyto situace vytváříme.

Otázka: Mohl byste promluvit o vlivu pooperačních léků, který na nás mají?

Gary: Po operaci proveďte MTVSS* na bodech imunitního systému. Měli byste také spustit molekulární de-manifestaci* a de-molekulární manifestaci* léků, které jste užili. Neustále nám do těla dávají přemíru léků, protože si myslí, že tak se postarají o to, abychom zůstali v nevědomí. Myslí si, že pod medikací vlastně nejsme při vědomí, což je šílené. Během operací se toho děje hodně; také byste si měli spustit nulovou sumu traumatu* a další tělesné procesy k odstranění následků toho, co se s vaším tělem dělo, když jste byli pod vlivem léků.

Velká část toho, co se s námi děje pod vlivem léčiv, znehodnocuje a ničí naše tělo. Chceme, aby s námi naše tělo spolupracovalo. Pracuje pro nás, abychom ho znehodnotili? Ne. Pokud to budeme dělat, naše tělo se nakonec vzdá toho, aby se s námi spojilo.

---

* Viz slovníček pojmů.

Rozhodujeme se, když jsme na operačním sále v bezvědomí? A potom už k těm rozhodnutím nemáme přístup?

Gary: Ano, to je důvod, proč tenhle proces provádíme. Když jsme v anestezii, všechny informace o našich zážitcích se dostávají do senzorické kůry. Měl jsem kamaráda, který podstoupil hypnózu, aby zjistil, proč má tak zvláštní pohled na svůj penis. Zjistil, že když byl během operace v anestezii, někdo v místnosti si z jeho penisu dělal legraci. Nakonec přijal zkreslený pohled toho, co ten člověk říkal, a to ho velmi negativně ovlivnilo.

Daine, dejme ještě jednou ten proces.

Dain: Jaké generování a vytváření tajných agend, bytostností, fantazií a projektovaných budoucích realit, které nikdy nemohou být tak dokonalé jako drogami ovlivněný corpus callosum senzorických kůrových filtračních systémů, používáte k uzamčení existence pozičních HEPADs*, které zavádíte, abyste si vybrali a upřednostnili drogy a nevědomí před úplným vědomím? Všechno, co to je, godzilionkrát, zničíte to a přetvoříte? Right and wrong, good and bad, POD and POC, all 9, shorts, boys, POVADs and beyonds.

Gary: Mé kamarádky, které pracují jako zdravotní sestry, mi vyprávěly o vtipech, které se dělali o pacientech, když byly na sále.

Pokud si někdo dělá legraci z vašeho těla, zatímco jste v narkóze, dostane se to do vaší smyslové kůry a vy na to pak reagujete, aniž byste si uvědomovali, na co reagujete nebo odkud ten úhel pohledu pochází. Takové řeči během operace jsou trapné. Trval jsem na tom, aby se během mé operace nemluvilo, a můj lékař souhlasil. Chtěl jsem tam mít přítele, který by zajistil, že se nebude mluvit, ale on s tím nesouhlasil. V jednu chvíli během operace jsem se skutečně probral z narkózy a slyšel, jak si povídají o divných věcech. Copak bych po tomhle věřil doktorovi? Ani za milion let. Proto je důležité, abyste tento proces i další procesy, které jsem zmínil, absolvovali po operaci.

Otázka: V loňském roce podstoupil můj otec dvě operace, jednu prostaty a druhou kolene. V obou případech byl v narkóze. Poprvé to mělo být hotové během chvilky za jeden den, ale když jsem tam přišla, byl v deliriu. Musela jsem s ním zůstat přes noc – a v tom těle to nebyl můj otec.

Druhý den večer se mi ho podařilo přivést domů a on se vrátil. Podruhé
podstoupil operaci kolene. Kvůli předchozí reakci nemohl dostat stejnou
celkovou anestezii, takže mu dali epidurál, ale reagoval stejně. Nebyl ani
vzdáleně podobný mému otci. Musel strávit šest dní v nemocnici, i když měl
být za tři dny venku. Nechtěli ho propustit kvůli jeho psychickému stavu.
Dá se pro něj teď něco udělat?

Gary: Tvůj otec se vrátil z nemocnice s jinou bytostí v těle. Ale tvůj
otec je stále tady. Odstraň bytost, která se při operaci dostala do jeho
těla. V takové situaci je sedmdesátiprocentní šance, že ji přiměješ odejít.

Jde-li někdo pod kudlu a zemře v narkóze, potlouká se po operačním
sále a čeká, až se objeví jeho tělo. Jakmile ucítí tělo v narkóze, vstoupí
do něj, protože se domnívá, že je stejné jako to jeho.

Mám jen provést vyčištění entit, které obvykle v Access Consciousness
děláte? Mohu to dělat na dálku? Je to možné? Já jsem tady ve Státech a on
je ve Velké Británii.

Gary: Samozřejmě, že můžeš.

Dobře. Děkuji.

Gary: Daine, udělejme naposledy ten proces.

Dain: Jaké generování a vytváření tajných agend, bytostností, fantazií
a projektovaných budoucích realit, které nikdy nemohou být tak
dokonalé jako drogami ovlivněný corpus callosum senzorických
kůrových filtračních systémů, používáte k uzamčení existence pozičních
HEPADs*, které zavádíte, abyste si vybrali a upřednostnili drogy
a nevědomí před úplným vědomím? Všechno, co to je, godzilionkrát,
zničíte to a přetvoříte? Right and wrong, good and bad, POD and
POC, all 9, shorts, boys, POVADs and beyonds.

Gary: Začínáte chápat, proč drogy nejsou ve vašem životě přínosem?

Otázka: Dlouho a často jsem pil. Když máte výpadek paměti nebo
jste *v bezvědomí, má to stejný účinek jako drogy při operaci?*

Gary: Ano, vše, co prožíváte, obchází vaše kognitivní schopnosti
a přechází přímo do vaší senzorické kůry. Na druhé straně prožitku
se ocitnete v reaktivním stavu. Reagujete na vůně, hudbu nebo zvuky
a máte emoce spojené s událostmi, které nemají nic společného

s informacemi, k nimž máte přístup. O těchto věcech jste nepřemýšleli, protože jste byli oslabeni drogami.

Podívej se do referenčních materiálů Access Consciousness a vyhledej si informace o senzorické kůře. Projdi si to a uvidíš, co na tebe bude platit a použij dané procesy.

Dobře. Děkuji.

Gary: Není za co.

To byl úžasný call. Děkuji. Ano, děkuji, Daine a Gary.

Dain: Děkujeme.

Gary: Děkuji vám všem za účast na tomto callu. Doufám, že vám to pomůže pochopit klíčovou věc, žádné drogy jakéhokoli druhu. Nežádáme vás, abyste vyřadili léky, které vaše tělo potřebuje. Žádáme vás, abyste vyloučili cokoli, co omezuje vaše vědomí.

Chceme, abyste si uvědomili, po čem vaše tělo skutečně touží. Zajímá nás, zda jste ochotni být více ve společenství se svým tělem, více ve společenství se Zemí, více ve společenství s vámi a více ve společenství s Královstvím Nás a s možnostmi, které vytváří.

9

Neposlouchejte, nevyprávějte a nekupujte příběhy

Gary: Dobrý den všem. Dnes budeme mluvit o devátém klíči: Neposlouchejte, nevyprávějte ani nekupujte příběhy. Bohužel Dain s námi dnes nemůže být.

Co je to příběh? Co představuje příběh? Jaký je účel příběhu? Účelem příběhu je potvrdit váš názor. Je to způsob, jak vysvětlit a ospravedlnit svá rozhodnutí a dát najevo, že volba, kterou jste učinili, je správná. Většina lidí zastává názor, že pokud se jim podaří něco správného, pak bude vše v jejich životě fungovat. Je to však skutečně správné? Je to to, co bude skutečně fungovat?

Otázka: Znamená „příběh" vždy minulost nebo budoucnost a nikoliv přítomný okamžik? Může existovat příběh z „*přítomného*" okamžiku?

Gary: Ne tak docela. Pokud jste v životě skutečně přítomni, žádný příběh neexistuje. Jednou z věcí, kterou děláme při procesech v Access Consciousness, je, že místo abychom kupovali příběh a naslouchali mu, ptáme se: „Dobře, tak o co tady vlastně jde? Co se pod tím skrývá?"

Jediným důvodem, proč mají lidé příběh, je ospravedlnit svou volbu. Potřebují zdůvodnit, proč si vybírají to, co si vybírají. Potřebují si potvrdit, že mají pravdu, když se rozhodli pro to, být rozčilení nebo proto mít tento problém, ať už je to cokoli. Potřebují, aby je někdo ohodnotil a uznal za správné. Jejich příběh je tedy o potvrzení, ospravedlnění a správnosti jejich názoru. Žádná z těchto věcí nemá nic společného s tím, co se skutečně děje. Příběhy jsou obvykle vytvářeny na základě závěrů, které nemají nic společného s tím, co se skutečně děje.

Otázka: Jak mohu pomoci své pětatřicetileté dceři, která by raději zemřela, než aby se nadále potýkala se silnými emocemi a psychickou bolestí? S vděčností věří všem lžím, které tato realita obsahuje.

Gary: Nevěří lžím s vděčností, ale věří lžím. Stačí položit otázku: „Co bys opravdu chtěla vytvořit, miláčku? Pokud je pro tebe smrt skutečně důležitější než život, chápu to." To je vše, co můžete říct komukoli.

Otázka: Je třeba z našeho slovníku vyřadit slovo proč, protože jedinou odpovědí na otázku, proč je příběh?

Gary: Nejde jen o to. Proč je jako rozcestí. Pokud se budete stále ubírat pravotočivou zatáčkou, budete se motat v kruhu, a nakonec skončíte tam, kde jste začali. To je to, co udržuje příběh v pohybu. Místo toho, abyste si uvědomili, co se skutečně děje, uvíznete v příběhu. Všimli jste si někdy, jak někdo, kdo má nějaký příběh, ho vypráví stále dokola, jako by ho to mělo někam dostat. Jenže s příběhem se nikdy nikam nedostanete.

Slyšeli jste někdy někoho říct: „Udělal jsem to a to protože…"? Pokud se pustíte cestou protože, vydáváte se na cestu ospravedlňování.

Otázka: Je příběh odpověď?

Gary: Ano. Příběh je odpovědí na správnost vašeho úhlu pohledu. Je to odpověď, která potvrzuje každou vaši volbu, je to odpověď na vysvětlení, je to odpověď na vztah, který byste s někým chtěli mít, a je to odpověď na něco, co se neděje.

Proč musíme odůvodňovat svá rozhodnutí, místo abychom si uvědomili, že si prostě vybíráme? Můj pohled je takový, že když se rozhodujete každých deset vteřin, můžete eliminovat příběh, být přítomni v každém okamžiku každého dne a dělat, co chcete.

Devadesát devět procent lidí, kteří příběh vyprávějí, ho nevidí takový, jaký je. Takže je to docela jednoduché: Pokud chcete mít jasno, neposlouchejte, nevyprávějte ani nekupujte příběhy.

Otázka: Je úhel pohledu příběhem? Říkáš, že všechno je jen příběh?

Gary: Ne. Úhel pohledu používáte k tomu, abyste uzamkli něco, o čem jste se rozhodli, že to tak je. Úhly pohledu jsou v podstatě uzamčené závěry, ke kterým docházíte, abyste měli pocit, že nějak existujete. Většina lidí si myslí, že jsou souhrnem úhlů pohledu.

Smyslem příběhu je potvrdit váš pohled na věc. Vysvětluje a ospravedlňuje vaše rozhodnutí a ukazuje, že vaše volba je správná.

Gary: Lidé věří, že za každým příběhem a každým úhlem pohledu se skrývá skutečný „důvod a obhajoba", proč daná osoba něco udělala, ale tento důvod a obhajoba nemají nic společného s tím, co si daná osoba skutečně vybrala. Příběh je ospravedlněním vaší volby; není skutečností toho, co jste si vybrali nebo proč jste si to vybrali.

Otázka: Jaký je rozdíl mezi příběhem a příkladem? Stane se příklad příběhem, když přidáte slova jako protože, ale nebo pocity? Mohli byste prosím pohovořit o kupování příběhu?

Gary: Příklad je to, co děláte, abyste lidem něco ukázali nebo jim přiblížili, jak něco funguje. Příběh je něco, co dokazuje váš názor. To, jak něco funguje, se od příběhu liší.

Na slovech, která používáte, až tak nezáleží; jde spíše o to, zda je vaším záměrem něco vysvětlit nebo odůvodnit svůj názor.

Jestliže použijete příběh jako příklad, pak nejde o správnost nebo nesprávnost vašeho úhlu pohledu. Jde o to ukázat někomu, jak něco funguje. To je právě příběh jako příklad. Nevyprávějte příběh, pokud ho nepoužíváte jako příklad. Nekupujte si příběh tím, že budete poslouchat úhly pohledu jiných lidí na to, jak to podle nich musí být nebo jak to s tím máte mít vy.

Kupování příběhu je, když vám někdo řekne, jakému úhlu pohledu máte věřit a vy to uděláte. Když vám někdo říká, co máte zažít, co jste zažili, jak máte něčím být nebo co máte udělat a vy to uděláte, tak kupujete příběh.

Otázka: Co říkáte lidem, kteří milují příběhy? Existují lidé, kteří staví svůj život na příbězích: spisovatelé, stoupenci New Age, vypravěči, kazatelé, učitelé, historici a praktici Access Consciousness. Jsou lidé, kteří pořádají workshopy spočívající ve vyprávění jejich vlastního příběhu.

Gary: Příběhy vypráví spousta lidí. Je v pořádku vyprávět příběh, pokud to chcete dělat. Já se vám snažím dát nástroje, které vás dostanou z problémů ve vašem životě. Nakoupení příběhu eliminuje vaši schopnost volby; nakoupení příběhu eliminuje volbu. Jakmile lidé vytvoří příběh, zvolili si. Rozhodli se, jaká je jejich volba, a svůj příběh nezmění, protože nechtějí měnit svou volbu. Lidé vyprávějí příběhy, aby ospravedlnili stanoviska, která zastávají.

Lidé mohou vyprávět, co chtějí, ale vy je nemusíte poslouchat, pokud nechcete.

Sledovali jste někdy někoho, kdo se snažil obhájit svůj úhel pohledu? Používá příběh, aby ospravedlnil a dokázal svůj pohled na věc.

Dělám to, když facilituji kurzy. Používám příběhy, aby si lidé uvědomili, o čem se snažím mluvit. Většina lidí je ochotna spíše naslouchat příběhu než se dívat na to, co je skutečné.

Otázka: Je příběh způsob, jak se učíme a pamatujeme si věci, jako je jazyk?

Gary: Ne.

Je příběh způsob, jakým si všichni necháváme vymývat mozek do kontextuální reality?

Gary: Ano.

Je volbou říct určitá slova a ne jiná, ne příběh?

Gary: Ne, když vytváříte komunikaci, musíte si být vědomi slov, která používáte, protože slova, která používáte, určují energie, které se vytvářejí mezi vámi a druhým člověkem.

Jak tedy přestat kupovat příběh?

Gary: Prostě s tím přestanete.

V Access Consciousness mluvíte o síle slov a správném vyjadřování. Je nesprávná formulace jen dalším příběhem?

Gary: Ne, příběh je vždy odůvodněním. Příběh je obhajobou a ospravedlněním vaší volby. Proto příběh vytváříte.

Otázka: Když říkáš: *„Neposlouchejte příběh",* co myslíš tím slovem *poslouchat? Během let, kdy jsem pracovala jako sociální pracovnice a učitelka, jsem se naučila lidem naslouchat. Ale někdy mám pocit, že nasloucháním někomu umožňuji, aby na mě udělal mocenský manévr. Připadá mi, že se mnou manipuluje; že spíš než komunikací ovládne rozhovor žvaněním.*

Gary: Ano, to je jedno z těch míst, kde nechcete poslouchat příběh. Když se to stane, měli byste říct: „Počkejte chvilku, ano? Potřebuji si to ujasnit. Nechápu smysl toho, co mi říkáte." Musí znovu pojmenovat způsob, jakým zdůvodňují to, co dělají, a tím příběh obvykle skončí nebo se změní. Obojí je pro vás dobré, protože vás to zbaví nutnosti poslouchat blbosti.

Otázka: Vždycky jsem si cenila naslouchání bez ptaní. „Ona je tak dobrý posluchač" mi připadalo jako pozitivum. Teď o tom pochybuji. Popravdě, naslouchají vůbec někdy lidé doopravdy? Většina lidí používá naslouchání jako způsob, jak se rozhodnout, co mohou říct nebo udělat, aby to vedlo k rozhovoru, který chtějí vést.

Gary: Chápete to všichni? Moje tchyně byla v tomhle dokonalá. Mluvila s vámi o čemkoli a čekala, až řeknete to správné slovo, které jí umožní skočit vám do řeči, převzít ji a vést ji tam, kam chtěla. Považovala se za neuvěřitelně zajímavého člověka. Ale lidé, kteří jsou neuvěřitelně zaujatí svým vlastním názorem, nemusí vůbec naslouchat; ve skutečnosti obvykle naslouchají klíčovým slovům, na která mohou reagovat a která jim umožní převzít konverzaci a zařídit, aby vše fungovalo podle jejich představ.

Otázka: Zdá se, že lidé mají větší zájem říkat své úhly pohledu než poslouchat. Proč nás v této realitě učí poslouchat, jako by to byla dobrá a ušlechtilá věc?

Gary: Je dobré a ušlechtilé poslouchat, protože tak vás lidé mohou využít, a všichni víme, že to je smyslem života, že? Nechat lidi, aby vás využívali.

Otázka: Co mají lidé na mysli, když říkají poslouchat? Poslouchání může být nácvikem vnímání energie.

Gary: Jestliže se zaposloucháte do příběhu, všimnete si, že často neodpovídá energii toho, co se děje. Proč tomu tak není? Protože osoba, která příběh vypráví, ho potvrzuje, ospravedlňuje, vysvětluje, racionalizuje a přeříkává, jako by tím mělo vzniknout něco jiného.

Mnoho lidí, které znám, včetně těch, kteří se věnují Access Consciousness, vypráví příběhy. Jak ty příběhy neposlouchat? Odejdeš pryč nebo se od nich nějak odpoutáš? Přerušíš je, odstřihneš, položíš jim otázku, nasloucháš spíše energii toho, co říkají, než slovům a pak jim uděláš zářez?

Gary: Rozhodně naslouchej energii toho, co říkají, a pak, ano, udělej zářez a jdi dál.

Otázka: Je zářez způsob, jak jim ukázat jiné možnosti, aniž by se jim řekly?

Gary: Ne, je to způsob, jak položit otázku, která vyžaduje, aby se dívali z jiného místa, nebo aby se jim udělaly puchýře na zadku, podle toho, co přijde dřív.

Otázka: Jakým přínosem mohu být pro sebe a své přátele, když se mi zdá, že jsou posedlí svým příběhem?

Gary: Já nejraději říkám: „Panebože, já zapomněl! Mám schůzku. Musím jít, uvidíme se později."

Otázka: Jak to, že šest z deseti klíčů je formulováno v záporné formě? Ptám se jen tak ze zvědavosti.

Gary: Protože tak je lidé uslyší. Většina lidí neslyší slova *udělej to*. Slyší pouze *nedělej to*. V té době bylo prostě jednodušší uvádět je v záporu. A funguje to. To je ten pravý důvod. Funguje to.

Otázka: Když jsem v roli facilitátora Access Consciousness a někdo mluví dál a dál a já už jsem pochopil podstatu nebo energii toho, co říká, co mohu říct, abych ho elegantně umlčel?

Gary: Můžeš říct: „Buď zticha", „Přestaň, přestaň, přestaň" nebo „Poslouchej. Slyšel jsi, co jsi řekl?"

Řeknou: „Cože? Co jsem řekl?"

Pak musíš zopakovat, co řekli.

Oni řeknou: „No jo, ale to jsem nemyslel."

Ty řekneš: „Ano, ale tohle jsi řekl, a to jsi měl na mysli, protože to odpovídá energii toho, co říkáš, mnohem více než to, co si myslíš, že říkáš. Ale pojďme to zanalyzovat, ano? Zkusme to rozebrat, abys tu mohl získat trochu svobody." Takto se s nimi mluví s grácií. Všichni jste mě už slyšeli, jak lidem říkám: „Držte hubu!", že? Nebo „Hej, hej, hej?". Někdy je to potřeba udělat.

Otázka: Příběh může být tak nenápadný jako „déšť". Co víš o dešti? V jednom slově se skrývá spousta příběhů.

Gary: To není příběh, to je vědomí. Vědomí a příběh není totéž. Lidé používají příběh, aby eliminovali vědomí. Používají příběh, aby ospravedlnili to, co není vědomí, jako by to byla pravda.

Otázka: Vidím, že společné příběhy lidi spojují: příběhy o rozvodu, příběhy o tom mít doma puberťáka, příběhy o koupi prvního auta. O čem to všechno je?

Gary: Je to o šílenství, které je způsobem, jakým vzniká většina vztahů. Lidé si vytvářejí soudy, aby si vytvořili vztah. Ve společném příběhu hledají: „Soudíme stejně? Máme stejný úsudek? Posuzujeme vše stejně?" Pokud ano, znamená to, že jsou spolu.

Je skutečně pravda, že jsme spolu, nebo je to jen lež, kterou si namlouváme, abychom si byli jisti, že tu pro nás někdo „je"?

Otázka: Jsou všechny příběhy v podstatě bytostnostmi?

Gary: Ne, většina příběhů je projektovanou budoucí realitou.

Ale týkají se minulosti. Jak se v nich promítají budoucí reality?

Gary: Protože se vás snaží přimět, abyste se přizpůsobili jejich názoru a souhlasili s ním, jako by se měl v budoucnu změnit a vytvořit něco jiného.

Aha, dobře. Jak lze vyprávět příběh z bytostnosti?

Gary: Můžete vyprávět příběh z bytí, pokud to děláte proto, abyste dosáhli větší srozumitelnosti. Vyprávět příběh za účelem uvědomění znamená, že jej vyprávíte za účelem uvědomění; nevyprávíte příběh za účelem závěru. Devadesát devět procent lidí vypráví příběhy z bytostnosti; dělají to proto, aby vytvořili závěr ve vašem nebo ve svém světě a aby věci vypadaly určitým způsobem.

Děkuji, skvělé.

Otázka: A více srozumitelnosti znamená více uvědomění?

Gary: Ano.

Otázka: Když ti někdo sdělí informace o někom jiném, které zní jako skutečné, jaké povědomí je třeba, abys věděl, že jde o informace, nikoliv o příběh?

Gary: Lidé vám neustále vyprávějí o druhých, například že ten a ten dělá něco špatného. Je to vědomí, nebo je to soud? Obvykle, když lidé vyprávějí příběh o druhých, je to soud, který se snaží jemně protlačit do vašeho světa. Dělají, jako by nebylo důležité, že to říkají, ale vyžaduje to, abyste dospěli k nějakému závěru. Když vám lidé sdělují informace o druhém člověku, obvykle podle toho, jak to energeticky cítíte, poznáte, zda jde o souzení, nebo zda vám sdělují nějaké vědomí.

Otázka: Tento týden jsem při návštěvě zubaře zažila silný, ale opačný zážitek. Když mi bylo pět let, měla jsem problém se zubařem. Tvrdě jsem ho uhodila; on mi pak dal facku, nadával mi *a fyzicky mě vyhodil z ordinace. Zanechalo to ve mně trauma z návštěv u zubaře. Nechávala jsem si odstraňovat rtuť z plomb, protože jsou čtyřicet let staré, a nutila jsem se chodit na prohlídky dřív, než přijdou větší problémy. Od té doby, kdy jsme měli call o zákazu jakýchkoli drog, bojuji s tím, abych se nesoudila za to, že toužím po těch otupujících prášcích měnících vědomí.*

Gary: Za prvé, pokud máte bolesti a trpíte, je užívání léků přijatelné. Pokud je užíváte krátkodobě, abyste dosáhli určitého výsledku, není to žádný problém. Pokud je ale užíváte dlouhodobě, abyste dokázali, že nemusíte být při vědomí nebo přítomni, to dobré není.

Poté, kdy začal působit oxid dusný, jsem se přinutila pozorovat a sledovat místnost i přes iracionální hrůzu, kterou jsem prožívala. Doslova jsem procházela každou položku, kterou jsem vnímala, od zvuku přes vůni a barvu až po velikost zubařových rukou. Protože jsem si nepamatovala všechny detaily toho, co se mi stalo v dětství, chytila jsem se jen těch největších věcí: jeho rukou, vůně a zvuků, své velikosti v křesle, vlastní emocionální hrůzy a hlavně: dělo se něco z těch dětských věcí i teď? Zdálo se, že dusík snížil emocionalitu a pomohl mi soustředit se na detaily. Bylo to, jako by věci umocňoval. To mě na základě našeho posledního callu zmátlo, ale dál jsem se soustředila na popis přítomnosti a vznesení požadavku na změnu.

Gary: Opět jsi zmínila, že jsi požadovala změnu a požadovala jsi vědomí. Takže jsi tento požadavek vznesla a tohle se pro tebe děje, když to uděláš.

Tohle cvičení jsem dělala i při jiných návštěvách, ale moje mysl kličkovala jako žába na dálnici bez zjevného efektu. Tentokrát jsem si okamžitě uvědomila, že jsem před touto zkušeností po většinu svého života utíkala. Měla jsem problém říct lidem, že mám bolesti nebo jsem nemocná, a očekávat, že se mi dostane laskavosti nebo pomoci. Moje matka byla velmi nesoucitná k mému chování v zubařské ordinaci, když mi bylo pět let, a posílala mě několik let ke stejnému zubaři. I tak to byl obrovský kus osobní soutěže: „Já to zvládnu a nebudu žádat o pomoc. Proklínám tě, že jsi nevěděla, co potřebuju, a nijak jsi mi nepomohla." Uznat to a jít dál je život měnící. Zbavuje mě to břemene násilně stát na svém místě a nechat se fackovat nebo si nechat odměňovat svá špatná očekávání, ani ne tak fyzicky, jako spíš emocionálně. Intuitivně vím, co potřebuji, a mohu to poskytnout. Lidé mi říkají, že ve mně cítí zadržovanou výbušnou energii.

Gary: Na tom není nic překvapivého, když jsi byla pod neustálým potlačováním. Doporučuji ti, aby sis udělala nějaké procesy na potlačování hněvu:

Jaké generování a vytváření potlačování hněvu jako primárního zdroje pro eliminaci reality druhých lidí používáte k uzamčení pozičních HEPADs*, které nastolujete jako svou špatnost a jako správnost pohledů druhých lidí? Všechno, co to je, godzilionkrát, zničíte to a přetvoříte? Right and wrong, good and bad, POD and POC, all 9, shorts, boys, POVADs and beyonds.

Uvědomuji si, že jsem plně vstoupila do prožitku přítomnosti. Téměř přesně ve stejný okamžik mi přítomný zubař řekl: „Máte bolesti, že ano? Hned vám na to něco dám. Nikdy by vás nemělo nic bolet. Vždycky mi řekněte, když se to stane, a my se o to okamžitě postaráme." Ve stejném okamžiku jsme se stali sympatickými. Ještě pořád to ve mně vyvolává velké emoce. Co se to tam děje? Zdá se, že kdybych skutečně dospěla k plnému vědomí, nebyla bych tak emočně rozrušená.

Gary: Nejde o to, že plné vědomí odstraňuje emoce; plné vědomí odstraňuje negativní emoce. To, co prožíváš, je pozitivní uvolnění.

Tři hodiny v zubařském křesle mi připadaly jako patnáct minut.

---

* Viz slovníček pojmů.

Gary: Jakmile se dostaneš na místo, kde jsi vděčná, a vzneseš požadavek, přijde jasnost. V požadavku, který jsi vyslovila, jsi žádala o jasnost, a přesně to se stalo. Gratuluji ti k tomu, že jsi v tom tak razantní a skvělá.

Očekávání ublížení nebo agrese rozhodně pominulo, alespoň u zubaře. Přešla jsem do větší lehkosti s tím, že jsem se cítila pohodlně a požádala o pomoc. Cítím se také klidnější. Jak v této situaci fungují léky?

Gary: Protože jsi vznesla požadavek, musela jsi ho využít pouze ve svůj prospěch. Lidé by teď mohli říct: „Když kouřím trávu, vznáším požadavek, abych s ní byl vědomý," ale to není to, co děláš. Učinila jsi požadavek, abys překonala omezení, ve kterém jsi se nacházela. Když kouříš trávu rekreačně, nevytváříte požadavek na nic; prostě jen rekreačně kouříš.

Pomohly mi drogy skutečně oddělit se od traumatu a dramatu příběhu natolik, abych se na situaci lépe koncentrovala?

Gary: Ano, a to je důvod, proč chceš příběh ze hry vyřadit. Chceš vytvořit jasné zaměření, abys viděla, co tam skutečně je, ne to, co sis myslela, že tam je. Tvé myšlenky a emoce jsou tvým ospravedlněním. Bylo ti pět let a musela sis ospravedlňovat, že tvá matka dělá nebo nedělá správnou věc, a čtyřicet let jsi se musela dělat špatnou. Z příběhu jsi udělala ospravedlnění mnoha svých obav. Myšlenka nevyprávění příběhu nebo nekupování příběhu spočívá v tom, že se dostaneš do bodu, kdy můžeš jít za příběh a uvolnit to, co příběh uzamklo ve tvé realitě.

Teď si uvědomuji, že tyto informace pocházejí z nevědomí. Velká část z nich se nacházela uvnitř, mimo mé vědomí. Říkat si, že strach není racionální nebo že vzdálená událost se už neděje nebo není skutečná, mi vědomí nepřineslo. Prosím, jaký proces lze použít k nalezení těchto slepých míst z dětství, konkrétně těch, která souvisejí s traumatem a příběhem? Mám iracionální obavy z autorit a jsem vzpurná. Mám podezření, že zkušenost se zubařem v dětství není ten jediný důvod.

Gary: Možná by sis chtěla spustit tenhle:

Jakou fantazii, bytostnost, skryté agendy, projektovanou budoucí realitu a projektovanou současnou realitu pro neustálý boj s autoritou jsem učinila tak skutečnou, že ji ani tváří v tvář naprostému uvědomění a vědomí nemohu změnit, zvolit nebo poupravit? Všechno, co to je, godzilionkrát, zničíš to a přetvoříš? Right and wrong, good and bad, POD and POC, all 9, shorts, boys, POVADs and beyonds.

Otázka: Nedávno došlo k bombovému útoku v Oslu, což ve facebookové skupině Access Consciousness, ve které jsem, vyvolalo mnoho názorů. Na světě jsou také místa, kde se válčí a kde se ve válce objevuje hlad a sexuální násilí. Jaké otázky si můžeme klást, abychom se nenechali strhnout traumatem a dramatem toho všeho? Z jakého důvodu se lidé zabývají takovými příběhy?

Gary: Špatné zprávy jsou z hlediska lidské reality vždy těmi nejlepšími. Máte na výběr, jak na ně budete reagovat. Můžete se podívat na to, co se děje, a zeptat se: „Proč si to ti lidé vybrali?". Někteří lidé si vybírají svou smrt. Proč? Protože když si vyberou svou smrt, mohou si vybrat, jak bude probíhat, kdo je bude postrádat a podobné věci. Člověk by si nemyslel, že to lidé budou mít ve svém „vědomí", ale mají to tak a netouží to nutně moc měnit.

Otázka: V rodině jsem byla velmi dobře trénována v ospravedlňování svého názoru, protože odlišné názory nebyly připouštěny. Říkal jsi, že můžeš vyprávět příběh za účelem objasnění. Mohl bys o tom říct, prosím, něco víc? Vidím, jak je to šikmá plocha, například u mé sestry. Vnímám, že bych mohl využít myšlenku facilitovat jasnost k ospravedlnění vlastního úhlu pohledu.

Gary: Důvodem, proč vyprávíš příběh, je ospravedlnění tvého úhlu pohledu. To nevede ani k jasnosti, ani k možnostem. Chceš, aby vše, co děláš, vytvářelo jasnost, abys měla větší možnosti v každém okamžiku každého dne, v každém způsobu, jakým jsi, a v každém způsobu, jakým můžeš být. Pokud to nemáš, co vlastně vytváříš?

Omezení.

Gary: Ano. Pokud tedy nechceš vytvářet omezení, musíš tvořit z pocitu možností, které jsou k dispozici.

Jaké možnosti jsem měla na výběr v popsaném přístupu mé rodiny, v němž nebyl dovolen jiný názor?

Gary: Počkej chvíli. V okamžiku, kdy necítíš žádné dovolení, přestaň mluvit. Jsou dva důvody, proč to udělat. Když přestaneš mluvit, druhá osoba musí přejít k otázce. Když se začne ptát, kdo přebírá kontrolu?

Vědomí.

Gary: Ano. A ty chceš mít vědomí.

Ano. Vidím, že jsem se mohla rozhodnout říct: „Je to zajímavý úhel pohledu", že jsou v nedovolení nebo v jakémkoli jejich úhlu pohledu. A nestarat se tolik a nebýt tak závislá na tom, abych dostala jejich souhlas nebo potvrzení.

Gary: Smyslem vyprávění příběhu, kupováním příběhu nebo jeho posloucháním je zapojit lidi do něčeho, co nelze změnit nebo vyřešit. Proč by to lidé měli chtít dělat? Protože pokud vás dokážou zapojit do něčeho, co není řešitelné nebo nezměnitelné nebo co vyžaduje, abyste o tom dlouho přemýšleli a pak eliminovali svou přítomnost ve vlastním životě. Je to forma oslabení. To je důvod, proč říkám: „Nevyprávějte příběh, nekupujte příběh a neposlouchejte příběh". Příběh má jediný účel – zbavit vás moci. Je tohle místo, kde chcete žít?

Otázka: Nedávno jsem měl klientku, která mi řekla: „Chci mít jasno. Potřebuji mít jasno. Jasnost mi pomůže se rozhodnout." Zůstala však v příběhu, který bránil jasnosti, a ta pak bránila volbě. Přemýšlím, jestli to, co říkala o jasnosti, nebyl nějaký druh iluze, která měla udržet její uvíznutí na místě.

Gary: To je jeden z největších problémů – jednat s lidmi, kteří nechtějí být vědomými, ačkoli tvrdí, že o to mají zájem. Pokud vám někdo vypráví příběh, můžete říct: „Mohl bys chvilku počkat? Potřebuji si to ujasnit. Nechápu, o čem to mluvíš." To vyžaduje, aby se podívali z jiného místa, mluvili z jiného místa nebo si vybrali jiné místo, než aby pokračovali ve stejném příběhu.

Pokud začne znovu a vypráví stejný příběh, řeknu: „Počkej. Právě jsi řekl, že chceš být vědomým."

Řekne: „Ano, no, jen mi dovol říct ti o tomhle. Je to opravdu důležité," a vypráví příběh znovu.

Já řeknu: „Dobře, moje sazby se právě zvýšily."

Oni řeknou: „Jak to myslíš?"

Řeknu: „Když musím poslouchat příběh, moje sazby se zvýší. Začal jsi vyprávět příběh, který neodpovídá energii, s níž jsi sem přišel a o níž jsi řekl, že je problémem, který musíš vyřešit. Takže se můžeme zabývat skutečnou energií toho, co se děje – nebo se můžeme zabývat tvým příběhem. Moje sazby se zdvojnásobují, když musím poslouchat příběh."

Příběh je způsob, jakým lidé ospravedlňují svá rozhodnutí. Žádná volba je volbou. Pokud někdo říká, že je na výběr x , y nebo z a už nic jiného, je možné, že je tam ještě něco dalšího, co si nepřipustil nebo na co se nepodíval.

Otázka: Když pracuji se závislými nebo s alkoholiky, často poslouchám jejich příběh. Zeptám se jich: „Povězte mi o svém pití" nebo „Pověz mi o své závislosti na jídle", oni se pustí do vyprávění a já z toho získám spoustu informací.

Gary: Vyvoláváš u nich reakci, abys získala informace, které potřebuješ k tomu, abys věděla, kam jít, a to funguje. Ale pokud lidé vyprávějí svůj příběh – pokud někdo přijde a řekne: „Moje matka se ke mně chovala špatně, a to je důvod, proč piju. Nemůžu uvěřit, že se ke mně chovala tak špatně. Byla na mě tak zlá a chovala se ke mně tak zle a byla bla, bla, bla," řešíte problém s pitím, nebo nějaký jiný problém?

Přesně tak.

Gary: Všimla sis, že když člověk pořád dokola omílá nějaký příběh, nikdy ho nepřekoná?

Ano. Nenechávám je stát v jejich příběhu, ale beru si z něj informace.

Gary: To je v pořádku, ale existuje spousta lidí, kteří vyprávějí příběh, který trvá strašně dlouho. Stále se k němu vracejí. A proč se k příběhu vracejí? Protože uvěřili lži, že příběh je to, co je třeba změnit.

Někteří lidé říkají, že pokud nejste s příběhem spokojeni, měli byste ho změnit. Ne, pokud nejste spokojeni s příběhem, je velmi pravděpodobné, že problém není v příběhu. Problémem je to, co příběhu předcházelo. Musíte se dostat k tomu, co předcházelo příběhu, jinak nedosáhnete výsledku.

Otázka: Někdy mluvím s lidmi, kteří vypadají, jako by se ztratili v nevědomé smyčce příběhu. Co bych mohla udělat pro to, aby si to více uvědomili?

Gary: Chceš-li něco změnit, musíš sáhnout po tom, co příběhu předcházelo – ne po tom, co se stalo v jeho průběhu. Lidé se vracejí do smyčky a vyprávějí stále stejný příběh, protože se snaží vypořádat s tím, co si myslí, že příběh je, místo aby se zabývali tím, co příběh vytvořilo. To je věc, která se musí změnit.

Otázka: Když jsem přítomna s někým, jako je klient, který neustále, donekonečna vypráví svůj příběh, mohu ho nějak nasměrovat k možnosti jiné volby? Nebo mám jen sedět a poslouchat?

Gary: Proč bys to dělala?

Právě, bolí to.

Gary: Máte tři možnosti. Můžete tam sedět a poslouchat, můžete se otočit na podpatku a odejít, nebo můžete říct: „Víš co? Líbí se mi, jak tenhle příběh vyprávíš stále dokola.“

Děkuji.

Otázka: Mohl byste prosím pohovořit o využívání příběhů lidí ve svůj prospěch v Království Nás?

Gary: Když má někdo příběh, vždy si všímám energie, která je pravdivá. Obvykle je to první věta, kterou vypustí z úst, a ta je energeticky nejsilnější. Lidé říkají věci jako: „Udělal jsem to, protože...“ nebo „Udělal jsem to jen...“ nebo „Udělal jsem to, ale...“. Problémem je první část toho, co řekli. Slova protože, nebo, jen, nebo, ale, vedou k příběhu, který racionalizuje, ospravedlňuje a vysvětluje to, co udělali. Díky tomu je pro ně příběh skutečný. Je skutečný? Nebo je to první, co bylo řečeno, skutečností, kterou nikdo není ochoten mít?

Otázka: Když jsem zaneprázdněna svým příběhem a oslabuji sama sebe, mohu se rychle nechat chytit a spadnout do králičí nory...

Gary: Já vím, není to zábava?

Ne, to není.

---

* Viz slovníček pojmů

Gary: Je! Musíte pochopit, že vás to baví, jinak byste si to nevybrali. A až se dostanete na konec svého příběhu, když si začnete říkat: „Páni, to byla fakt zábava!", přestanete to tolik dělat.

Myslíš uznat to, že je to zábava, i když jsou to muka?

Gary: Mučivým se to stalo až poté, kdy jste se slyšeli mluvit příliš dlouho a řekli jste si: „Páni, já se nudím k smrti!"

Je to způsob, jak se z toho dostat?

Gary: Jo. Řekni: „Nudila jsem se k smrti. Víš co? Příběh je na nic. Co to dělám?"

Otázka: Je všechno, čemu se říká duševní nemoc, jako je úzkost, deprese a paranoia, založeno na příbězích?

Gary: Ano.

Wau!

Gary: Kupování příběhu je lež, která vyžaduje, aby se člověk neustále uváděl do nevědomosti a nedostatku volby.

To se mi líbí. Co můžeme udělat, abychom to všechno změnili?

Gary: To je důvod, proč vás žádáme, abyste neposlouchali, nekupovali ani nevyprávěli příběhy. Pokud si ujasníte, co je to příběh a proč lidé ve svém příběhu uvíznou, budete schopni ho rozpoznat – a poznáte, že je v něm lež. Když vidíte, že se někdo snaží žít ze lži, to, co je v jeho životě v háji, se najednou ukáže. Většina lidí si myslí, že důvodem, proč jsou v háji, je příběh, který vyprávějí. Vyprávějí vám příběh o tom, proč jsou v háji, a myslí si, že se to nakonec zlepší. Zabere to někdy doopravdy?

Ne, vůbec ne.

Gary: Nikdy. Takže jaké další volby máte?

Otázka: Jak můžeš pracovat s někým, kdo strávil svůj život po boku psychoterapeuta a stal se zcela závislým na příbězích?

Gary: O tom je psychoterapie. Vyprávíte svůj příběh znovu a znovu, dokud se z něj „nevybije" dostatek náboje, který na něm máte, a pak přejdete k jinému, trochu jinému příběhu. Když je někdo, s kým pracuji, závislý na příběhu, říkám mu: „Máš tu možnost volby."

Ptají se: „Jak to myslíš, že mám možnost volby? Nemám na výběr."

Říkám: „Ale máš. Vždycky máme na výběr. Věříš, že je to svobodná vůle vesmíru?"

Pokud řeknou ano, pak je máte. Pokud řeknou ne, zmlkněte a odejděte.

Otázka: K tomu můžu také něco říct. *Jako psychoterapeutka, když mi lidé vyprávějí příběh, říkám: „Dobře, a kdybyste mi ten příběh nevyprávěli, co byste si uvědomovali?"*

Gary: Skvělé!

Otázka: Můžeš se zmínit o tom, co předchází příběhu a jak to změnit, a uvést nějaké příklady?

Gary: Přišla za mnou jedna žena, která chtěla změnit svůj vztah s matkou. Zeptal jsem se: „Co chceš ve svém vztahu s matkou změnit?"

Řekla: „No, moje matka je mrcha."

Řekl jsem: „To nezní, jako bys chtěla změnit svůj vztah s matkou. Zní to, jako bys chtěla svou matku změnit, nebo jí prostě chceš vynadat."

„Ano, ale ty jí nerozumíš," řekla.

Zeptal jsem se: „Jak to myslíš, že jí nerozumím?"

Řekla: „No, pokaždé, když jí něco řeknu, tak řekne: ‚bla, bla, bla'."

Řekl jsem: „Dobře, vraťme se k tomu znovu. Co vlastně od své matky chceš?"

Měla vše odůvodněno tím, že se její matka musí změnit, aby jí vztah fungoval. Když jsem se nakonec zeptal: „Co od své matky chceš?", najednou si uvědomila, že ve skutečnosti chce, aby se o ni matka starala určitým způsobem. Rozhodla se, že nepřijme nic, co by neodpovídalo tomu, co si matka zvolila jako konkrétní způsob, jak jí dát najevo, že jí na ní záleží. Jakmile jsme se k tomu dostali, všechno se pro tuto ženu začalo měnit.

Mohli bychom se podívat na něco, co dělám já? Vytvářím selhání. Zabývám se spoustou nesmyslů ohledně věcí, které se nemění. Říkám: „Tohle se nemění a tamto se nemění."

Gary: Ano, protože se snažíš věřit tomu, že ten příběh je skutečný.

Zkoušela jsem se podívat na to, kde to bylo vytvořeno, ale nebyla to jen jedna věc, příčinou bylo mnoho, mnoho věcí.

Gary: Co předcházelo vzniku příběhu?

Sleduji, kam to jde…

Gary: Musíš hledat, co předcházelo vzniku příběhu.

Neexistuje jedna jediná věc. Existuje spousta událostí, které se neustále opakují…

Gary: Události jsou to, co lidé používají k hromadění informací, aby mohli vyprávět příběh nebo aby se příběh stal skutečností. Je to způsob, jakým ospravedlňují to, co se děje. Co tomu předcházelo? Kým jste byli předtím, než se ta událost odehrála? V podstatě jděte před tu událost. Ptejte se: „Co se stalo před touto událostí? A co se stalo před touto událostí? A co se stalo před touto událostí?" Můžete se vlastně propracovat zpět v čase až k prvnímu rozhodnutí nebo volbě, že něco můžete nebo nemůžete udělat. To je to, co to otevírá.

Teď mi to připadá neuvěřitelné. Vrací se to do doby, kdy jsem se snažila být darem a byla jsem odmítnuta. Vrací se to ještě před to, do dělohy. Kam to mám nechat jít?

Gary: Mluvíš tu o svém osobním příběhu?

Ano.

Gary: Je ten příběh pro tebe skutečný?

Ha! Ano, jinak bych o něm nemluvila.

Gary: Lhala jsi mi.

Vím, že je to příběh, ale cítím, že je zakotven v mé molekulární struktuře.

Gary: Chápu to, ale ty jsi to udělala skutečným. Zeptal jsem se tě: „Je tvůj příběh skutečný?" a ty jsi mi na začátku nedokázala odpovědět.

Snažila jsem se najít způsob, jak říct ne, ale je to pro mě skutečné. Dívala jsem se na to, jak se toho držím.

Gary: Ve skutečnosti to není skutečné. Ty si to jenom namlouváš. Proč děláš svůj příběh skutečným?

To bych, Gary, ráda věděla, chtěla bych to změnit.

Gary: Máš zájem na výsledku?

Úplně nevím, co tím myslíš.

Gary: Pokud chceš, aby byl tvůj příběh skutečný, musíš se držet všeho, co se objeví, ať se děje cokoli. Pokud chceš, aby tvůj příběh byl skutečný, chceš, aby byl pravdivý. Musíš ho ospravedlnit a přiklonit se k němu, abys ho udržela při životě. Kolik z toho, co sis definovala jako svůj příběh o sobě a svém životě, je založeno na lži? Hodně, málo nebo megamoc?

Megamoc.

Gary: Všechno, co to je, godzilionkrát, zničíš to a přetvoříš? Right and wrong, good and bad, POD and POC, all 9, shorts, boys, POVADs and beyonds.

Otázka: Vypadá to, že nemůžeš mít příběh, pokud nenakoupíš identitu, jako třeba: Jsem žena, jsem matka, jsem to a to. Takže když zničíš všechny své identity, už nemůžeš mít příběhy. Je to tak?

Gary: Ano. Nemám žádný příběh, protože lidé mi vždycky říkají: „Tvoje příběhy jsou nudné.“ Já říkám: „To proto, že nemám žádné nové. Nevytvářím žádné nové. Na základě, čeho by to bylo k něčemu dobré? Jakmile se něčeho zbavím, pokud si na ten příběh vzpomenu, používám ho navždycky.“ Většina z vás používá svůj příběh navždy, ale používáte ho proto, abyste ho udrželi při životě.

Lidé používají své příběhy, aby udrželi naživu své identity.

Gary: Ano, a udržují si své příběhy, aby si udrželi to, o čem se rozhodli, že je pravda, a co ve skutečnosti není pravda o nich nebo pro ně. I to se snaží udržet v existenci.

No teda.

Otázka: Pokud existuje příběh, není to jen příběh v případě, že nese citovou vazbu? A pokud tam citová vazba není, je to stále příběh? Kdy je to příběh? A kdy to příběh není?

Gary: Příběh je cokoli, co ospravedlňuje vaše rozhodnutí nebo činy. Pokud se snažíte cokoli ospravedlnit svým příběhem nebo svými činy, vyprávíte příběh nebo žijete příběh, jako byste tím příběhem byli vy.

Nemusíme se pak ale snažit obhájit falešný pocit pravdy v tomto příběhu?

Gary: Ne, to děláte, když se k příběhu citově připoutáte. To je úplně jiný vesmír. Citové pouto je něco jiného než pouhé uvědomění si „Dobře, tohle je příběh“.

Ok, chápu. Děkuji.

Otázka: Ve své praxi pracuji s dětmi, které prožily porodní trauma. Součástí mého cíle je dát jim pocit expanze za hranice jejich traumatu. Je zřejmé, že to nedokážu slovy. Máte nějaké postřehy, jak to udělat, aby se příběh nestal životem?

Gary: Četla jsi knihu *Talk to the Animals (Mluvte se zvířaty)?*

Ne.

Gary: V té knize popisuji zónu vědomí, kterou má každé zvíře mimo své tělo. Když se ocitnou v traumatickém zážitku nebo v zážitku vyvolávajícím strach, jejich zóna se často zhroutí. Děti, které si projdou porodním traumatem, mají tendenci mít svou zónu zcela převrácenou, takže nemají žádný cit pro svůj osobní prostor.

Říkáš, že jejich prostor je převrácený?

Gary: Ano. Musíš se postavit osm až dvanáct kroků od nich, chytit jejich zónu, vytáhnout ji a pak ji prodloužit o dalších dvacet kroků za sebe.

Dobře.

Gary: Je to velmi jednoduché. V knize *Talk to the Animals* je popis, jak to udělat. To by byl nejjednodušší způsob, jak se naučit, jak jim snadno dodat pocit expanzivnosti. Když je zvíře zraněné, obvykle se jeho zóna zhroutí a nemá tendenci se dobře zotavovat.

Jeleni byli jediným tvorem, kterého se mi nepodařilo přimět, aby znovu rozšířil svou zónu. Jakmile byli zraněni a jejich zóna se zhroutila, zdálo se, že už se nikdy nevrátí. Úspěchy jsem měl s koňmi a kravami. Úžasný úspěch jsem měl také s divokými zvířaty, když byla v záchranných centrech.

Děkuji. Vyzkouším to. Mohlo by to pomoci mnoha dětem.

Gary: Pokud to zabere, super — a pokud ne, vrať se k tomu, co děláš. Vždycky dělej to, co funguje. Nedělej to způsobem, o kterém si *myslíš*, že to tak musí být.

Můžeš to také udělat, když někdo nutkavě propadne určitému příběhu a opakuje si ho stále dokola. Nebo jim můžeš spustit Barsy s Trojnásobnými sekvenčními systémy*.

Otázka: Když se vrátíme k příběhu a divokým zvířatům. Jednoho dne jsem byla v záchranném centru, kde pracuji jako dobrovolník. Čistila jsem klec

---

* Viz slovníček pojmů.

s mývaly, ale nebyla jsem při tom pozorná, a když jsem strčila ruku do zadní části klece, abych ji vyčistila, jeden z mývalů mě kousl. Okamžitě jsem ruku vytáhla a všimla jsem si, že mývalové o tom nemají žádný příběh.

Jakmile jsem to uviděla, bylo vše v pořádku. Mohla jsem k tomu přistupovat jinak. Bylo to obrovské kousnutí. Protrhlo mi to kůži a asi pět minut jsem tam měla modřinu a pak všechno zmizelo. Bylo to „Páni, to je zajímavé!".

Gary: Zvířata nikdy nemají příběh o ničem. Jejich pohled je: „Slunce vychází, můžu si zazpívat? Slunce vychází, kam půjdu?" Nemají úhel pohledu, že něco musí vypadat určitým způsobem nebo být určitým způsobem nebo fungovat určitým způsobem. Jsou prostě tady. Podívají se na to, co je k dispozici, a ptají se: „Kam teď půjdeme? Co budeme dělat?"

Ano, a mývalové si o mně neudělali žádné závěry. Byla to jen ruka na nesprávném místě.

Gary: Ano, byl jsem v centru pro divoká zvířata na Novém Zélandu, kde nás pustili do klece s leopardy. Suzy je hladila a jeden seděl za mnou. Měl jsem na sobě krokodýlí pásek, který byl hodně neohebný. Kvůli tomu, jak jsem seděl, pásek vzadu vyčníval asi tři centimetry. Najednou se leopard natáhl dopředu a chňapl po něm. Řckl jsem: „Přestaň!"

Trenér byl v šoku, protože kdyby to divoký levhart udělal normálnímu člověku, ten by křičel, ječel nebo by se divil a myslel by si, že se ho zvíře snaží kousnout. Já to neudělal. Věděl jsem, že si jen prohlíží můj pásek, a tak jsem řekl: „Ne, přestaň." A pak jsem se na něj podíval. Zvíře na to nemělo žádný názor. Pro zvíře neexistoval žádný příběh a pro mě neexistoval žádný příběh. A trenér také neměl žádný příběh, protože nemusel řešit žádnou lapálii nebo problém.

Musíte pochopit, že žádný příběh vám nedává úplnou přítomnost. Příběh vás zbavuje přítomnosti, protože příběh je vždy o něčem, co se stalo v minulosti; nikdy není bytí v přítomnosti.

Otázka: Mohl bys něco říct o myšlence, že je příběh uzamčený v naší molekulární struktuře?

Gary: To, co uzamykáte do své molekulární struktury, jsou lži.

Kdy to děláme, je to vůbec naše? Nebo je to jen šablona, která přišla takříkajíc z terénu?

Gary: Vědecké poznatky říkají, že když se myšlenka, pocit nebo emoce protnou s některou z molekulárních struktur vašeho těla, dochází ke změně tvaru buněčné struktury z kruhové na eliptický, a to je začátek „nemoci". Uzavíráte ji prostřednictvím myšlenek, pocitů a emocí, úhlů pohledu na sex a žádný sex, které zaujímáte.

To souvisí spíše se soudy než s čímkoli jiným. Jestliže se snažíte ospravedlnit svůj příběh na základě svého soudu nebo když se snažíte ospravedlnit svůj soud na základě svého příběhu, můžete to uzamknout v buněčné struktuře svého těla. To je důvod, proč se snažíme, aby lidé chodili na kurzy o těle. Tělesné procesy jsou při odemykání těchto věcí nesmírně dynamické, takže budete mít se svým tělem větší svobodu, než jste měli za poslední roky.

Chápu to a zamykám to, ale je to vůbec moje, abych s tím začínala?

Gary: Na tom nesejde.

Ale pak to na sebe bereme jako naše.

Gary: Nevyprávěj příběh, neposlouchej příběh ani nekupuj příběh. Řekněme například, že jsi Židovka a tvoje rodina tě krmí tím, co znamená být Židem. Stejně tak ti zbytek světa vnucuje svůj pohled na to, co znamená být Židem. Takže si to uzamkneš do buněčné struktury svého těla a uzamkneš to ve svém životě, jako by to bylo skutečné. Není to skutečné. Jsi Židovka, nebo jsi nekonečná bytost? Musíš ten rozdíl pochopit. Nezáleží na tom, zda jsi Jihoafričanka, Angličanka, Američanka, Australanka, Švédka nebo cokoli jiného. Musíš pochopit, že jde o kulturně podmíněné úhly pohledu. Stejně tak jako je chápeš o tom, že jsi muž nebo žena.

Takže vlastně odemykáme životy a generace času a vzorců?

Gary: Přesně tak. To je důvod, proč říkáme: „Nevyprávějte příběh, nekupujte příběh nebo neposlouchejte příběh." Měl jsem kamaráda Žida a nevěděl jsem, že je Žid, protože nemám názor na to, co je Žid. Neměl jsem úhel pohledu, že to něco znamená. Procházel si těžkým obdobím a já jsem se ho zeptal: „Co se děje?"

Řekl: „Ty nevíš, jaké to je být Židem."

Zeptal jsem se: „Jak to myslíš?"

Řekl: „Lidé mluví o tom, jak vypadáš a tak."

Řekl jsem: „Tomu nerozumím. Pro mě vypadáš jako člověk."

On řekl: „Ne, ne, ne. Je to, jako by se lidé pořád snažili zjistit, jestli mám velký nos".

Řekl jsem: „Nevidím velký nos. Na co se díváš?" Vytvářel si na základě toho celý vesmír.

Pokud si, jak říkáš, vybíráme rodinu, do které přicházíme, máme pak tendenci přicházet s tímto vzorcem nebo příběhem, takže jen opakujeme příběh, ze kterého se snažíme dostat?

Gary: To bych neřekl. Myslím, že přicházíme s myšlenkou, že změníme příběh. A když se nám ho nepodaří změnit, začneme si příběh kupovat a děláme si ho více skutečným.

Otázka: Když se poprvé setkám s lidmi, často mi začnou klást otázky typu „Kdo jsi?" a „Odkud jsi?". Jsou tyto otázky součástí příběhu? Chtějí se tito lidé s něčím konkrétním spříznit?

Gary: Lidé si vytvářejí vazby prostřednictvím soudů. A skrze soudy vytváří separaci. Když se mě lidé ptají: „Odkud jsi?" Odpovídám: „Odevšad." Když se zeptají: „Co děláš?", odpovím: „Cokoli."

„Ne, ne, ne, potřebuji vědět, co děláš? Co děláš?

Pak se jich zeptám, co dělají, oni řeknou: „Dělám tohle, tohle a tohle." Ve skutečnosti nechtějí vědět, co dělám já. Chtějí si jen vybrat, zda mě mohou soudit a separovat se ode mě, nebo mi být nablízku.

Jednou jsem si vyšel s jednou ženou. Řekla mi: „Myslím, že si budeme skvěle rozumět. Ty máš rád dobrá pera a El Camino a já taky."

Myslím, že v životě jde o něco víc než o dobrá pera a El Camino. To je moje vědomí. To je to, co je pro mě pravda.

„Potřebovala" mít spojení s někým, kdo má podobné ideály. Myslela si, že když máte rádi stejné věci, budete si ve vztahu rozumět. Tak funguje většina světa. To je důvod, proč vás žádají, abyste vyprávěli svůj příběh. Chtějí zjistit, zda vás mohou odmítnout.

Otázka: Moji studenti francouzštiny se mě neustále ptají na tvůj příběh. Chtějí o tobě vědět všechno, v jakém oboru jsi podnikal, než jsi vytvořil Bars, a tak dále. U toho jsem se zasekl, protože touto cestou nechci jít.

Gary: Můžeš jim říct: „Z jeho pohledu jeho minulost neexistuje. Všechno, co dělal předtím, než přišel do Access Consciousness, bylo naprosto správné v tom smyslu, že ho to připravilo na to, co dělá teď. Na tom, co dělal, vlastně nezáleží. Všechno se vztahuje k tomu, co dělá teď. Co když všechno, co jste dělali" - a to je otázka, kterou jim chcete položit - „vás připravuje na to, co budete dělat? Není to tak, že by váš příběh představoval hodnotu vás samotných."

Otázka: Mluvil jsi o zvířatech, která nemají příběh. Jaký je rozdíl mezi rozhodnutím a příběhem? Pokud jdou někde přes vodu a uštkne je například had, už v tom místě přes vodu nepůjdou. Mají závěry, propočty a rozhodnutí. Jaký je mezi nimi rozdíl?

Gary: Nemají o tom žádný příběh, protože se na to nedívají z pohledu „Dobře, když mě teď kousl had, musím být pořád potrhlé zvíře" nebo „Musím dělat x, y nebo z nebo musím bla, bla, bla.".

Pro všechno si vytváříme ospravedlnění, z nichž žádné nemá nic společného s volbou. Příběh je způsob, jak eliminovat skutečnou volbu.

Takže když se rozhodnou, že už tou vodou nepůjdou, aby je neuštkl had, není to příběh? Říkají: „Už nepůjdu přes vodu, protože by v ní mohl být had."

Gary: To je závěr. Ale není to příběh.

Takže, „jít přes vodu znamená být kousnutý hadem" není příběh. Je to závěr.

Gary: Je to závěr. Závěr můžeš mít o čemkoliv. Příběh to bude, když jím budeš ospravedlňovat to, co sis vybrala.

Dobře, takže si to do svého těla také uzamknou. Můj kůň byl týrán. Strkali do něj a kopali ho, a to všechno se mu uzamklo v těle. A mnoho koní si nenechá nasadit sedlo. Budou kopat jako šílení, protože sedlo znamená tohle...

Gary: To jsou závěry, ke kterým došly, ale nemají kolem toho příběh.

Kromě toho, že bych je požádala, aby to zničili a nevytvořili, byla by práce na těle dobrým způsobem, jak ...

Gary: Práce s tělem je skvělá a jde také o to, aby se koně uklidnili. Znal jsem jednu paní. Měla hřebce, který se vzpínal. Mohl jsem mu v boxu někoho posadit na hřbet a pak ho vyvést ven a on se nevzpouzel. Ale když jste mu nasadili sedlo, když byl na volno, vzpínal se. Sedlo znamenalo „bojuj", lidé znamenali „je to v pořádku". To je závěr, to není příběh.

Práce s tělem by spočívala v tom, že na ně položíte ruce a zeptáte se jich, co jejich tělo vyžaduje? To by stačilo k uvolnění zneužívání?

Gary: Přesně tak.

Otázka: Zavede je čisticí prohlášení do okamžiku před příběh nebo závěr?

Gary: Ano. To je důvod, proč někdo může vyprávět příběh, a vy se můžete zeptat: „Chtěl bys to POD a POCovat?". Pokud řekne ano, není problém; pokud řekne ne, je to problém.

Mnoho lidí řekne: „Jo, já to POD a POCuju a pak to dám zase zpátky na místo – protože můj příběh o tom, co mám za problém, je skutečnější než ten problém."

Otázka: Mohl bys mi pomoci pochopit, jak jsem špatně porozuměla významu detailů a jak jsem je špatně použila? Vnímám, že když tě požádám o facilitaci nebo o pomoc s něčím, uvíznu v myšlenkách, že čím více detailů ti řeknu, tím více mi budeš moci pomoct.

Gary: Asi nejlépe ti to vysvětlím otázkou: „Když jsi u sebe doma a zavřeš oči, víš, kde je všechen nábytek?".

Ano.

Gary: Můžeš se projít po pokoji, aniž bys do něčeho vrazila?

Docela ano.

Gary: „Docela ano" není to samé jako *ano.*

Dobře, myslím, že ano, mohla bych z toho dostat na ano.

Gary: Pokud bys z toho mohla dostat ano, nejsi si pak vědoma ničeho jiného než příběhu svých očí?

(Směje se) Ano.

Gary: To proto, že si uvědomuješ energii všech věcí, a nejen toho, co vidíš. V příběhu nejde jen o to, že se díváš na to, co slyšíš, ale o to, že jsi si vědoma energií, které příběhu předcházejí nebo které se kvůli němu mění.

A jít dál za to, je to, co by mi dalo možnost vybrat si něco nového.

Gary: No, dá ti to větší jasnost než cokoliv jiného. Tvá rodina po tobě vždycky chtěla, abys všechno ospravedlňovala. Pokud musíš ospravedlňovat všechno, co si vybíráš, máš skutečně volbu?

Ne.

Gary: Ne, nechtěli, abys měla na výběr; chtěli, aby sis vybrala to, co považovali za důležité, aby sis vybrala.

Je to tak.

Gary: Dělá to většina rodin. Musíš pochopit, že nezáleží na tom, co chtěli, aby sis vybrala. Záleží pouze na tom, co si vybereš ty a co vyhovuje tobě.

Ok. A má vůbec cenu vyprávět příběh, abychom něco oslavili nebo pro inspiraci? Mám příběhy, které vyprávím, protože odhalují kouzlo, které jsem ve svém životě vytvořila.

Gary: To je v pořádku.

Jen jsem se chtěl ujistit, že to není jen ztráta času nebo že v tom není identita.

Gary: Musíš vědět, o co se snažíš a co chceš vytvořit. Pokud si přeješ vytvořit jasnost nebo inspiraci, je to jedna věc. To není příběh. Když si přeješ lidi inspirovat, není s tím spojeno žádné zdůvodňování. O příběh jde tehdy, když jím chceš něco ospravedlnit.

Otázka: Když mi někdo vypráví nějaký příběh, někdy se zeptám: „Kdybys z toho vzal všechna fakta, mohl bys vyprávět jiný příběh?". Když to udělají, uvidí, že je to jen příběh.

Gary: To je jeden ze způsobů, jak je přimět ke změně pohledu, aby se zbavili ospravedlnění. Každý musí použít techniku, která mu vyhovuje.

V Access Consciousness používáme čisticí prohlášení, abychom energeticky vyčistili to, co předcházelo ospravedlnění, které vytvořilo příběh. Prostě přejdeme k jeho energetickému náboji a uděláme POD a POC.

Někteří lidé na to jdou psychologicky. Některé skupiny říkají, že stačí příběh přepsat, abyste získali jiný konec. Ale co kdybyste prostě neměli žádný příběh – a žádný konec? Co kdyby nebylo o čem vyprávět? Jiní lidé se prostě chtějí držet svých výmluv. Možná by bylo zajímavé se jich zeptat: „Jaká je vaše výmluva pro zachování tohoto příběhu?". Steve Bowman se lidí prostě ptá: „Chtěli byste to změnit?". Někdy to stačí k tomu, aby lidé svůj příběh přestali žít.

Otázka: Zdá se, že když se pouštíme do příběhu, dáváme přednost pevnosti před zkoumáním plnosti prostoru.

Gary: Ano, když tvoříte příběh, vždycky jde o zmenšení prostoru, který je k dispozici.

A to je to, co dělá příběh pevným.

Gary: Ano, to ho udržuje pevný. Zmenšila jsi prostor ve snaze udržet něco skutečného, co skutečné není. Příběhy jsou téměř vždy lží o tom, co se skutečně děje.

Je to také ztotožnění se s hustotou? Ztotožňujeme se s touto hustotou a prostor je přehlížen?

Gary: Na začátku tohoto rozhovoru jsem řekl, že účelem příběhu je ospravedlnit, racionalizovat, vysvětlit. A co dál? Dokázat správnost své volby. To jsou důvody, proč má člověk příběh. Uděláte příběh pevný a skutečný, a pak musíte ospravedlnit každou svou následnou volbu. Opravdu tak chcete žít? To je důvod, proč říkám: „Vzdejte se příběhu." Tohle je nejhorší klíč ze všech.

Otázka: Nejhorší? Proč?

Gary: Je to ten nejhorší, protože všichni vyprávějí příběhy. A všichni se snažíte zjistit, jak je vhodné nebo nevhodné svůj příběh odůvodnit.

Chci ti poděkovat. Otázka, kterou jsi nám položil: „Věříte, že je to vesmír svobodné vůle?", mi otevřela celý vesmír možností. Umožnila mi položit si několik otázek: Jaký příběh používám, abych ospravedlnila omezení ve svém životě? Jaký příběh ospravedlňuje můj život?

Gary: Příběhy jsou výmluvy. Doufám, že jste si z tohoto callu odnesli trochu jasnosti.

10

Žádné vyloučení

Gary: Dobrý den všem. Toto je náš poslední rozhovor o Deseti klíčích. Dnes budeme hovořit o desátém klíči: Žádné vyloučení.

Rád bych začal přečtením e-mailu, který mi přišel a kterého si osobně nesmírně cením:

Vděčnost a poděkování. Děkuji vám za tento úžasný telecall. Ani vám nedokážu vylíčit všechno to úžasné, co se během těchto týdnů stalo. Vstoupila jsem do mnohem větší síly a uf, kdo by to byl řekl, že to byla jen volba a ani ne tak těžká? Žádná slova nedokážou vyjádřit, jak moc to přispělo mé rodině, mé práci, mému domovu a mému životu. Po zhruba deseti letech hlubokých depresí mám na tváři úsměv, když vím, že si mohu vybrat a vytvořit tolik, o čem se mi ani nesnilo. Mohu jen vyjádřit godzilion díků za to, že jste těmi, kým jste, a umožňujete nám, abychom věděli, že jsme. Chci také poděkovat účastníkům tohoto kurzu, jak úžasným přínosem jste, i sobě za to, že jsem se rozhodla následovat energii a zjistit, co všechno je ještě možné.

Dain: Jaj!

Gary: Za tento e-mail jsem velmi vděčný. Doufám, že všichni z vás jste si z těchto hovorů odnesli nějakou zásadní změnu, a pokud ne, doufám, že se k nim vrátíte a poslechnete si je ještě několik tisíckrát. Každý klíč, pokud ho použijete, vás posune na úroveň svobody, která může nastartovat váš život a vytvořit něco většího, než jste kdy tušili, že je možné.

Dobrá, má někdo nějaký dotaz?

Otázka: Mohl bys objasnit rozdíl mezi uvědoměním a mezi jakýmkoliv porušením Deseti klíčů?

Gary: Toto jsou klíče k naprosté přítomnosti, naprostému uvědomění a naprosté možnosti při každé volbě, kterou chcete učinit. Nejde o to, zda je porušíte. Jde o to, abyste se na ně podívali a zjistili, jak je využít k tomu, aby se váš život zlepšil.

Jak poznáme, že prožíváme uvědomění a nejsme jen uvězněni v logice nezajímavého úhlu pohledu, příběhu, soutěže nebo významnosti?

Gary: To je důvod, proč jsme vám dali Deset klíčů, protože každý z nich vás vyvede z místa závěru a pomůže vám přejít do místa uvědomění.

Zdá se, že si pletu fungování s uvědoměním a správným chováním. Jaká je zkušenost fungování z uvědomění oproti fungování z úhlu pohledu?

Gary: Uvědomění nemá úhel pohledu.

Dain: Když fungujete z vědomí, cítíte lehkost. Nemáte potřebu dokazovat, že to, co říkáte, je správné. Nemusíte nikomu o ničem říkat ani slovo.

Gary: Pokud vám někdo nepoloží otázku.

Dain: Správně. Když máte potřebu někomu něco říct nebo potřebu být obhajován ve svém úhlu pohledu, není to uvědomění.

Vědomí se nemusí na nic vázat. Nepotřebuje být verbalizováno. Je v něm lehkost. Je to svoboda, která některým lidem zpočátku připadá jako „Ach, už je mi to jedno". Ve skutečnosti je to stav větší péče, ale máte mnohem méně úhlů pohledu, a zvláštní je, že mít úhel pohledu je to, co většina lidí v této realitě definuje jako péči.

Jaká je zkušenost s fungováním na základě vědomí oproti fungování na základě soudu a označení někoho za ELFa?

Gary: Předně, nazývat někoho ELFem není soud. Je to o pozorování, že je někdo ELFem, malým zlým zmr... To není soud. Je to pozorování.

Máš úhel pohledu, že když řekneš něco negativního, je to soud, a když řekneš něco pozitivního, není to soud. Ne, něco pozitivního může být stejně velkým soudem jako něco negativního.

Dain: A někdy mnohem větším. Otázka zní: „Je něco negativního na tom, když někdo uzná, že je někdo ELF?" Je to negativní, nebo jen pozorujete, co je?

Gary: Jen pozorujete, co je. Když se jen díváte na to, **že ně**co je, je to lehké.

Jak zabránit tomu, aby fungování z vědomí bylo významné?

Gary: Pokud funguješ z vědomí, nebude to významné. Bude to jen to, co je.

Dain: Pokud je to významné, už nefunguješ na základě vědomí.

Jak poznám, že funguji na základě vědomí, a jak funguji v příběhu, který se mi líbí?

Gary: Zaprvé, při vědomí obvykle nemáte nic konkrétního na srdci. Prostě jste tam a užíváte si to. Díváte se na to, co se děje, a říkáte si: „To je hezké, to není hezké. To je dobré, to není dobré. To je fajn, to je volba, no dobrá." Je to mnohem... rád bych řekl blazeované, ale není to blazeované. Je to v podstatě pocit klidu. Nic se nezdá tak důležité a nic není tak významné.

Dain: Další věc, která se stane, když fungujete na základě uvědomění, je, že pokud získáte nové uvědomění nebo informaci, jste ochotni okamžitě změnit svůj úhel pohledu.

Pokud jste v příběhu, snažíte se, aby ta část, která se vám líbí, pokračovala. Děláte to i tehdy, když si to ostatní účastníci příběhu nepřejí, a dokonce i tehdy, když se věci nevyvíjejí směrem, kterým si myslíte, že se vyvíjejí. Stále se snažíte dovést příběh tam, kam chcete, aby směřoval. To je rozdíl mezi uvědoměním a tím, že jste v příběhu, který se vám líbí.

Je správné předpokládat, že ty a Dain fungujete z vědomí ve 100 procentech případů a všichni ostatní v menším procentu?

Gary: To je legrační. Ne, ne tak docela.

Dain: (Žertuje) Ne, odpověď je rozhodně ano. Absolutně ano.

Gary: Ne, to není. Ty tak lžeš, Daine.

Nefungujeme ze 100% vědomí, ale fungujeme z daleko většího vědomí než ostatní lidé, protože pokud se nám v našem světě něco nezdá, snažíme se něco udělat, abychom zjistili, co to je, a změnili to.

Dain: Spousta lidí se Garyho nebo mě na něco zeptá, jen když se jim něco nepovede nebo když narazí na zeď, kterou nemohou obejít; jinak se nás na nic neptají. Jakmile jsem získal nástroje Access Consciousness, řekl jsem si: „Tyhle nástroje věci změní.“ Začal jsem se ptát na všechno a na cokoliv, co bylo v mém světě nějak vzdáleně „nefunkční“. Co to je? Co s tím můžu dělat? Můžu to změnit? Jak to můžu změnit? Co k tomu bude potřeba?

Existují mnohem větší možnosti pro uvědomění, než vám kdokoli v této realitě řekne. Uvědomění je klíčem ke svobodě, kterou hledáte. Ale protože uvědomění je klíčem k odlišnosti, nikdo nechce, abyste to věděli. Jaké by to bylo, kdybyste ze svého života přestali vylučovat skutečně úžasné nekonečné možnosti, které mohou nastat, když se ptáte na věci, na které byste se normálně neptali?

Otázka: Je ELF vždy ELFem, nebo se rozhoduje po deseti sekundových intervalech?

Gary: Účelem toho, abyste rozpoznali ELFa, není vynášení soudů; jde o rozpoznání, že tato osoba má tendenci dělat zlé věci. Jakmile to uznáte, mají tendenci se z vlastní vůle změnit.

Dain: Mají možnost volby v desetisekundových intervalech, stejně jako vy, a stejně jako všichni ostatní. Jen mají z nějakého důvodu tendenci se nadále rozhodovat pro to být ELFem.

Gary: Ale pokud to uznáte, budou mít tendenci se změnit.

Dain: Zvláště když to uznáte bez pocitu odsouzení. Znal jsem jednu paní, která byla ELF. Na jednom z míst, kam jsem cestoval, jsem měl hodně práce a našel jsem si čas na práci s jejím synem, protože jsem viděl, že ten hoch má potenciál možností. Zrušil jsem tři další sezení, abych s ním mohl pracovat.

Zavolala mi dvacet minut předtím, než se měla objevit, a řekla: „Sam se rozhodl, že na sezení nechce jít.“

Řekl jsem jí: „Víš co? Ty jsi takový ELF.“

O den později mi zavolala a řekla: „Moc ti děkuji, že jsi mě takhle uznal.“ A stal se z ní milý člověk.

Nemusíte vylučovat jejich ELFovství tím, že je budete soudit. Můžete vytvořit jiné možnosti, když někoho uznáte za ELFa a uděláte to bez odsuzování.

Gary: Chceš se s nimi podílet na desetisekundových intervalech, abys zjistila, kdy dělají ELFy a kdy ne, ne proto, abys dospěla k závěru, že jsou ELFové a vždy budou.

Gary, někdy mluvíš o svých bývalých manželkách a Dain mluví o své nevlastní matce. Budou tvoje bývalé a Dainova nevlastní matka vždycky takové, jaké byly, nebo mohou vyrůst?

Gary: Mohou se změnit, pokud se tak rozhodnou. Vždy je to jejich volba, bohužel my za ně žádnou volbu neuděláme.

Ztěžuje naše zastávání určitého názoru na někoho jeho změnu?

Gary: Ano, a to je místo, kde pro ně vylučujete možnost změny.

Dain: Uvědomte si prosím, že Gary ve skutečnosti nemá názor na své bývalé manželky a já nemám názor na svou nevlastní matku. Nepředkládáme vám je jako náš úhel pohledu; používáme je jako humor, abychom se pokusili lidi přimět k tomu, aby věci viděli...

Gary: Z jiného směru. Vždycky mě překvapí, když se moje bývalky vrátí tam, odkud fungovaly. Tak nějak očekávám, že když budu pracovat na všech svých dětech a oni budou ve spojení s mými dětmi, že se změní. Spíš mě zaskočí, že se nezmění, než že dělají zase to samé.

Otázka: Když se někdo chová bezohledně, zle nebo jakkoli jinak, dokážete se dostat do bodu, kdy vám nic nevadí? Nebo je to iluze, kterou si vytvářím?

Gary: Snaha, aby tě nic netrápilo, znamená, že už tě to trápí, a to vylučuje místo, kde bys to mohl brát s humorem. Když je někdo ELF, připadá mi to humorné. Myslím si, že jsou vtipní.

I když ti to zkazí den, hodinu nebo to bude mít nějaké důsledky, který ti to pokazí?

Gary: Nejsem ochotný zaseknout se na úhlu pohledu někoho jiného. Pokud si necháš někým zkazit den, do jisté míry si o něm něco kupuješ. Jde o to, aby ses dostala do bodu, kdy tě nic neovlivňuje a ty jsi jen tam, kde jsi.

Takže to prostě necháváte být, jako to udělal Dain s tou paní?

Dain: Ano, já bych prostě uznal: „Páni, tahle dáma je ELF. Kdo by tohle někomu udělal?" Ona takové věci dělala pořád pro svého drahého malého syna. Byl jsem frustrovaný, že jsem zrušil tři lidi a ona se neukázala? Ano. A když jsem ji nazval ELFem, prostě jsem uznal, co byla. Nesoudil jsem ji.

Gary: Nebylo to ani z hněvu. Hněv je vedlejší. Žádné vyloučení znamená, že se kvůli tomu nemusíte hněvu vzdát.

Dain mohl říct: „To byla od tebe taková sviň...na. Ty jsi takový ELF." Ale nemusel to udělat, protože když se dostanete do bodu, kdy jste ochotni zahrnout svůj hněv do výčtu věcí, o kterých prostě víte, začnete měnit všechno a všechny kolem sebe už jen tím vědomím.

Dain: Nesnažíte se hněv vyloučit, protože by to vyžadovalo spoustu energie a soudů.

Gary: A nesnažíte se vyloučit vědomí, které máte o tom, čím lidé nechtějí být a co nechtějí mít.

Když se zlobíte vy, je to něco úplně jiného, než když se zlobíme my.

Gary: Hněv ze svého života nevylučujeme. Nevylučuji hněv; hněv je jednou z mnoha věcí, kterými mohu být, dělat, mít, vytvářet nebo generovat. Pokud se tedy rozzlobím, vězte, že jsem rozzlobený.

Dain: To je pravda. Je velmi těžké si toho nevšimnout.

Gary: Nesnažím se potlačovat hněv nebo rozčilení z čehokoli.

Dain: Ale kvůli tomu tam je. A pak už tam není.

Gary: Ano, mohu ho okamžitě bleskově aktivovat a je pryč. Je to jako být bleskovým tvůrcem. Můžu si obléct kabát a zakrýt svou nahotu a zranitelnost hněvem, nebo můžu svůj hněv prožít a jít dál. Raději ho prožiji a jdu dál.

Doufala jsem, že řekneš, že ti nikdy nic nevadilo.

Gary: Žádné vyloučení vám poskytne místo, kde vám téměř nic nevadí, protože jste ochotni všechno zažít. Jste ochotni zahrnout každou emoci, každý úhel pohledu, každou skutečnost a každé vědomí. S žádným vyloučením souvisí to, že se přestanete snažit své vědomí odříznout. To je to, co děláte, když se snažíte udělat ze sebe dobro nebo pravdu nebo se snažíte dojít k závěru nebo k něčemu podobnému. Tyto věci se týkají vyloučení vašeho vědomí a vaší schopnosti volby.

Děkuji.

Otázka: Tento klíč mi dělá potíže zejména u jedné osoby. Nacházím se v takovém odporu a v reakci na ni! Za každou cenu se jí vyhýbám.

Gary: To je zcela jistě vyloučení.

*Nechává mi vzkazy na telefonu a já se nedokážu přinutit zavolat jí
zpátky. Prostě nemůžu vytočit její číslo. Neviděla jsem se s ní několik let,
a když se znovu objevila, měla za sebou nějaké velké trauma. V minulosti
jsem byla tou, která se snažila všem pomáhat z jejich průšvihů, což je
zvyk, kterého jsem se vzdala od chvíle, kdy jsem zjistila, že se chovám
jako nadřazený kretén a že spoustě lidí se líbí průšvihy, ve kterých jsou,
a nevyžadují, abych je napravovala.*

Gary: V tom máš zcela jistě pravdu.

*Ale místo toho, abych se s touto ženou smířila, odmítám se nechat
manipulovat její viktimizací.*

Gary: V tom je právě ten háček. Musíš mít na paměti, že se jí líbí
být obětí, a proto se jako oběť neustále vrací, protože z jejího pohledu
jí pozice oběti dodává v životě určitou důvěryhodnost.

Na tohle vám dám proces. Již dříve jsme hovořili o tom, že
základními prvky tvorby jsou bytí, přijímání, volba, otázka, možnost
a přínos. Někde jsme se zbláznili a začali si myslet, že přínos je
nejdůležitějším produktem a nejdůležitějším aspektem těchto čtyř věcí.

*Otázka: Můžeš nám vysvětlit, jak si myslíme, že je nejdůležitějším
prvkem přínos? Nechápu to.*

Gary: Přispívání je přijímání a darování zároveň. Nějak si myslíme,
že největším zdrojem tvorby je to, čím můžeme přispět druhým nebo
čím mohou druzí přispět nám, zatímco otázka, volba a možnosti, pokud
se přidají k příspěvku, vše rozšiřují do neuvěřitelné míry.

Dain: Vzdáváme se otázky, volby a možností na úkor přínosu. Máme
za to, že nás někdo, něco, nějaká volba nebo nějaký způsob bytí či
nebytí zaopatří. To je obrovská škoda, protože tím odřízneme většinu
generativních, tvůrčích prvků, které máme k dispozici.

Nemůžete si vybrat nic, pokud nemáte úhel pohledu, že je to pro
vás přínosem. Například být nadřazeným kreténem. Nikdy byste si
nevybrali, že jím budete, pokud byste si někde nemysleli, že to bude
přínosem pro váš život, vaše žití a vaši realitu.

S Garym jsme zjistili, že v případě fantazií, bytostností a skrytých
agend je to, co si myslíte, že je přínosem, často o 180 stupňů odlišné
od skutečného přínosu.

Gary: Ten proces je:

Jakým přínosem je pro můj život, mé žití a mou realitu? Všechno, co to je, godzilionkrát, zničíte to a přetvoříte? Right and wrong, good and bad, POD and POC, all 9, shorts, boys, POVADs and beyonds.

Dain: Řekněme, že někde na pozadí hraje španělská hudba. Kdybyste ji chtěli vyloučit, zeptali byste se.:

Jakým přínosem je tato španělská hudba pro můj život, mé žití a mou realitu? Všechno, co to je, godzilionkrát, zničíte to a přetvoříte? Right and wrong, good and bad, POD and POC, all 9, shorts, boys, POVADs and beyonds.

Gary: A také byste se zeptali:

Jakým přínosem je žádná španělská hudba pro můj život, mé žití a mou realitu? Všechno, co to je, godzilionkrát, zničíte to a přetvoříte? Right and wrong, good and bad, POD and POC, all 9, shorts, boys, POVADs and beyonds.

Dain: U většiny otázek je třeba prověřit obě strany. Jedna z těchto stran má obvykle mnohem více energie než druhá.

Můžete zkusit spustit:

Jaký přínos mají malicherné, vzteklé, odtažité, tajnůstkářské a panovačné ženy a muži pro můj život, mé žití a mou realitu? Všechno, co to je, godzilionkrát, zničíte to a přetvoříte? Right and wrong, good and bad, POD and POC, all 9, shorts, boys, POVADs and beyonds.

Gary: Všichni si ho musíte pouštět nonstop asi 365 dní, abyste se mohli zbavit všech vztahových problémů, které jste kdy měli.

Dain: Jaký přínos mají malicherné, vzteklé, odtažité, tajnůstkářské a panovačné ženy a muži pro můj život, mé žití a mou realitu? Všechno, co to je, godzilionkrát, zničíte to a přetvoříte? Right and wrong, good and bad, POD and POC, all 9, shorts, boys, POVADs and beyonds.

Gary: Dneska jsem si říkal: „Jaký přínos má chov koní pro můj život, pro mé žití a mou realitu?" Málem mě to vykoplo z letadla. Pak jsem spustil opačnou stranu: „Jaký přínos má pro můj život, mé žití a mou realitu koně nechovat?" To bylo stejně příšerné. Vstupoval jsem do chovu koní pozpátku, aniž bych si uvědomoval, co dělám. Spuštění tohoto procesu bylo hlavním prvkem toho, že jsem se začal dívat z jiného místa.

Snažím se, abyste pochopili, že se musíte dívat na obě strany mince. Nejsem kretén. Jsem kretén. Skutečnost je taková, že tyto dva úhly pohledu existují a my se vždy snažíme jeden dokázat a druhý vyvrátit. Ale jsme oba. Jsem kretén. A já vím, že jsem kretén. Nesnažím se to popírat ani měnit. Jsem kretén. Je to problém?

Řekněme, že si všimnete, že se chováte jako nadřazený kretén. Můžete spustit:

Jakým přínosem pro můj život, mé žití a mou realitu je být nadřazeným kreténem? Všechno, co to je, godzilionkrát, zničíte to a přetvoříte? Right and wrong, good and bad, POD and POC, all 9, shorts, boys, POVADs and beyonds.

Jakým přínosem pro můj život, mé žití a mou realitu je nebýt nadřazeným kreténem? Všechno, co to je, godzilionkrát, zničíte to a přetvoříte? Right and wrong, good and bad, POD and POC, all 9, shorts, boys, POVADs and beyonds.

Nebo pokud jste na lidi zlí, spusťte:

Jakým přínosem pro můj život, mé žití a mou realitu je být zlý? Všechno, co to je, godzilionkrát, zničíte to a přetvoříte? Right and wrong, good and bad, POD and POC, all 9, shorts, boys, POVADs and beyonds.

Jakým přínosem pro můj život, mé žití a mou realitu je nebýt zlý? Všechno, co to je, godzilionkrát, zničíte to a přetvoříte? Right and wrong, good and bad, POD and POC, all 9, shorts, boys, POVADs and beyonds.

To je cesta, pomocí níž se můžete začít dostávat z míst, kde jste se zasekli ve způsobu, jakým jednáte a reagujete na lidi.

Otázka: Mluvila jsem o ženě, která si hraje na oběť a manipuluje se mnou. Nechat se manipulovat vyžaduje, abych si toho byl vědoma a abych si nestavěla zdi. Je to tak? Přesto mám, jak se zdá, nepopiratelné nutkání postavit zdi a stejně ji vyloučit.

Gary: Pokud si stavíš zdi v jedné oblasti svého života, děláš to i na jiných místech svého života. Pokud si stavíš zdi, odřezáváš se od svého vědomí. Pokoušíš se postavit zeď pokaždé, když pro tebe tvé uvědomění není únosné. Zkus spustit:

Jakým přínosem pro můj život, mé žití a mou realitu je pokaždé stavět zdi? Všechno, co neumožňuje, aby se to ukázalo, godzilionkrát, zničíte to a přetvoříte? Right and wrong, good and bad, POD and POC, all 9, shorts, boys, POVADs and beyonds.

Jakým přínosem pro můj život, mé žití a mou realitu je nestavět pokaždé zdi? Všechno, co neumožňuje, aby se to ukázalo, godzilionkrát, zničíte to a přetvoříte? Right and wrong, good and bad, POD and POC, all 9, shorts, boys, POVADs and beyonds.

Otázka: V životě se *mi neustále objevuje osoba, kterou prostě nechci mít ve své blízkosti, protože stále znovu a znovu dokazuje, že je ELF. Už si s ní nechci hrát. Jak to mám udělat, abych se nevylučovala?*

Gary: Co vylučuješ, když si s ní znovu nehraješ? Obdiv? Vděčnost? Co to je? Dám ti dvě možnosti na výběr: to první, to druhé, nebo oboje?

To jsou jediné volby, které mám?

Gary: Ano.

Dain: Snaží se to zjednodušit.

Jsem zmatená.

Gary: Ne, nejsi!

(Směje se)

Gary: Jen se snažíš vyhnout odpovědi. Vylučuješ vděčnost? Ano, nebo ne?

Ano.

Gary: Vylučuješ obdiv? Ano nebo ne?

Říkám ne.

Gary: Nevylučuješ obdiv?

Pro její zlobu a ELFovství?

Gary: Na to jsem se tě neptal. Vylučuješ obdiv?

Ano.

Gary: Takže teď chceš vědět, jak se jí zbavit.?

Ano.

Gary: Vděčnost a obdiv.

Ach jo!

Gary: (Směje se) Vylučuješ dvě zbraně, které ji přimějí, aby se od tebe vzdálila.

Dain: I mně to kdysi uvařilo mozek. Naprosto chápu, že ti to teď nejde dohromady, ale když se na to podíváš, možná si uvědomíš, že k tomu člověku můžeš chovat vděčnost a obdiv. Je důležité to pochopit. Na tuto oblast se lidé ptají nejčastěji. Ptají se na lidi, se kterými už nechtějí být.

Znovu a znovu jsem viděl, jak Gary projevuje vděčnost a obdiv k ELFům. Zpočátku jsem si říkal: „Jak můžeš být na takového člověka milý?". Odpověď zní, že vděčnost a obdiv jsou dvě věci, které lidé nemohou vystát. Donutí je to od vás utéct rychleji než cokoli, co si dokážete představit.

Gary: Utečou rychlostí zvuku, to vám povím. Stačí říct: „Jsem za tebe tak vděčný. Tolik jsi mě toho naučil."

Zeptají se: „Cože? O čem to mluvíš?" Řekneš: „No, jsem za tebe tak vděčný. Obdivuji způsob, jakým žiješ svůj život."

Zeptají se: „Co tím myslíš?"

Řeknete: „Kdo je pro tebe v životě nejdůležitější? Obdivuji, že to dokážeš."

Budou muset před tebou utéct, protože jinak by se museli soudit sami sebe. Tvůj soud nad nimi a vyloučení tvého obdivu a vděčnosti je nutí vracet se zpět. Chtějí bušit do této bariéry vděčnosti a obdivu, protože vědí, že pokud se jim to někdy podaří, budou muset odejít, ale dokud se jim to nepodaří, jste stále jejich obětí.

Můžeš je skutečně obdivovat a být za ně vděčná? Jsi za ně skutečně vděčná?

Gary: Ano, jsem vděčný lidem, kteří se mě snaží podvést. Je to: „Páni, moc vám děkuju. Jsem vděčný za informace, které jsem dostal. Jsem vděčný za to, že vidím, odkud fungujete. Jsem vděčný za to, že ze sebe nemusím dělat oběť vaší domnělé vyčůranosti. Obdivuji skutečnost, že si dokážete udělat tak strašný život, a přesto zvládnete chodit a mluvit." Je to opravdový obdiv – ne blábolení, neříkám bláboly.

Dain: Pokud se dokážeš podívat na to, co Gary říká, a získat alespoň náznak jeho energie právě teď o osobě, o které mluvíš, a pokud pak tento proces spustíš, může se stát několik zajímavých věcí.

Jakým přínosem je tato osoba pro můj život, mé žití a mou realitu? Všechno, co tomu neumožňuje se ukázat, godzilionkrát, zničíte to a přetvoříte? Right and wrong, good and bad, POD and POC, all 9, shorts, boys, POVADs and beyonds.

Jakým přínosem je vylučovat tuto osobu pro můj život, mé žití a mou realitu? Všechno, co tomu neumožňuje se ukázat, godzilionkrát, zničíte to a přetvoříte? Right and wrong, good and bad, POD and POC, all 9, shorts, boys, POVADs and beyonds.

Gary: Když někoho odmítáš, když ho vylučuješ, uzavíráš smlouvu sama se sebou. Bráníš si v přijímání.

Dain: To se stává, když se snažíš někoho vyloučit ze svého života, žití a reality. Uzavíráš se a vylučuješ své přijímání.

Děkuji, to mi pomohlo.

Gary: Nemáš zač.

Otázka: Jaký je rozdíl mezi přínosem a hodnotou?

Gary: *Přínos* je darování a přijímání zároveň. *Hodnota* je to, co podle nás dělá někoho nebo něco důležitým.

Co když je pro tebe důležité být přínosem?

Gary: Být přínosem není o tom, že máš nějaké vědomí, takže když považuješ za důležité být přínosem, vylučuješ to, co ti dává svobodu vybrat si něco jiného.

Když někdo řekne: „Toho člověka odmítám" nebo „Tomu člověku se za každou cenu vyhýbám", kde je otázka? Slyšíš někde otázku?

Ne.

Gary: Jakou volbu máš za těchto okolností?

Žádnou. Vidím, že dělat hodnotným to, že přispívám, mě také zbavuje možnosti volby. Myslím, že takhle jsem žila celý život.

Gary: Ano, to mnoho z nás. Všichni dělají přínos hodnotnějším než otázku, volbu a možnosti. Místo toho, abyste se zaměřili na otázku, volbu nebo možnost, které by vám mohly poskytnout větší uvědomění, jdete do závěru: „Musím jim přispět" nebo „Nemohu jim přispět". To jsou dvě volby, které máme tendenci pro sebe dělat. Ani jedna z nich se netýká otázky, která by zněla: „Dobře, tak co by způsobilo, kdyby se ta osoba rozhodla nechat mě na pokoji? Jaké jsou možnosti?"

Dain: Jestliže se snažíte někoho vyloučit, snažíte se najít, jakou část sebe sama si musíte odříznout, abyste ho vyloučili. Je to těžký pocit.

Gary: Musíte vyloučit sami sebe, abyste mohli vyloučit ty druhé.

Dain: Tato část je vlastně zabijákem. Žádné vyloučení by pravděpodobně nebylo ani jedním z deseti klíčů, kdyby vyloučení nevedlo k tomu, že vyloučí vás. Abyste mohli vyloučit cokoli nebo kohokoli jiného, musíte vyloučit sami sebe. Tak to prostě funguje. Uvědomte si, že přestat vylučovat je pro vás dar. Nejde o ty druhé. Neděláte to pro ně. Děláte to jako dar pro sebe. Dává vám možnost jiného úhlu pohledu. Dokud vylučujete, zabýváte se tím, čím přispívají nebo čím nepřispívají, nebo čím máte přispět nebo čím nechcete přispět. Nepřistupujete k žádné otázce, žádné možnosti ani žádné volbě. A nakonec byste měli mít úplnou volbu, úplnou otázku a úplnou možnost.

Pokud se díváte pouze na přínos, který můžete nebo nemůžete získat od těchto lidí, nebo na přínos, který těmto lidem musíte nebo nemůžete dát, vylučujete ostatní prvky, které se týkají tvorby.

Otázka: Zdá se mi, že se ve spánku dostávám na místo, které se jeví jako skutečné vědomí nebo moje realita. Je to opravdu krásný pocit plný světla. Je to jako polosnový stav, nevyžaduje to žádnou akci v této realitě, ale zároveň se zdá, že je to výhradně tato realita.

Gary: Nemůžeš tuto realitu vyloučit. Musíš ji zahrnout, ale při zahrnutí musíš také udělat volbu, položit otázku a vybrat možnost. Opět se pokoušíš zjistit, zda tato realita přispívá k tvé realitě. Tato realita nemusí přispívat k tvojí realitě, ale pokud ji vyloučíš, vyloučíš své vědomí, protože tato realita je zahrnuta ve tvém vědomí.

Rozhoduji se neúčastnit se této reality z tohoto místa.

Gary: Neúčast je vyloučením sebe z účasti na tvém životě, protože žiješ v této realitě a zároveň máš svou vlastní.

Vylučuješ sama sebe, když nejsi ochotna tuto realitu naprosto ovládat svou otázkou, svou volbou a svými možnostmi.

Vnímám dvě reality. Svoji realitu a kontextuální realitu planety Země. Zdá se, že se tyto reality navzájem vylučují.

Gary: To je omyl. Musíš si položit otázku a získat možnost volby a možnosti, které by ji mohly vytvořit tím, že ji zahrneš a nebudeš ji vylučovat.

Jaké čisticí prohlášení bych mohla použít, aby se kontextuální realita stala součástí mé reality s naprostou lehkostí?

Gary: Jakým přínosem je kontextuální realita pro můj život, mé žití a mou realitu? Všechno, co neumožňuje, aby se to ukázalo, godzilionkrát, zničíš to a přetvoříš? Right and wrong, good and bad, POD and POC, all 9, shorts, boys, POVADs and beyonds.

Jakým přínosem je nemít kontextuální realitu jako součást mého života, mého žití a moji realitu? Všechno, co neumožňuje, aby se to ukázalo, godzilionkrát, zničíš to a přetvoříš? Right and wrong, good and bad, POD and POC, all 9, shorts, boys, POVADs and beyonds.

Mohl bys, prosím, pohovořit o začlenění této kontextuální reality do vnímání, poznávání, bytí a přijímání?

Gary: Ano, není možné zcela vnímat, vědět, být a přijímat, pokud do toho tuto realitu nezahrneš.

Otázka: Mám dotaz ohledně zahrnutí a vyloučení. Zjistila jsem, že mé akce Access Consciousness přitahují některé lidi, které by společnost označila za nepřizpůsobivé. Tito lidé zjevně hledají, jak se začlenit, ale když přijdou, důvod, proč se stali nepřizpůsobivými, je zcela zřejmý. Někdy to má za následek, že akce jsou pak pro ostatní účastníky méně radostné.

Gary: Hej, zahrnutí je „Jsou blázni a nejsou blázni". Většina lidí, o kterých si myslíte, že nejsou blázni, je ve skutečnosti mnohem bláznivější než ti, o kterých víte, že blázni jsou.

Nejde o to, aby vaše akce Access Consciousness byly radostné, protože radost není účelem těchto událostí. Radost je vedlejším prvkem, který se objeví, pokud odvedete skvělou práci. Události by měly být o vytváření vědomí. Pokud vytváříte vědomí, na konci budou všichni radostní, protože získali větší vědomí. Nedělejte své akce o vytváření radostných zážitků, protože ne-radost je často nejlepší otázkou, možností a volbou, kterou někdo může mít.

Otázka: První zkušeností s vyloučením v naší psychice byli naši rodiče.

Gary: To je zajímavý úhel pohledu. Co z toho je otázka? Není to otázka; je to závěr – a pokud vyvozuješ závěr, vylučuješ. Nemyslíš si, že tvoji rodiče jsou součástí tvé reality.

Bylo to plné soudů a trestů.

Gary: Co bylo naplněno soudem a trestem? Tvoje zkušenost s rodiči? Dobře, to je zajímavý úhel pohledu. Jakou část z toho jsi vytvořila nebo generovala?

Jediná osoba, kterou vylučuješ, kdykoli někoho vylučuješ, jsi ty. Vše, co jsi řekla, se týká vyloučení. Vyloučení tvého vědomí, co je zde ještě možné. Jaké máš možnosti? Jakou otázku můžeš položit, aby to všechno zmizelo?

Otázka: Proč jsme se rozhodli vstoupit do této omezené reality? Musí existovat jiná možnost.

Gary: Důvodem, proč jste se rozhodli vstoupit do této omezené reality, je to, že jste dospěli k tolika závěrům, že se budete muset vrátit a udělat to znovu, dokud se vám nepovede mít to správně.

Dain: A tady je další věc, kterou je třeba pochopit: Je to volba. To, co se týká uzavírání a začleňování nebo vylučování, spočívá v tom, že je to volba. Proč přicházíte do této omezené reality? Protože jste se ještě nedostali na místo, kde je tato realita zajímavým úhlem pohledu. Dokonce i to, co se děje s vašimi rodiči, je zajímavý úhel pohledu. Dokud se nedostanete k „zajímavému úhlu pohledu“, bude vás polarita této reality neustále vtahovat zpět, jako byste neměli na výběr.

První věc, kterou si musíte uvědomit, je, že je to všechno volba. Tímto callem a celým Access Consciousness doufáme, že vám odhalíme vědomí, že máte k dispozici jiné možnosti, než jste kdy tušili. Doufáme, že máte otevřenost a pozvání začít si je vybírat.

Otázka: Mám klienta, kterému se někdo snaží ublížit, otrávit ho. Mohu u něj použít tento clearing? Bude to fungovat?

Gary: Ano, to by velmi pomohlo. Když nic jiného, uvědomí si, kdy a kde se to děje.

Jak bych to mohla zformulovat?

Gary: Jakým přínosem je (jméno osoby, která se mu snaží ublížit) pro můj život, moji realitu a mé žití? Všechno, co to je, godzilionkrát, zničíš to a přetvoříš? Right and wrong, good and bad, POD and POC, all 9, shorts, boys, POVADs and beyonds.

Gary: Pokud si myslíš, že jde o více než jednu osobu, doplň do závorek „jsou tyto osoby". Můžeš také spustit proces, který Dain zmínil dříve ohledně zlých, podrážděných a vzteklých lidí, a přidat do tohoto seznamu „jedovaté lidi".

Dain: Takže by to bylo:

Jaký přínos mají malicherné, vzteklé, odtažité, tajnůstkářské a panovačné ženy a muži pro můj život, mé žití a mou realitu? A všechno, co nedovoluje, aby se to ukázalo, godzilionkrát, zničíš to a přetvoříš? Right and wrong, good and bad, POD and POC, all 9, shorts, boys, POVADs and beyonds.

Gary: Tento proces můžeš použít s čímkoliv. Vybíráme si věci, které nefungují, protože si myslíme, že nám nějak přispívají k tvorbě našeho života.

Otázka: Co mohu udělat, když někdo jiný vylučuje mě?

Gary: Zeptej se: Jakou otázku, volbu a možnost tady mám? A spusť proces:

Jakým přínosem může pro můj život, moje žití a moji realitu být tato osoba, která mě vylučuje? A všechno, co nedovoluje, aby se to ukázalo, godzilionkrát, zničíš to a přetvoříš? Right and wrong, good and bad, POD and POC, all 9, shorts, boys, POVADs and beyonds.

To zní skvěle. Je to tak lehký pocit. Pořád jsem se dívala na všechny způsoby, kterými jsem tuto osobu vylučovala, ale ve skutečnosti je to naopak. Ona vylučovala mě.

Dain: Po kurzu, který jsme absolvovali na Mallorce, mě kontaktovala jedna dívka. Byla s chlápkem, který ji neustále peskoval a odsuzoval. Řekla: „Celou dobu jsem si myslela, že jsem ho vylučovala. Myslela jsem si, že je to celé jen o mě, ale uvědomila jsem si, že je to přesně naopak. On vylučoval mě. Naprosto mě odsuzoval a já jsem to nebyla schopná vidět."

Mnohdy to tak funguje, když si myslíte, že někoho vylučujete. Většinu času ve skutečnosti vylučují oni vás; odsuzují vás.

Paráda. Moc ti děkuji.

Otázka: Když jsem si přečetla upoutávku na tento telecall, napadla mě otázka: Jak často zahrnuji sama sebe? Mám rodinu a v tomto životě na sebe beru různé role. Vidím, že často ignoruji to, co bych si přála. Ani mě nenapadne se zeptat, co by mi v různých situacích vyhovovalo. Pořád myslím na druhé. Když jsem byla malá, rodiče mi neustále říkali, že nemají rádi sobecké a rozmazlené děti a že nechtějí, abychom takoví byli. Vzpomínám si, jak často jsem se cítila provinile, když jsem něco dostala tak, jak jsem chtěla. V raném věku jsem byla vedena k tomu, abych se starala o druhé, a stala jsem se rodinnou pečovatelkou. Pokud došlo k hádce, musela jsem ji vyřešit. Mohli byste prosím něco říct o vylučování sebe sama?

Gary: Pokud se nezahrnuješ, pokud se vylučuješ z jakéhokoli výpočtu toho, co si vybereš, tak se vlastně ponižuješ. Neděláš ze sebe součást svého vlastního života a žití. Mohla bys zkusit spustit něco takového:

Jakým přínosem pro můj život, moje žití a pro moji realitu je nebýt součástí mého života a žití? A všechno, co tomu nedovoluje, aby se to ukázalo, godzilionkrát, zničíš to a přetvoříš? Right and wrong, good and bad, POD and POC, all 9, shorts, boys, POVADs and beyonds.

Otázka: Nedávno jsem si uvědomila, že když silně a bezprostředně reaguji na vyloučení kohokoli nebo čehokoli, je to proto, že se to příliš blíží mému slabému místu nebo místu, na které se těžko dívám. Nemohlo by být prospěšné zahrnout do vlastních procesů přijetí něčeho, co je ve mně a co bych chtěla vyloučit?

Gary: Ano, ale pokud to takhle cítíš, nejsi ochotná být zranitelná. Musíš být dostatečně zranitelná, abys vše vnímala, věděla, byla tím a přijímala to.

Otázka: Jak vypadá říct „ne" bez vyloučení?

Gary: Kdykoli se chystám sejít s rodinou, vždycky se Daina zeptám, jestli by s námi nechtěl jít na oběd, večeři nebo cokoli jiného. Vždycky jsem ochoten dovolit, aby odmítl, protože tam nepotřebuje jít.

Zve on mě, abych šel s jeho rodinou? Ne. Proč mě nepozve? Je si vědom toho, že pozvat mě na návštěvu k jeho rodině by nepomohlo ani jemu, ani nikomu jinému, včetně mě. Neusnadnilo by to život ani jemu, ani jeho rodině. V takovém případě řekněte ne. Není to vylučování, protože si uvědomujete, že jsou do toho zapojeni i další lidé, kteří nemusí být schopni přijmout to, co se jim jiný člověk chystá dát nebo čím jim může přispět.

Dain: Je to vědomí, že zahrnutí někoho do určité situace nemusí pro nikoho přinést dobrý výsledek. Měli jste někdy kamaráda, kterého jste měli rádi, ale ostatní ho rádi neměli? Dotyčný se cítil divně, když byl s vašimi přáteli. Nebo jste někdy s někým chodili, koho nikdo z vašeho okolí neměl rád? Ten člověk se ve společnosti vašich přátel cítil divně. V takové situaci, kdy jste si vědomi potíží, které by to ve světě všech vyvolalo, může být laskavé nepozvat takového člověka na nějakou akci. Je to vyloučení, nebo je to uvědomění?

Gary: Je to vědomí. Vyloučení je, když řeknete: „Tohohle člověka nemám rád, a tak ho nepozvu.“

Jsou lidé, které vylučuji z věcí, do kterých jsem zapojen? Ano. Proč? Protože vím, že nezapadnou. Loni o Vánocích jsem tu měl jednu ženu, která pracovala pro Access Consciousness. Chodila s mým nejmladším synem. Maminka druhého dítěte mého syna přišla k nám domů, potkala tu ženu, rozzuřila se a v záchvatu vzteku odešla. Tak předvedla vyloučení.

Nemohl jsem tuto ženu vyloučit, protože s námi pracovala. Nemohl jsem ji vyloučit z našeho vánočního večírku, protože byla mimo domov a neměla tu žádnou rodinu. Nehodlal jsem ji vyloučit. Ale nevyloučil bych ani ženu, se kterou měl můj syn dítě, protože bych to nepovažoval za laskavé. Ona ale udělala scénu. Takže příště jí řeknu: „Dobře, pozvu tě, ale nebudeš se urážet, když tu někdo bude.“ Já nastavím pravidla. Je to vyloučení? Ano, ale je to volba. Jsem ochotný vybírat z možností, voleb a otázek.

Dain: Oba jsme si s Garym všimli, že někteří lidé v Access Consciousness si myslí: „Nikdy nemusím dělat nic, co je nepříjemné“ nebo „Nemusím chodit nikam, kde by mohla být nějaká tíha“ nebo „Nemusím se účastnit ničeho, co není naprostá lehkost a radost“. Ne nutně. Ve svém životě máte závazky, které jste si dali. Musíte je ctít sami pro sebe. Je to způsob, jak se nevylučovat. Řekněme například, že se chystáte nejet na rodinnou dovolenou. Možná se podíváte na energii, která se vytvoří, když nepojedete, a budete vědět: „Když nepojedu, bude

to naprosté peklo. Rodina mě nebude mít ráda, vyškrtne mě ze závěti,"
nebo cokoli jiného. Jeďte na tu zatracenou dovolenou. Vydržte to ten
týden, pokud musíte, a uvědomte si, že jsou věci, které musíte udělat,
abyste se nevyloučili ze svého života. Přijali jste závazky vůči jiným
lidem, například tím, že jste přišli do určité rodiny.

Pokud se sami rozhodnete, že vyloučíte lidi a situace ze svého života,
mohou mít nakonec pocit, že jste jejich nepřítel nebo že nejste součástí
rodiny. Je to proto, že jste se rozhodli vyloučit je jednostranně ze svého
života.

Gary: Vylučujete vědomí toho, co vytvoříte volbou, kterou učiníte.
Musíte být ochotni podívat se na to, co svou volbou vytváříte. Vyloučení
všech možností, všech otázek a všech voleb je místem, v němž vylučujete
vědomí toho, co vám v každém okamžiku usnadní život a udělá ho
lepším.

Před několika lety chtěla přijet Simone na Vánoce k nám do Santa
Barbary, protože jsme mnohem zábavnější než její rodina, ale neměla
žádný velký důvod nebo záminku, aby sem přijela, kromě toho, že
chtěla. Zeptala se mě: „Opravdu musím trávit čas se svou rodinou?"

„Chodí mi, že *ano*", řekl jsem.

„Sakra, chodilo mi to samé, ale nechtěla jsem to slyšet. Chtěla jsem si
myslet, že se mi podaří utéct, aniž bych s nimi musela o Vánocích být."

Řekl jsem: „No, víš co? Je potřeba, abys tam byla." Tak zůstala doma
a prožila nejlepší Vánoce za poslední roky. Proč? Protože vycházela
z toho, že nevylučovala to, co by chtěla (což bylo přijet do Santa
Barbary), a také nevylučovala svou rodinu ani vědomí toho, co její
volba ve světě způsobí. V konečném důsledku vše dopadlo lépe pro ni
i pro všechny zúčastněné. Odtud je třeba fungovat.

Dain: Jedním z důležitých prvků je uvědomění si toho, co vaše
volba způsobí ve vašem světě a ve světě ostatních lidí. Mluvili jsme
o rozdílu v energii mezi tím, když někoho vyloučíte, a tím, když jste
zcela přítomni jako vy. Je to velmi odlišná energie.

Řeknete-li: „Rozhoduji se být se svou rodinou na základě vědomí
toho, co to vytvoří a co se skutečně stane," je to úplně jiná energie, než
když řeknete: „Nenávidím to. Nechci tady být, ale musím."

Něco úplně jiného je, když si uvědomíte, že máte na výběr. To je část toho, co doufáme, že otevřete, když budete ve výběru v mnohem větší škále okolností, než kdybyste se vylučovali.

Lidé mají tendenci vylučovat se z věcí, o kterých si dříve mysleli, že je musí dělat. Rozhodnou se: „Teď, když jsem v Access Consciousness a mám možnost volby, už tam nemusím chodit nebo dělat tohle." Děláte něco, co je k vám nelaskavé, abyste se pokusili dokázat, že děláte něco, co je k vám laskavé.

Gary: Pokud nevylučujete své vědomí toho, co vaše volba ve světě vytvoří, pak začnete zahrnovat možnosti, které mohou nastat v důsledku volby, kterou ve světě máte.

Žádné vyloučení znamená, že se nevzdáváte žádné z otázek, žádné volby, žádné z možností, a nemusíte se vzdávat toho, abyste přispívali nebo přispívali ostatním.

Většina z vás si myslí, že volba pro sebe znamená vyloučení ostatních. Myslíte si, že když si chcete vybrat pro sebe, musíte vyloučit ostatní. Ne, můžete se rozhodnout pro sebe na základě toho, že zahrnete i ostatní. Znamená to, že musíte jít proti tomu, co chcete dělat? Ne. Znamená to, že se musíte řídit povinností? Ne. Znamená to, že si musíte vybírat na základě naprostého vědomí.

Každý z těchto deseti klíčů lze použít samostatně. Nějaká žena mi napsala, že se jí Deset klíčů líbí. „Uvědomila jsem si, že i kdybyste si vzali jen jeden z nich a použili ho v každé situaci, se kterou se setkáte, celý váš život by se změnil."

To je celá myšlenka. Kterýkoli z klíčů můžete použít kdykoli. Cally o deseti klíčích děláme proto, že doufáme, že lidem přiblíží možnosti, které mají k dispozici. Proto jsme vás zneužili a snad i trochu pobavili.

Zkuste tyto procesy:

Jakým přínosem je pro váš život, vaše žití a vaši realitu Access Consciousness? Všechno, co to je, godzilionkrát, zničíte to a přetvoříte? Right and wrong, good and bad, POD and POC, all 9, shorts, boys, POVADs and beyonds.

Jakým přínosem pro váš život, vaše žití a vaši realitu je nemít k dispozici Access Consciousness? Všechno, co to je, godzilionkrát, zničíte to a přetvoříte? Right and wrong, good and bad, POD and POC, all 9, shorts, boys, POVADs and beyonds.

Jakým přínosem k vašemu životu, vašemu žití a vaší realitě je naprosté nepřijetí a nepoužívání Deseti klíčů? Všechno, co to je, godzilionkrát, zničíte to a přetvoříte? Right and wrong, good and bad, POD and POC, all 9, shorts, boys, POVADs and beyonds.

Jakým přínosem k vašemu životu, vašemu žití a vaší realitě je úplné přijetí a používání Deseti klíčů? Všechno, co to je, godzilionkrát, zničíte to a přetvoříte? Right and wrong, good and bad, POD and POC, all 9, shorts, boys, POVADs and beyonds.

Otázka: Zdá se, že to, zda energie proudí, nebo ne, určuje vývojová linie posledních deseti callů.

Gary: Ano. Pro mě je to vždycky o pocitu lehkosti všeho. Nic není pevné, tvrdé, zaseknuté nebo obtížné. Když se dostanete k něčemu, co vytváří pocit prostoru, je v tom lehkost, a to je místo, kam se chcete dostat. Každý z těchto klíčů je navržen tak, aby vám poskytl prostor, abyste mohli být prostorem, abyste měli prostor, abyste si mohli vybrat více prostoru a zvolit jinou možnost.

Mám pocit, že se dívám na všechny slepé uličky a najednou už tu žádné slepé uličky nejsou.

Dain: To je skvělé.

Ano, je to jako super rychlá dálnice.

Dain: Gary a já z tohoto místa fungujeme prakticky pořád. Já odtud před jedenácti lety nefungoval. Až pomocí těchto deseti klíčů jsem si vytvořil jinou realitu.

Když uháníte po superdálnici a objeví se něco dalšího, je to: „Aha! Mám spoustu místa, abych to zvládl na superdálnici. Paráda. Jaké volby mám k dispozici? Jaké možnosti mám k dispozici? Jaké otázky teď mohu položit, abych to změnil?".

Přínos umožňuje, aby se v každé situaci, kterou řešíte, objevilo více této superdálnice. Je to jiný způsob bytí ve světě, než se většina z nás naučila, takže se to musíme naučit sami.

Takže z tohoto pohledu, i když je volba nepříjemná, jako když jsi mluvil o rodině, není nemožné mít volbu, která vypadá špatně, ale je správná.

Dain: Ano.

Gary: Možná máš pocit, že je to špatné, ale to, co z toho vyjde, je obvykle větší, než sis myslela, že by to mohlo být, protože jsi na superdálnici. Nejlépe to dokážu popsat takto: Už před tebou nepadají žádné cihlové zdi, do kterých bys mohla nabourat.

Otázka: Mám dotaz. Pokusím se vám předložit jeho energii, aniž bych zabíhala do celého příběhu. Týká se zážitku, který jsem prožila, když mi tento víkend někdo pomáhal. Bylo to velmi nepříjemné a měla jsem pocit, že jsem dovolila, aby byl můj život napaden nebo abych z něj byla unesena. Nevěděla jsem, jestli jsem v dovolení a žádném vyloučení nebo co jiného jsem si mohla vybrat.

Gary: Budeš mi muset říct trochu víc detailů.

Byla jsem v hotelu a porouchal se mi pevný disk. Nic o takových věcech nevím. Jiný hotelový host, úplně náhodný cizí muž, mi nabídl pomoc. Měli jsme se sejít v hale, ale místo toho se objevil u mých dveří a trval na tom, že půjde do mého pokoje. Nechtěla jsem ho tam. Vzápětí jsem si uvědomila, že leží na mé posteli a já si všimla příšerného tělesného zápachu. Pak mi došlo, že vlastně neví, co dělá, protože já mám Mac a on Windows. Takhle to šlo dál a dál a já ho nemohla dostat ze svého pokoje.

Gary: Zadrž, zadrž. Zaprvé, porušila jsi dohodu. Měla jsi říct (se zavřenými dveřmi): „Promiňte, byla jsem vychována jako milá jižanská dívka a jižanské dívky nepouštějí gentlemany do svého pokoje. Takže musíme jít dolů, protože tohle mi není příjemné." Tomu se říká nebýt rohožkou. Dovolení je nebýt rohožkou. Dovolení je „Tohle nebude fungovat. Děkuji vám, že jste přišel, ale tohle nebude fungovat."

Dain: A to není vyloučení.

Gary: Ne, to je vědomí. To nebude fungovat. Věděla jsi, když se ukázal u tvých dveří, že to nebude fungovat. Proč jsi šla proti svému vědomí?

Co mi vytanulo na mysli, byla moje rodina. Byla jsem zvyklá snášet všelijaká příkoří, jen abych dostala kapičku dobra.

Gary: Jo, to je hezký příběh. Uděláš ho pro sebe skutečný? *Ne!*

Gary: Dobře. Musíš si vybrat to, o čem víš, že je pro tebe správné. Každý z těchto deseti klíčů vás má dovést k uvědomění si toho, co pro vás funguje, co je pro vás správné a co vám usnadní život. Jde o to, kde budeš mít superdálnici lehkosti. Když se někdo objeví u tvých dveří a není to to, o co jsi požádala, řekneš: „Je mi líto, ale teď nemám čas, sejdeme se za půl hodiny v hale."

Ok.

Gary: Je to převzetí kontroly, miláčku. Celá myšlenka Deseti klíčů spočívá v tom, že vám poskytne místo, kde jste ochotni mít kontrolu, místo abyste se nechali využívat nebo zneužívat.

Ano, a pak se vracíme k tomu, abychom nezapomněli zahrnout sami sebe.

Gary: Přesně tak, musíš do toho všeho zahrnout i sebe. Vylučuješ své potřeby, přání, požadavky a touhy ve prospěch všech ostatních. To nefunguje. To nemůžeš dělat sama sobě. Je to jasné?

Ano, děkuji.

Otázka: Když mluvíte o žádném vyloučení, vidím, že mám ve vztahu ke svému tělu pocit nadřazenosti, který mě nutí ho různě trestat a zneužívat. Vyloučila jsem své tělo z účasti na jeho přáních a touhách. Máte nějaký proces, jak integrovat tělo a entitu do celistvosti?

Gary: Nejprve si promluvme o vztahu mezi bytostí a tělem. Zavři oči, natáhni ruku a dotkni se vnějších okrajů sebe, své bytosti. Ne vnějších okrajů tvého těla, ale vnějších okrajů tebe, coby nekonečné bytosti. Jdi až na nejvzdálenější místa, kde se jako bytost nacházíš. Teď jdi ještě dál. Jsi tam také? Mohla by se tak velká bytost vejít do těla velikosti člověka? Ne. Tvé tělo je uvnitř tebe, bytosti.

Jde o začlenění těla do nekonečné bytosti, kterou jsi, protože tělo musí mít také nekonečný smysl pro prostor.

Jak říká můj přítel Dr. Dain: „Je to váš úhel pohledu, který vytváří vaši realitu. Není to realita, která vytváří váš úhel pohledu." Pokud své tělo vnímáte jako své nitro, bytí, namísto něčeho mimo vás, nebo něčeho, co jste ze svého prostoru vyloučili, můžete s ním být v úplně jiném vztahu.

Musíte zahrnout to, po čem vaše tělo touží a co vyžaduje. Pokud například nechápete, že vaše tělo potřebuje odpočinek, pak jste stále více vyčerpaní a vaše tělo začne bolet a vy si začnete vytvářet nemoci, protože se vaše tělo musí snažit překonat to, co ignorujete.

Otázka: Chci tuto superdálnici přenést zpět do fyzické podoby a požádat vás, abyste mi vysvětlili, jak se superdálnice do ní otevírá.

Gary: Budeš potřebovat pokročilý kurz tělesných procesů.

Tomu rozumím a půjdu na něj. Slibuji, že ano, ale teď jsem tady.

Gary: Musíš si spustit:

Jakým přínosem pro můj život, mé žití a mou realitu je mít tohle tělo? A všechno, co neumožňuje, aby se to ukázalo, godzilionkrát, zničíš to a přetvoříš? Right and wrong, good and bad, POD and POC, all 9, shorts, boys, POVADs and beyonds.

Jakým přínosem pro můj život, mé žití a mou realitu je nemít tohle tělo? A všechno, co neumožňuje, aby se to ukázalo, godzilionkrát, zničíš to a přetvoříš? Right and wrong, good and bad, POD and POC, all 9, shorts, boys, POVADs and beyonds.

Mohou se tyto otázky vztahovat i na všechny aspekty fyzické podoby?

Gary: Ano. Pokud tě na těle něco bolí, můžeš se zeptat: „Jakým přínosem je tato bolest mému životu, mému žití a mé realitě?"

Nedávno jsem se procházel a měl jsem v těle různé bolesti. Zeptal jsem se: „Páni, jaký přínos mají tyto bolesti pro můj život, mé žití a mou realitu?". Padesát procent z nich zmizelo hned na první dobrou!

Stále mám určité problémy s vracením ostatním to, co není moje. Jako bych to nedokázala dostatečně jasně vymezit nebo se moje tělo nerozhodlo vymezit to dostatečně jasně, abych to mohla vrátit, i když vím, že ty věci nejsou moje.

Gary: A uznala jsi skutečnost, že jsi léčitel?

Ach ano.

Gary: Dobře, takže by sis možná chtěla spustit toto:

Jakým přínosem pro můj život, mé žití a mou realitu je být léčitelem? A všechno, co neumožňuje, aby se to ukázalo, godzilionkrát, zničíš to a přetvoříš? Right and wrong, good and bad, POD and POC, all 9, shorts, boys, POVADs and beyonds.

Jakým přínosem pro můj život, mé žití a mou realitu je nebýt léčitelem? A všechno, co neumožňuje, aby se to ukázalo, godzilionkrát, zničíš to a přetvoříš? Right and wrong, good and bad, POD and POC, all 9, shorts, boys, POVADs and beyonds.

Otázka: Na začátku tohoto callu Dain řekl, že když fungujeme z vědomí, nemusíme říkat ani slovo. Když pracujeme s tělem, fungujeme většinou z vědomí?

Dain: Ano, madam, je to pravda.

A pokud fungujeme na základě vědomí, můžeme jednat rychleji?

Dain: Přesně tak! Vlastně se stáváte vibrací, která umožňuje vznik něčeho úplně jiného, což je fakt skvělé.

Otázka: Zjišťujete, že se většina lidí vylučuje spíše navenek, jako například „s tímhle člověkem nebudu" nebo „tuhle věc dělat nebudu", než aby se vylučovali sami ze sebe, jako například „nebudu protivný nebo zlý"? Vylučujeme se více navenek, nebo zevnitř, nebo oběma způsoby?

Gary: Oběma způsoby stejně. Kolísá to tam a zpět v závislosti na dni a lidech, které máte kolem sebe.

Dain: A kdykoli se snažíte vyloučit někoho jiného, musíte vyloučit i sebe.

Gary: Ano, a to je na tom ta špatná stránka.

Je pravděpodobné, že neexistuje vyloučení něčeho zvenčí, aniž by se jednalo o vnitřní vyloučení?

Gary: Pokud se snažíte někoho nebo něco vyloučit ze svého života, vylučujete v tomto procesu také sebe.

Zde je příklad, příběh. Kdysi jsem nesnášel psí exkrementy a všude, kam jsem přišel, jsem do nich šlápl. Když jsem konečně začal POD a POCovat všechno, co mě nutilo myslet si, že psí hovna nemůžu zahrnout do své reality, začala mi včas říkat, že tam jsou, a už jsem do nich nikdy nešlápl!

To je legrační.

Gary: Řekl jsem: „Žádné vyloučení zahrnuje i psí hovna. Jediné, čeho dosáhnu, když vyloučím psí hovno, je, že do něj šlápnu." Tak to v podstatě funguje v každém aspektu vašeho života. Cokoli se snažíte vyloučit, musíte do toho znovu a znovu šlapat.

Když jsou děti malé, jsou obvykle ve stavu nevylučování. Zdá se, že zahrnují samy sebe a všechno ostatní.

Gary: To může být pravda, ale ne vždycky. Záleží na dítěti. Je to individuální.

Ale malé děti samy sebe nevylučují.

Gary: Obvykle ne, ale některé ano. Záleží na tom, v jakém věku se to naučí. Mohou se to naučit už ve třech měsících, nebo někdy i dříve. Nemůžete zaujímat úhel pohledu, že děti jsou od přírody úžasné, protože některé z nich takové nejsou.

Nedávno jsem byla v restauraci se svou dcerou Grace a jejím dítětem. Pokaždé, když číšník přišel ke stolu, dítě se na něj podívalo a očekávalo, že si s ním bude povídat, protože když jsme byli na Novém Zélandu, každý, kdo šel kolem, na dítě mluvil. Vědí, že to není jen dítě, že je to bytost. Mluvili na dítě a dítě se usmívalo a dělalo si své.

Také v Kalifornii k němu přišel číšník, dítě čekalo a dívalo se a očekávalo, že bude osloveno. Bylo úžasné pozorovat malého chlapce, jak čeká, až ho číšník osloví a zapojí se do hovoru. Když na něj číšník nepromluvil, podíval se na číšníka, jako by se ptal: „Co se děje?". Jsou mu tři a půl měsíce.

Už teď nesnáší, když není zapojen do konverzace.

Pokud se s někým bavíte, stačí se otočit k dítěti a zeptat se: „Co si o tom myslíš?" nebo říct: „Už se nemůžu dočkat, až budeš mluvit, abychom si poslechli, co nám k tomu řekneš." Dítě bude sedět a vydávat drobné vrkavé zvuky a snažit se zapojit do rozhovoru.

Každá bytost chce být součástí rozhovoru, každá bytost se chce zapojit. Když vyloučíte děti ze zapojení, vyloučili jste je ze svého života, a to znamená, že se musí prosadit tím, že budou v životě někoho jiného.

Otázka: Když spíme, vylučujeme sami sebe, nebo se zahrnujeme?

Gary: Záleží na tom, co považuješ za důležité pro danou noc. Někteří lidé vystupují ze svého těla a na noc odcházejí pryč.

Myslíš tím, že se vylučují?

Gary: Během noci odcházejí a dělají něco jiného namísto toho, aby byli při vědomí.

Říkáte tomu sny, ale nemusí to tak být. Už jste někdy zažili, že jste se probudili vyděšení? Nebo jste se probudili a měli jste pocit, že něco není v pořádku? To jste se během noci vyloučili ze svého těla. Když se do něj vrátíte, dopadnou na vás úhly pohledu všech ostatních.

Necháte své tělo na pokoji a jdete něco dělat. Někteří lidé jdou ven a pracují celou noc, ale když se vrátí do svého těla, probudí se vyděšení nebo možná deprimovaní a nešťastní. Kolik z toho je vlastně jejich?

Nic z toho. Někdy se vrátí a jsou strašně unavení. Říkají: „Měl jsem pocit, že jsem celou noc pracoval." Nebo: „Celou noc jsem cítil, že se děje něco hrozného."

Musíte se zeptat svého těla: „Tělo, jsi unavené?" V devadesáti devíti procentech případů tělo není unavené, protože si osm hodin odpočinulo. To vy jste byli venku, bojovali jste v bitvách a dělali bůhví co.

Vy a vaše tělo jste v tomto směru nepatrně odděleni, a když si své tělo zcela neuvědomujete, vylučujete se z něj.

Je to to samé, jako když máš noční můry a mučí tě úhly pohledu jiných lidí?

Gary: To je něco jiného. Někdy jsou to vzpomínky na minulé životy, které jste prožili šťastně nebo nešťastně. Na sny neexistují žádné jednoznačné odpovědi, stejně tak, jako na většinu věcí v životě. Jde o to, abyste byli v otázce, viděli možnost volby a možnosti a dokázali poznat, kdy je pro vás něco skutečně přínosem. Když je něco opravdovým přínosem, rozšiřuje to váš život, nezužuje to žádnou jeho část.

Totéž platí pro lidi. Lidé, kteří váš život rozšiřují, jsou velkým darem. Jsou to lidé, kteří vám přispívají a darují. Jsou součástí toho, co vytváří rozšiřující se superdálnici k většímu vědomí. To jsou lidé, které si chcete udržet ve své blízkosti. To jsou lidé, které chcete podporovat co nejdéle.

Dain: To oni neustále rozšiřují prostor. Usnadňují vám život. Přispívají k volbám, možnostem a otázkám, na které jste ani nepomysleli.

Gary: Rád bych nyní náš rozhovor ukončil. Chtěl bych vám všem poděkovat za účast na těchto callech a doufám, že vám přinesly větší pocit prostoru a některé dramatické změny. Každý klíč, pokud ho použijete, vás přenese na úroveň svobody, která by mohla nastartovat váš život a vytvořit něco většího, než jste kdy tušili, že je možné.

Zbožňujeme vás!

Dain: Děkujeme, my vás také všechny zbožňujeme!

Čisticí proces

V Access Consciousness používáme čisticí procesy ke zničení a přetváření bloků a omezení.

Tady je stručné vysvětlení, jak to funguje: Základem vesmíru je energie. Každá částice vesmíru má svou energii a vědomí. Neexistuje žádná dobrá nebo špatná energie; existuje pouze energie. Pouze váš vlastní soud dělá něco dobrým nebo špatným. Energie je přítomná, proměnlivá a na požádání se mění. Je to substance, díky níž dochází k přeměně. Vše, co říkáte, vše, co si myslíte, a vše, co děláte, vytváří to, co se ve vašem životě děje. Cokoli si vyberete, uvádí do činnosti energii vesmíru, energii vědomí – a to se projevuje jako váš život. Tak vypadá váš život právě v tomto okamžiku.

Bod vzniku, bod destrukce

Každé omezení, které máme, jsme si někde vytvořili my sami, a to ve všech časech, prostorech, dimenzích a realitách. Zahrnovalo vynesení nějakého soudu, přijetí rozhodnutí nebo nějakého úhlu pohledu. Nezáleží na tom, jak a proč bylo omezení vytvořeno, ani na žádné jiné části jeho příběhu. Potřebujeme pouze vědět, že bylo vytvořeno. Tomu říkáme bod vzniku (POC). Bod vzniku energeticky zahrnuje myšlenky, pocity a emoce, které bezprostředně předcházely rozhodnutí, soudu nebo úhlu pohledu, který jsme přijali.

Existuje také bod destrukce. Bod destrukce (POD) je bod, kdy jsme zničili své bytí tím, že jsme přijali rozhodnutí nebo postoj, který byl založen na omezeném úhlu pohledu. Doslova jsme se dostali do destruktivního vesmíru. Bod destrukce, stejně jako bod vzniku, energeticky zahrnuje myšlenky, pocity a emoce, které bezprostředně předcházely destruktivnímu rozhodnutí.

Když se ptáte na bloky nebo omezení, vyvoláváte energii, která vás v nich uzamkla. Pomocí čisticího prohlášení pak můžete bloky nebo omezení (stejně jako myšlenky, pocity a emoce s nimi spojené) zničit a přetvořit. Čisticí prohlášení vám umožní tyto věci energeticky zrušit, takže máte jinou možnost volby.

Čisticí prohlášení

Tato slova tvoří čisticí prohlášení:

Všechno, co to je, godzilionkrát, zničíte to a přetvoříte? Right and wrong, good and bad, POD and POC, all 9, shorts, boys, POVADs and beyonds. Pro to, aby čisticí prohlášení fungovalo, mu nemusíte rozumět, ale pokud se o něm chcete dozvědět víc, další informace najdete ve slovníčku pojmů.

Čisticím prohlášením vám nedáváme odpovědi ani se vás nesnažíme přimět ke změně názoru. Víme, že to nefunguje. Jedině vy sami můžete odblokovat úhly pohledu, které vás drží v pasti. To, co vám zde nabízíme, je nástroj, který můžete použít ke změně energie úhlů pohledu, které vás uzamkly v neměnných situacích.

Chcete-li použít čisticí prohlášení, jednoduše položte otázku, která má vyvolat energii toho, co vás uvěznilo, včetně všech hloupostí, které jsou na nich postaveny nebo se za nimi skrývají, a pak řekněte nebo přečtěte čisticí prohlášení, abyste omezení vyčistili a změnili. Čím častěji čisticí prohlášení používáte, tím hlouběji se dostává a tím více vrstev a úrovní vám může odemknout. Možná budete chtít procesy opakovat tak dlouho, dokud pro vás řešené téma přestane být problémem.

Jak čisticí proces funguje?

Položení otázky vyvolá energii, kterou si uvědomíte. Na tuto otázku není nutné hledat odpověď. Ve skutečnosti k vám odpověď nemusí přijít slovy. Může k vám přijít jako energie. Možná ani kognitivně nevíte, jaká je odpověď na otázku. Nezáleží na tom, jak k vám uvědomění přichází. Stačí položit otázku a pak vyčistit energii pomocí čisticího prohlášení:

Všechno, co to je, godzilionkrát, zničíš to a přetvoříš? (Tady řekněte ano, ale jen pokud to myslíte vážně.) Right and wrong, good and bad, POD and POC, all 9, shorts, boys, POVADs and beyonds.

Čisticí prohlášení se může zdát nesmyslně krkolomné. Jeho účelem je zkratovat vaši mysl, abyste viděli, jaké možnosti máte k dispozici. Kdybyste dokázali vše vyřešit svou logickou myslí, měli byste již vše, po čem toužíte. Cokoli vám brání mít to, po čem toužíte, není logické. Jsou to šílené úhly pohledu, které si přejete zničit. Čisticí prohlášení má za úkol uškvařit každý váš úhel pohledu, abyste mohli začít fungovat na základě svého vědomí a svého poznání. Jste nekonečná bytost a jako nekonečná bytost můžete vše vnímat, vše vědět, vším být a vše přijímat. Pouze vaše úhly pohledu vytvářejí omezení, která tomu brání.

Nedělejte z toho nic významného. Jen čistíte energii a všechny úhly pohledu, omezení nebo soudy, které jste si vytvořili. Můžete použít celé čisticí prohlášení, jak jsme ho zde uvedli, nebo můžete jen říci: POD a POC a všechno, co jsem si přečetl v knize.

Pamatujte: Jde o energii. Jděte s energií. Nemůžete to zkazit. Možná zjistíte, že v důsledku používání čisticího prohlášení fungujete jinak. Vyzkoušejte si to. Může to změnit všechno ve vašem životě.

Slovníček pojmů

Barsy

Barsy Access Consciousness jsou tělesným procesem spouštěným za pomoci dotyků rukou. Facilitátor Access Consciousness se lehce dotýká bodů na hlavě, které se vztahují k různým životním aspektům, a vyzývá zaseknutou energii v dané oblasti, aby se dala znovu do pohybu. Spuštěním barsů se začne ničit počítačová banka, která vám ve vašem životě vše diktovala.

Bytostnost

Snažíme se dokázat, že jsme *něčím*, místo abychom byli tím, čím jsme; bereme na sebe bytostnost, abychom dokázali, že jsme. Například pokud na sebe vezmete bytostnost chytrého podnikatele, budete mít pocit, že můžete být sami sebou, jen když jste chytrým podnikatelem. Co kdybyste nemuseli dokazovat, že jste cokoli? Co kdybyste prostě byli sami sebou?

Čisticí prohlášení (POD/POC)

V Access Consciousness existuje čisticí proces, který používáme ke zničení a přetvoření bloků a omezení, které jsou ve skutečnosti jen zaseknutou energií. Jakmile si uvědomíme energii, kterou chceme vyčistit, použijeme čisticí prohlášení. Může se zdát, že při čisticím prohlášení jde o slova (která jsou vyjádřena zkratkou), ale ve skutečnosti věci mění energie čisticího prohlášení, nikoli slova. Slova čisticího prohlášení jsou: Right and wrong, good and bad, POD and POC, all 9, shorts, boys, POVADs and beyonds.

Right and wrong, good and bad je zkratka pro: Co je na tomhle správné, dobré, dokonalé a bezchybné? Co je na tom špatné, zlé, zlomyslné, hrozné, špatné a otřesné? Zkrácená verze těchto otázek zní: Co je správné a nesprávné, dobré a špatné?

POD a POC

POC představuje Bod vzniku (**P**oint **of C**reation) myšlenek, pocitů a emocí bezprostředně předcházející vašemu rozhodnutí uzamknout energii na místě. POD představuje Bod destrukce (**P**oint **of D**estruction) myšlenek, pocitů a emocí, které bezprostředně předcházely rozhodnutí něco uzamknout a všechny způsoby, kterými jste se ničili, abyste to udrželi. Když něco „POD a POCujete", je to jako byste vytáhli spodní kartu z domečku z karet. Celá věc se zhroutí.

All 9 znamená devět různých způsobů, jakými jste si něco vytvořili jako omezení ve svém životě. Jsou to vrstvy myšlenek, pocitů, emocí a úhlů pohledu, které vytvářejí omezení jako pevné a skutečné.

Shorts je zkrácenou verzí mnohem delší série otázek, které zahrnují: Co je na tom významné? Co je na tom bezvýznamné? Jaký je za to trest? Jaká je za to odměna?

Boys označuje energetické struktury zvané nukleární sféry. Existuje třicet dva různých druhů těchto sfér, které se souhrnně nazývají „boys". Nukleární sféra vypadá jako bubliny, které vznikají, když foukáte do jednoho z těch dětských bublifuků, které mají několik otvorů. Vytvoří se obrovské množství bublin, a když jednu bublinu prasknete, ostatní bublinky okamžitě zaplní vzniklý prostor. Zkoušeli jste někdy oloupat vrstvy cibule, když jste se snažili dostat k jádru problému, ale nikdy jste se tam nemohli dostat? To proto, že to nebyla cibule, ale nukleární sféra.

POVADs jsou všechny úhly pohledu kterým se vyhýbáte a které obhajujete, které to udržují v existenci. Jaké úhly pohledu obhajujete a kterým úhlům pohledu se vyhýbáte, které to udržují na místě?

Beyonds jsou pocity nebo vjemy, které vám zastaví srdce, dech nebo ochotu podívat se na možnosti. Beyonds jsou to, co se objevuje, když jste v šoku. Mezi beyonds patří vše, co je mimo víru, realitu, představivost, pojetí, vnímání, racionalizaci, odpuštění i všechny ostatní beyonds. Obvykle jsou to pocity a vjemy, zřídka emoce a nikdy myšlenky.

Distrakční implantáty

Distrakční implantáty jsou navrženy tak, aby vás uzamkly v této realitě a vyvedly vás z toho, že jste sami sebou. Nemají nic společného s tím, co se skutečně děje, přesto se je snažíme řešit, jako by byly skutečné. Distrakční implantáty používáme, abychom odvedli pozornost od toho, co je skutečně pravdivé, a nemuseli se tak dívat na to, co se pod nimi skrývá. Čtyřiadvacet distrakčních implantátů je následujících: Obvinění, stud, lítost, vina, hněv, vztek, zuřivost, nenávist, láska, sex, žárlivost, mír, život, žití, smrt, realita, podnikání, pochybnosti, vztahy, strach a návykové, kompulzivní, obsedantní a zvrácené úhly pohledu.

Dovolení

Pokud jste v dovolení, všechno je jen zajímavý úhel pohledu. Neexistují žádné soudy, že je něco správné nebo nesprávné, dobré nebo zlé. Nejste v žádném odmítavém postoji nebo v reakci k nikomu a k ničemu, a nemáte žádnou potřebu se někomu přizpůsobovat nebo souhlasit s jeho soudy nebo úhly pohledu. V prostoru dovolení jste si vědomi všeho a máte absolutní volbu a možnosti.

Elementálové

Elementálové popisují čistou podstatu nebo základní formu věcí; jsou to molekulární struktury, které existují ve všech realitách. Základními prvky pro konstrukci reality jsou energie, prostor a vědomí a my můžeme tyto prvky požádat, aby se na základě kvantové provázanosti zpevnily tak, jak chceme. (Více informací naleznete v definici kvantová provázanost.)

Energetická syntéza bytí

Energetická syntéza bytí je způsob simultánní práce s energií jednotlivců, skupin lidí a jejich těl. ESB vám ukáže, jak získat přístup, být a přijímat energie, o kterých jste vždy tušili, že jsou k dispozici, ale zdálo se, že k nim nemáte přístup.

Humanoid

Humanoid je označení pro lidi, kteří chtějí mít víc, být víc a dělat víc. Obvykle jsou to tvůrci skvělého umění, literatury a myšlenek. Rádi prožívají eleganci a estetiku života, užívají si dobrodružství života nebo dělají věci, které dělají svět lepším. Humanoidi mají často pocit, že nikam nezapadají. Mají tendenci se odsuzovat a ptají se: „Co je se mnou špatně, že nezapadám?"

Implantáty

Implantáty jsou myšlenky, pocity a emoce, stejně jako další věci, které jsou vloženy do naší fyzické podoby pomocí elektrické energie, drog, vibrací, světel a zvuků, aby nás ovládaly, pomáhaly nám nebo nám nepomáhaly. Implantáty jsou prostředkem k ovládání, manipulaci a kontrole nás a našeho těla. Nemůžete být implantováni, pokud se něčemu nepřizpůsobíte, nesouhlasíte s tím, nebo se tomu nebráníte a nereagujete na to. Pokud se například přizpůsobíte náboženskému vůdci, mohou vám být implantovány nejrůznější strachy a pověry. Pokud nemáte žádný úhel pohledu na náboženství, žádné kázání na vás nebude mít vliv; bude to jen zajímavý úhel pohledu.

Království Nás

Když fungujete z království nás – království vědomí a jednoty – žádáte o to, aby pro vás bylo všechno jednodušší. Ale „vás" zahrnuje všechno kolem vás. Království My je místo, kde si vybíráte ze všeho a z toho, jak to funguje pro vás a všechny kolem vás, ne z království Já. Stále se snažíme „vybírat pro sebe", což znamená, že si budete vybírat proti všem ostatním, abyste si vybrali pro sebe.

Kvantová provázanost

Kvantová provázanost je vědecký termín, který popisuje molekulu v současném čase, místě, dimenzi nebo realitě, která rezonuje s molekulou v jiném čase, místě, dimenzi nebo realitě. Kvantová provázanost je zvláštní způsob, jakým se energie navzájem propojují, aby vytvořily věci jako pevné a skutečné v této realitě. Je zdánlivě náhodným, chaotickým způsobem, jakým vesmír dodává to, o co žádáte, a jsou v podstatě vaším spojením s tvůrčími, generativními prvky vesmíru. Kdyby neexistovala kvantová provázanost, neměli bychom psychické vědomí, intuici ani schopnost slyšet myšlenky někoho jiného.

Mimo kontrolu

Být mimo kontrolu neznamená být nekontrolovatelný. Být *nekontrolovatelný* je odpor a reakce na kontrolu, zejména na kontrolu prováděnou ze soudu, kdy používáte sílu a nadřazenost, abyste zastavili sebe i ostatní. Když jste *mimo kontrolu*, jste mimo kontrolu kontroly. Být mimo kontrolu znamená být si zcela vědom. Nesnažíte se kontrolovat způsob, jakým věci vznikají; nic a nikdo vás nezastaví a vy nepotřebujete zastavovat ani omezovat nikoho jiného.

Molekulární De-manifestace

Věda nám říká, že pokud se díváme na molekulu, měníme její tvar a strukturu tím, že se na ni díváme. Kdykoli tedy na něco zaměříme svou pozornost nebo se rozhodneme, že to má být určitým způsobem, máme na to jistý vliv. Molekulární de-manifestace je praktický tělesný proces Access Consciousness, který rozkládá molekulární strukturu určité věci, takže ta přestává existovat. Je to způsob, jak dosáhnout toho, aby něco zmizelo.

De-molekulární Manifestace znamená vytváření něčeho tam, kde to předtím neexistovalo. Požádáte molekuly něčeho, aby změnily svou strukturu a staly se tím, čím chcete, aby byly. *Manifestace* znamená způsob, jakým se něco objevuje, nikoli to, že se to objevuje. Nezjevujete nové molekuly; žádáte molekuly, aby se změnily, takže možnosti toho, co se může projevit, jsou jiné.

MTVSS

MTVSS (Molecular Terminal Valence Sloughing System) je dynamický tělesný proces Access Consciousness, který se spouští za pomoci rukou. MTVSS ruší oslabení, stárnutí a rozpad způsobený valenčními změnami systémů chemických a molekulárních struktur těla.

Nulová suma traumatu

Nulová suma traumatu je tělesný proces Access Consciousness za použití rukou, který odstraňuje kumulativní vliv traumat na tělo. Když lidé zažili opakované trauma, zvyknou si na bolest, se kterou žijí. Tělo se této nové úrovni bolesti a snížené funkci přizpůsobí, jako by to bylo normální. Proces Nulová suma traumatu ruší vše, co trauma uzamklo.

Poziční HEPADs

Pro každý pevný úhel pohledu, který zaujmete, musíte odříznout vědomí. Poziční HEPADs (Handicapování, Entropie, Paralýza, Atrofie, Destrukce – malé s na konci označuje v angličtině množné číslo) je postoj, který jste zaujali k jakémukoli tématu, a pak se začnete znevýhodňovat ohledně toho, co může nastat. Vytváříte entropii, což je vytváření chaosu z toho, co bylo předtím řádem. Vytváříte paralýzu, kdy nejste schopni fungovat. Vytváříte atrofii, v níž začínáte rozkládat strukturu, takže už nemůže být generativní. Pak vytváříte destrukci. To je pět prvků toho, co nastane pokaždé, když zaujmete k čemukoli postoj.

Poziční HEPADS vytváříte s každým pevným úhlem pohledu, který zaujmete. Tato realita říká, že máte pravdu a nemýlíte se pouze tehdy, když máte správný pevný úhel pohledu, a to je vše. Celý život se tedy snažíte získat správný pevný úhel pohledu a správnou pozici. Tímto způsobem se můžete zařadit, můžete mít prospěch, můžete vyhrát a nemůžete prohrát. Pak bude všechno v pořádku. Až na to, že je to součást konstrukce všeho, co víte, že ve vašem životě nefunguje a nefunguje ani tady pro vás.

Handicapování – Jako humanoidi se při závodech znevýhodňujete, protože víte, že jste rychlejší než všichni lidé, rychlejší než všichni kolem vás, vědomější a zábavnější. Někdo normální by se znevýhodňoval tím, že by si za záda jednu nohu a jednu ruku. Vy ne, vy si za sebe přivážete dvě ruce a dvě nohy, zacpete si ústa a stejně závod poběžíte. To je handicap, který si vytváříte, když zaujímáte pozice a stanoviska. Tak moc se musíte znevýhodňovat, abyste mohli být v závodě s ostatními lidmi.

Entropie – Když vezmete to, co je ve vašem životě uspořádané (to, že jste vámi), a uděláte z toho chaos, snažíte se stát tím, čím vás chtějí mít ostatní lidé, a myslíte si, že vás konečně někdo přijme, uvidí, bude vás milovat a bude se o vás zcela starat. Ale není tomu tak. Entropie je také to, když se věci časem rozpadají a rozkládají. Proto časem chátrá vaše tělo, proto se časem rozpadají vaše vztahy (pokud do nich nevkládáte obrovské množství energie).

Paralýza – Když si myslíte, že nemáte jinou možnost. Vyloučíte všechno jiné než tu jedinou pozici, kterou jste zaujali.

Atrofie – Když se vzdáte věcí, ve kterých jste dobří, protože si nikdo jiný nemyslí, že je to dobrá věc. Necháte přirozené schopnosti, které máte, zmenšit a zmizet. Atrofie je také zmenšování svalů a jejich neužitečnost. Viděli jste ve světě lidi, kteří zaujímají hodně pevných stanovisek? Jejich duševní schopnosti se zmenšují a stávají se nepoužitelnými. Jejich schopnost radosti se zmenšuje a stává se zbytečnou a neexistující. Jejich schopnost tvořit a vytvářet se zmenšuje a stává se neexistující.

Destrukce – Když se na sebe díváte jako na špatnost. Všichni víme, co je to destrukce. Když používáte svou energii proti sobě, abyste místo toho mohli ničit.

V podstatě tím vším omezujete, definujete a vyhýbáte se volbě a otázkám. Takže zaujímáte tyto pozice a úhly pohledu, a nakonec vytváříte zúžení, destrukci a znevýhodnění vás ve všem, čím jako bytost vlastně jste.

Pokud je ve vašem životě něco, s čím nejste spokojeni, a co se nemění, pak si položte otázku: Kolik mám pozičních HEPADs, které to drží při životě?

Sex a žádný sex

Nižší harmonický tón přijímání je sex a žádný sex. To neznamená kopulaci a žádnou kopulaci. **Sex** je chodit vznešeně, vychloubat se, dobře vypadat a cítit se dobře. Žádný sex je vylučující vesmír, kde máte pocit, že „neexistuji", „nechci, aby se na mě někdo díval" nebo „nechci, aby se kolem mě někdo někdy motal". Lidé používají svůj pohled na sex nebo žádný sex jako způsob, jak omezit své přijímání.

Skryté agendy

Agenda je plán, který byste měli dodržovat. Tajné agendy jsou rozhodnutí, která jsme učinili, nebo závěry, k nimž jsme dospěli ohledně plánu našeho života a které si již neuvědomujeme, protože jsme se rozhodli udržet je v tajnosti. Tato rozhodnutí jste mohli učinit v dřívějším období svého života, ale často byla učiněna v předchozích životech. Vše, o čem jste rozhodli a na co si nyní nemůžete vzpomenout, je tajný plán. Vytváří reakci místo akce, reakci místo volby, odpověď místo otázky a závěry místo možností.

Trojnásobné sekvenční systémy

Trojnásobné sekvenční systémy jsou proces Access Consciousness, který zmírňuje současné nebo minulé trauma, které člověk stále znovu a znovu prožívá, ale nikdy se z něj nedokáže dostat. Trojnásobné sekvenční systémy tuto věčnou smyčku zruší, aby ho mohl překročit.

Zářez

Zářez (wedgie) je, když někoho chytíte za spodní prádlo a vytáhnete ho tak vysoko, že mu to způsobí nepříjemné pocity. Energetický zářez je otázka, kterou položíte a která v něčím vesmíru vyvolá nepohodlí.

Vyhloubit zářez znamená počkat na příležitost, hodit otázku jako bombu a odejít. Trvá šest až osm týdnů, než to vyhnije a vytvoří se puchýře, a když se tak stane, dotyčný položí otázku, která je skutečně otázkou. Změna je pak možná, ovšem až poté.

Ingram Content Group UK Ltd.
Milton Keynes UK
UKHW041546140623
423405UK00001B/150